Diogenes Taschenbuch 20581

ULRICH BRÄKER

Lebensgeschichte und Natürliche Ebentheuer des Armen Mannes im Tockenburg

HERAUSGEGEBEN VON

SAMUEL VOELLMY

VORWORT VON

HANS MAYER

DIOGENES

Umschlag: Ulrich Bräker. Aquarell von
Heinrich Füßli (1720–1802)

Frontispiz: Heimkehr des Näppis-Ueli
aus dem Solddienst. Radierung von 1848
in der von Peter Scheitlin betreuten Ausgabe
von Bräkers ‹ Lebensgeschichte ›.

Der Aufsatz von Hans Mayer stammt aus seinem
Buch ‹ *Von Lessing bis Thomas Mann* – Wandlungen
der bürgerlichen Literatur in Deutschland ›.

Abdruck mit freundlicher Genehmigung
des Autors.

Veröffentlicht als Diogenes Taschenbuch, 1978
Lizenzausgabe mit freundlicher Genehmigung des
Birkhäuser Verlages, Basel
Alle Rechte vorbehalten
20/83/29/3
ISBN 3 257 20581 3

Aufklärer und Plebejer:
Ulrich Bräker, der Arme Mann
im Tockenburg

Am 5. Oktober 1788, es ist ein Sonntag, sitzt Ulrich
Bräker wieder einmal in seinem Bauernhaus auf der
Hochsteig in der schweizerischen Berglandschaft Toggenburg vor seinem Tagebuch, um durch ‹Kritzeleien›,
wie er das nennt, Ablenkung zu finden von der Schuldenlast, in die ihn der schlecht gedeihende Garn- und
Tuchhandel stürzte – und auch von den Zänkereien
seiner ‹gestrengen› Frau Salome. Es hat in der näheren
Umgebung wieder ein paar Todesfälle gegeben, und
Bräker schickt sich an, darüber ein bißchen zu medi-
tieren. Er legt sich die Frage vor, was aus diesen abge-
schiedenen Seelen – eine ‹angesehene Dame von ungemein gutem Rufe› und ein wohlhabender, aber in
seinem Geschäftsgebaren wenig achtenswerter Kaufmann waren gestorben – in dem Totenreiche geworden
sein möge. Obwohl er zunächst nicht an eine Veröffentlichung dieser Aufzeichnungen denken kann, hält er
es doch nicht für müßig, gleichsam eine beschwichti-
gende Vorbemerkung vorauszuschicken : «Die Herren
Philosophen und Theologen mögen mir gütigst ver-
zeihen, wenn ich schon ein bißchen überecks und quer-

feldein komme. Denn ich bin ein einfältiger Laie und schreibe nur meine Gedanken.» Darauf bemüht sich Bräker nicht etwa, erbauliche theologische und philosophische Betrachtungen niederzuschreiben, sondern versucht als ein genauer und überaus sorgsam beobachtender Kenner der Wirklichkeit, das Ergehen dieser Verstorbenen in der Unterwelt als Totengespräch zu gestalten.

Bräker ist damals bereits ein belesener Mann. Er ist auch weit über sein kleines Toggenburg hinaus als Schriftsteller bekannt geworden, denn im Sommer dieses Jahres 1788 hatte der Verleger Johann Heinrich Füßli in Zürich in seiner Zeitschrift *Schweizer Museum* die ersten Abschnitte aus Bräkers selbstverfaßter Lebensgeschichte des *Armen Mannes im Tockenburg* veröffentlicht und dabei große Beachtung der Leser gefunden. Der Bauernjunge, friderizianische Söldner, Deserteur, Salpetersieder und Garn- oder Tuchhändler Ulrich Bräker besitzt also bereits eine gewisse ‹Routine› im Schreiben. Vielleicht findet er es gar nicht so abwegig, daß auch diese Niederschrift vom 5. Oktober 1788 einmal gedruckt und als literarisches Erzeugnis gelesen werden könnte. Darum sein Bemühen um eine im damaligen literarischen Leben beliebte Literaturform: um jene Totengespräche, wie sie Lukian zuerst in der Literatur eingeführt und wie sie Wieland als Verdeutscher der griechischen Dialoge dem Publikum des 18. Jahrhunderts zugänglich gemacht hatte.

Es entsteht eine Niederschrift, die abermals jenes für Ulrich Bräker so höchst eigentümliche Gemisch aus

bäuerlicher und ganz allgemein plebejischer Lebenserfahrung, genauer Kenntnis der Menschen- und Charak-
tertypen und allgemeinphilosophischer Spekulation
darstellt. Zunächst geht es dem Schreibenden bloß um
die Charaktere der wohlbekannten Menschen, die just
dahingestorben sind. Man spürt deutlich, daß dieser
Mann, der vor seinem Bauerntisch sitzt und schreibt,
ohne literarischen Plan vorgeht. Im Anfang beschäftigt
ihn bloß das Urteil über die Menschen, die er zu Leb-
zeiten kannte und nun nach ihrem Lebensende zu beurteilen gedenkt. Aber bald übermannt ihn die literarische Möglichkeit eines solchen Dialoges im Schatten-
reich: nun kann sich der Schreibende als Schatten- und
zugleich Weltenrichter fühlen und das Urteil über ein
paar Gestalten zur Allgemeinbetrachtung erweitern.

Bräker ist nicht gut zu sprechen auf die ‹Großen›
der Welt. Die abgeschiedene gnädige Frau bemerkt,
wie Schatten in großer Menge hinter anderen Schatten
zornig und als Verfolger herjagen. Sie muß erfahren:
«Das sind Soldaten, Bauern, Christen, Juden, Griechen,
Türken, meist auf den Schlachtfeldern niedergesäbelte
Opfer der Großen. Diese verfolgen eine große Menge
Pfaffen, Priester als Lügner, Betrüger und Verführer.
Diese sollten ihnen ihr Paradies zeigen und könnens
selber nicht finden.» Nun häufen sich die Visionen dieses
bäuerlichen Dante. Da sind abgeschiedene Seelen, die
sich ‹gewaltig sträuben› und ‹wie Mückentänze durch-
einanderfahren›. Auch hier wird die neuangekommene
Seele der gnädigen Frau belehrt: «Das sind lauter ab-
gesegelte Philosophen und Weltweise, lauter große,

starke Geister. Da sieht man den Geist Friedrichs des
Einzigen über alle anderen herausragen, noch als Held
sich sträubend, die Schatten Voltaires, Maupertuis',
D'Alemberts wie feige Memmen, wie Würmer zu seinen
Füßen kriechen, seine Vorwürfe geduldig zu schlucken
scheinen.» Ein merkwürdiges Bild, und ein merkwürdiges historisches Urteil. Mit ingrimmiger Verachtung
scheint Bräker die Vertreter der Aufklärung, die ‹starken Geister›, wie man dazumal die Vertreter der Frei-
geisterei und Aufklärung zu bezeichnen pflegte, im
Totenreich bestrafen zu wollen, denn Friedrich von
Preußen, der doch scheinbar ihr Schüler war und der
Voltaire, Maupertuis und D'Alembert in seine Tafel-
runde aufgenommen hatte, gibt ihnen nun im Totenreich den Zorn des enttäuschten Schülers zu spüren.
Zwei Jahre sind seit dem Tode Friedrichs vergangen,
und Bräker hat ihm im Totenreich eine Heldenrolle
zugedacht. Er meint, Friedrich werde auch bald den
ihm gebührenden Rang einnehmen können, «wenn er
nur erst die feigen Schurken von Schöngeisterchen ge-
züchtiget hat».

Aber Bräker scheint überhaupt in diesem Totengespräch plötzlich vergessen zu haben, daß er ausgegangen war von der Not der kleinen Leute, die als Opfer
der großen Feldherren und Monarchen, also auch eines
Friedrich von Preußen, ihr Leben lassen mußten. Denn
auch die politische und militärische Gegenspielerin
Friedrichs II., die Kaiserin Maria Theresia, kommt bei
Bräker in der Unterwelt ‹gut weg›. Von ihr heißt es
gleich darauf: «Auch Theresia wird eine glänzende

Rolle spielen...» Allein Bräker wird im Weiterschrei-
ben nun doch wieder zu seinem Ausgangspunkt zu-
rückgeführt: der Zorn des armen Bauern gewinnt von
neuem die Oberhand über den Verkünder einer traditionellen bürgerlichen Monarchen- und Heldenver-
ehrung. In ehrlichem Zorn beklagt er «die unschuldig
Gemordeten zu Millionen, deren Seelen immer Rache
rufen». Die Rache des Totenrichters und seines ir-
dischen Stellvertreters Ulrich Bräker folgt besonders
«allen falschen Verrätern, geizigen, unersättlichen
Menschen- und Geldschindern». Ihnen ist in dieser
Göttlichen Komödie des Armen Mannes im Tockenburg
folgendes Schicksal zugedacht: «Diese tappen im Fin-
stern herum, ohne Rast noch Ruh, quälen einander unaufhörlich, suchen ihre Schätze und haschen nach Schatten.» Eine wunderliche Darstellung. Groß in der Visions-
kraft, auch im sprachlichen Ausdruck, und doch voller
Widersprüche der Haltung und gesellschaftlichen
Stellungnahme. Haß und Mitleid mit den Opfern der
dynastischen Kriege, gleichzeitig aber die übliche
Heroisierung ‹Friedrich des Einzigen›. Respekt vor der
‹hochangesehenen Dame› – und bitterer Haß, der
schmerzlichsten Lebenserfahrungen entspringt, gegen
die reichen ‹Menschen- und Geldschinder›. Diese Widersprüche durchziehen Ulrich Bräkers gesamtes Dasein
und Weltbild: sie sind untrennbar verbunden mit der
einzigartigen Stellung dieses wohl ersten echt plebejischen Schriftstellers in der Literatur des ausgehenden
18. Jahrhunderts in Deutschland.
    Es könnte fast unverständlich erscheinen, daß aus-

gerechnet Ulrich Bräker nach dem Tode Friedrichs von
Preußen in den Chor der Lobpreiser dieses Monarchen
einstimmt, denn wie kaum ein anderer, und jedenfalls
wie kaum ein anderer Schriftsteller jener Zeit, hatte er
das wahre Gesicht des friderizianischen Preußen kennengelernt. Als blutjunger und unerfahrener Bauernjunge war er bei seinem ersten Ausflug in die Welt den
preußischen Soldatenwerbern in die Hände gefallen,
zuerst durch Betrug und Versprechungen, schließlich,
als man im Preußischen angelangt war, durch Zwang
und brutale Gewalt in das Söldnerheer ‹Friedrichs des
Einzigen› gepreßt worden. Er hatte das jammervolle
Dasein preußischer Rekruten im Berlin des Jahres 1756
kennengelernt, mußte mitziehen in den dritten Krieg
um Schlesien, den Siebenjährigen Krieg, und war bereits bei der ersten Schlacht, die er mitzumachen hatte,
der Schlacht bei Lobositz (1. Oktober 1756), desertiert
und nach manchen Fährnissen in die Heimat zurück-
gelangt. Er hatte vielerlei im Staate des ‹aufgeklärten›
Despoten mit ansehen müssen. Unter anderem dies:
«Bald alle Wochen hörten wir nämlich neue ängstigende Geschichten von eingebrachten Deserteurs, die,
wenn sie noch so viele List gebraucht, sich in Schiffer-
und andre Handwerksleuthe, oder gar in Weibsbilder
verkleidt, in Tonen und Fässer versteckt, u. d. gl.
dennoch ertappt wurden. Da mußten wir zusehen, wie
man sie durch 200 Mann, achtmal die lange Gasse auf
und ab Spißruthen laufen ließ, bis sie athemlos hin-
sinken – und des folgenden Tags aufs neue dranmußten;
die Kleider ihnen vom zerhackten Rücken herunter-

gerissen und wieder frisch drauf losgehauen wurde, bis
Fetzen geronnenen Bluts ihnen über die Hosen herab-
hingen. Dann sahen Schärer und ich einander zitternd
und todtblaß an, und flüsterten einander in die Ohren:
‹Die verdammten Barbaren!› Was hier nächst auch
auf dem Exerzierplatz vorging, gab uns zu ähnlichen
Betrachtungen Anlaß. Auch da war des Fluchens und
Karbatschens von prügelsüchtigen Jünkerlins, und hinwieder des Lamentierens der Geprügelten kein Ende.»
So steht es in der Lebensgeschichte des *Armen Mannes
im Tockenburg* – und die war ganz kurz vor dem ‹Totengespräch› niedergeschrieben worden.

Allein diese Widersprüche gehören nicht bloß zu
Bräkers Weltbild, sondern müssen auch bei einer Betrachtung der Stellung des ‹Armen Mannes› in der
deutschen Kultur- und Literaturgeschichte zugrunde
gelegt werden. Wie es nicht angeht, Bräker nach dem
Vorbild herkömmlicher Literaturbetrachtung gleichsam voller Herablassung als eine Art plebejischen An-
hangs der damaligen zeitgenössischen Literatur, also
als einen durch Herkunft und Bildungsmangel ge-
hemmten ‹Mitläufer› zu behandeln, so darf umgekehrt
auch nicht eine Stilisierung und Ausschmückung seiner
geschichtlichen Gestalt versucht werden, die große
subjektiv-gesellschaftskritische Impulse dort zu erblicken glaubt, wo sie fehlen. Die gewaltige gesell-
schaftskritische Bedeutung, und damit überhaupt Bräkers einzigartige Stellung in der deutschen Literatur,
entspringt nicht seinem subjektiven Wollen, sondern
der Unerbittlichkeit und Unbestechlichkeit seiner

realistischen Lebensbeschreibungen und Zustands-
schilderungen.

Stellt man, wie das herkömmlicherweise meist geschah, die Lebensgeschichte des Armen Mannes Ulrich
Bräker neben die so zahlreichen und aufschlußreichen
Selbstbiographien des deutschen 18. Jahrhunderts, so
ist sie fraglos in ihrer subjektiven Zielsetzung und kri-
tischen Haltung wesentlich zahmer als etwa die Lebens-
schilderung eines anderen großen Deutschen von nie-
derer Herkunft, der gleich Bräker unter die Soldaten
gepreßt und in das furchtbare Dasein eines geschun-
denen, schließlich sogar übers Meer verkauften Lohn-
soldaten gepreßt wurde. *Johann Gottfried Seume* war
sicherlich an Klarheit der Weltsicht und an bürgerlich-
revolutionärer Gesinnung dem Armen Mann im Tok-
kenburg unendlich überlegen. Aber Seume entstammte
nicht den so entsetzlich beengten Verhältnissen, wie sie
uns Bräker im Bericht über sein Elternhaus geschildert
hat. Der Bauer Andreas Seume, der Vater, war ein
freier Bauer in Poserna bei Leipzig. Er war Böttcher
und Innungsmeister gewesen und wurde später Gast-
wirt. Johann Gottfried Seume hatte also die Möglichkeit, zumal er obrigkeitliche Unterstützung erhielt,
eine gute Bildung zu erwerben und an der Universität
Leipzig zu studieren. Auch ein anderer großer, wenn
auch jüngerer Zeitgenosse Bräkers, der als Kind kleiner
Leute den Start ins Leben beginnen mußte, auch Johann
Gottlieb Fichte, der Bandwirkerssohn aus Rammenau

in der Oberlausitz, war Bräker gegenüber unendlich begünstigt. Zwar waren Fichtes Eltern erbuntertänige Landleute, aber sie besaßen doch als dörfliche Bandwirker ein gewisses Vermögen, und auch Fichte konnte studieren und sich trotz aller Schwierigkeit einem geistigen Beruf zuwenden. Nicht so Ulrich Bräker. Er war das Kind ganz armer Bauern, aufgewachsen in einem landschaftlich ebenso schönen wie von allen kulturellen Möglichkeiten abgeschlossenen Bergtal, das dem Fürstabt von St. Gallen untertan war. Was er hier zu lernen – oder vielmehr nicht zu lernen vermochte, hat er in wunderbarer Schlichtheit und Eindringlichkeit selbst beschrieben. Dann kam die Episode seines Söldnerdienstes, der Flucht aus einem Heeresverband, zu dem ihn, den Schweizer, nichts hinzog, kam die Rückkehr in die Heimat, die Heirat mit einer ungeliebten Frau, kamen Nahrungssorgen und Ehesorgen, Schulden und gescheiterte Projekte, schließlich, gegen das Lebensende, bittere Erfahrungen mit den Kindern und Schwiegerkindern, die aus Not mit dem Strafgesetz in Konflikt gerieten. Seine Bildung – er wurde schließlich ein wahrhaft gebildeter, belesener, urteilsfähiger Schriftsteller – mußte er sich zunächst fast ohne Unterstützung erarbeiten. Im Gegenteil: seine Leserei und ‹Kritzelei› brachte zusätzliche Verbitterung in das Familienleben. Es geht also nicht an, in Ulrich Bräkers Entwicklung als Schriftsteller einen unter zahlreichen Fällen zeitgenössischer Selbsterziehung zu sehen: Bräkers Fall steht auch in seiner Epoche ohne Beispiel und Vergleich da. Nur aus dieser ganz einmaligen und unvergleichbaren

Laufbahn läßt sich die besondere Bedeutung seines Be-
richtes über *Lebensgeschichte und natürliche Ebentheuer des
Armen Mannes im Tockenburg* erklären.

In dieser Autobiographie hat Ulrich Bräker die Geschichte seiner Jugend- und Mannesjahre beschrieben.
Er wurde am 22. Dezember 1735 geboren, am Weihnachtstag zu Wattwil im Toggenburg getauft und war
mithin 45jährig, als er 1781 die Niederschrift seiner
Lebensgeschichte begann. Die hat er dann im wesentlichen bis zu den Ereignissen des Jahres 1785 durchge-
führt. Dennoch kann man nicht ohne weiteres den lite-
rarhistorischen Bericht über Ulrich Bräkers Entwicklung
mit der autobiographischen Schilderung zur Deckung
bringen. Allerdings ist es nicht Bräkers Absicht, seine
Lebensgeschichte als Kunstwerk, als ein Erzeugnis aus
Dichtung und Wahrheit vorzutragen. Bräker schreibt
nieder, was er erlebte, dachte und empfand. Er will
Wirklichkeit berichten. Zudem ist ihm bei der Niederschrift der Gedanke an eine Veröffentlichung oder gar
literarische ‹Auswertung› ganz fremd: nur durch einige
Zufälle geraten die Aufzeichnungen im Jahre 1785 in
die Hände des Pfarrers Imhof, der kurz vorher nach
Wattwil versetzt worden war und dort in seiner Pfarr-
gemeinde den schriftstellernden Garn- und Tuchhau-
sierer Bräker kennenlernte. Dabei erfährt der Pfarrer
Imhof, daß Bräker seine Lebensgeschichte niederschreibt. Er darf sie lesen, ist von Darstellung und Dar-
gestelltem stark erfüllt, so daß das Manuskript zu
Füßli nach Zürich wandert und dort im *Schweizer
Museum* in den Jahren 1788 und 1789 in Fortsetzungen

erscheint. Aber mit diesem Ablauf hatte Bräker nicht
gerechnet und auch nicht rechnen können. Er schrieb
aus Erinnerung und Bedrängnis, aus Gestaltungsleiden-
schaft und Trostbedürfnis. ‹Dichtung› wollte er nicht
geben, sondern wirklichkeitstreue Berichterstattung.
Eine Art Lebensbeichte für sich selbst, vielleicht zur
Belehrung seiner Kinder. Vielleicht auch in der Hoffnung, daß sein Familienkreis beim Lesen dieser Aufzeichnungen zu milderem und gütigerem Verhalten
dem scheinbar so nutzlos Lesenden und Schreibenden
gegenüber gelangen könnte.

Besteht damit zwar kein Anlaß, der Echtheit und
den berichteten Tatsachen zu mißtrauen, so darf dennoch Bräkers Urteil über sich und seine Geschichte
nicht mit dem Urteil des nachlebenden Historikers
gleichgesetzt werden. Bräker gibt ein Bild der Ereignisse, wie er sie empfand und zu deuten versuchte. Allein
diese Deutung ist untrennbar verbunden mit allen
Einflüssen, denen er bildungsmäßig unterlag. Unverkennbar zum Beispiel ist die Darstellung seiner Lebensgeschichte gefärbt von den religiösen und geistigen
Wandlungen, die er durchmacht. Alle Widersprüche
seines Lebens und gesellschaftlichen Bewußtseins sind
in den Bericht eingegangen, der dadurch gerade seine
besondere Aussagekraft und kulturgeschichtliche Wich-
tigkeit erhält. Allein der objektive Lebenshintergrund
des Armen Mannes im Tockenburg bietet doch noch
ein anderes Bild, als es Bräker bei aller Genauigkeit
seiner Wirklichkeitsschilderung zu geben vermochte.

In St. Gallen – und zwar sowohl in der Stadt wie in

den bäuerlichen Gebieten, die dem Fürstabt unterstanden – war im 18. Jahrhundert die Baumwollin-
dustrie entstanden. Um 1750 hatte sich die Leinwand-
fabrikation und besonders auch die Musselinstickerei
stark entwickelt. Die Stadt St. Gallen wurde zu einem
Mittelpunkt des Baumwollwarenhandels. Das war auch
der Grund, warum Ulrich Bräker nach der Rückkehr
aus preußischen Diensten und aus dem Kriege daran
dachte, anstelle des traditionellen Berufs eines Klein-
bauern und Salpetersieders die scheinbare wirtschaft-
liche Konjunktur zu nutzen und als Garnhausierer sich
durchzuschlagen. Salome Ambühl, seine Braut, obwohl
auch aus kleinen Verhältnissen stammend, wollte keinen
Bauern und Salpetersieder heiraten: in seiner Lebensgeschichte berichtet der Arme Mann, daß sie Wert
darauf legte, ein eigenes Haus zu haben und einen
‹Kaufmann›, mochte es auch nur ein Garnhändler sein,
zu heiraten. Darum beginnt Bräker, der erst 1761 hei-
ratet (seine Frau ist gleichaltrig), schon am 5. April 1759
mit dem Ankauf von 46 Pfund Baumwolle, das Pfund
zu zwei Gulden. Die sucht er nun abzusetzen. Die Sal-
petersiederei behält er bis zur Eheschließung bei. Dann
leiht er sich Geld, um das Haus auf der Hochsteig zu
bauen, kämmt und spinnt dort Baumwolle, stellt sich
selbst einen Webstuhl für Tücher her, webt später, seit
1779, für einen Kaufmann in Glarus, seit 1780 für eigene
Rechnung. Diese Tücher muß er nun auf ständiger
Wanderschaft verkaufen. Damit aber gerät er in das
Getriebe der Konjunkturen und Krisen. Die Schulden
wollen abgedeckt, die Zinsen wollen bezahlt sein. Ul-

rich Bräker sieht bei seinen vielen Mißgeschicken immer
nur die Hartherzigkeit der Gläubiger, der ‹Menschen-
und Geldschinder›, wie er sie in dem Totengespräch
nennt. (Dabei berichtet er selbst immer wieder in seinem Lebensbericht und den späteren Tagebüchern von
Zügen herzlicher Hilfsbereitschaft und Schonung von
seiten dieser Gläubiger, die ihrerseits meist kleine Leute
oder Bauern sind, denen in gleicher Weise die eigenen
Gläubiger zu schaffen machen.) Bräker erkennt aber
nicht, daß er nun in einen großen ökonomischen Um-
schichtungsprozeß eingegliedert wurde, der die bäuerlichen Verhältnisse in kapitalistische verwandelte. Die
ursprüngliche Blüte des Garn- und Tuchhandels im
St. Galler Gebiet hielt nicht an. Mit dem wachsenden
Bedarf und der Bevölkerungszunahme war auch die
Konkurrenz angewachsen. Die größere Kapitalkraft ver-
drängte die kleinen Einzelunternehmer und Händler
auf eigene Rechnung. Kamen dann noch Mißernten
hinzu, wie in dem ‹Hungerjahr› 1783, wo Bräker in
sein Tagebuch schreiben muß: «Der Handel mit Bauel-
tüchern hat sich fast gänzlich gestockt. Die Herren
Fabrikanten von Genf, Neuenburg u. s. f. begehren gar
keine Ware. Sie erwarten ohne Zweifel aus Ostindien
spottwohlfeile», so herrschte schwere Not im kinder-
reichen Bauernhaus Bräkers im Toggenburg. Dieser ge-
sellschaftliche Zwischenzustand aber zwischen bäuerlicher Herkunft und Wirtschaft, herkömmlicher Sal-
petersiederei, Garnspinnerei, Garn- und Tuchhandel,
diese sonderbare Mischung aus ‹freien› und höchst ab-
hängigen Verhältnissen, hatte entscheidende Rück-

wirkungen auf Bräkers Weltbild und Lebensauffassung. Es kommt hinzu, daß ihn seine Begabung und Originalität aus der Umwelt heraushoben. Als die ‹Moralische Gesellschaft› in Lichtensteig, dem Hauptort im Toggenburg, für ihre bürgerlichen und ‹philanthropischen› Mitglieder im Jahre 1776 nach damaliger Sitte zwei Preisfragen zur Beantwortung ausgeschrieben hatte, die in ihrer Fragestellung unverkennbar die bürgerlichen Interessen der Gesellschaftsmitglieder widerspiegelten: ob nämlich der auswärtige Kredit als nützlich oder schädlich zu betrachten sei und ob man als vorteilhaft finde, daß das Baumwollgewerbe unter Vernachlässigung des Leinwandhandels besonders gefördert werde – da beteiligte sich Bräker auf den Rat eines befreundeten Schulmeisters am Wettbewerb und erlangte für seine Denkschrift den Preis der Gesellschaft. Im gleichen Jahre wurde er von der Lichtensteiger ‹Moralischen Gesellschaft› als Mitglied aufgenommen. Allerdings nur mit Stimmenmehrheit, denn offensichtlich hatten einige bürgerliche Gesellschafter Einspruch gegen die Zuziehung des Plebejers erhoben. (Bis dahin waren alle anderen Mitglieder einstimmig gewählt worden.) Damit erlangt Bräker nicht bloß den Zutritt zu den Leseschätzen der Gesellschaft, sondern auch die nähere Bekanntschaft und Berührung mit dem aufgeklärten Bürgertum seiner engeren und kurz darauf auch weiterer Heimat. Er lernt Lavater kennen, wird näher bekannt mit seinem Verleger Füßli in Zürich, freundet sich vor allem aber mit dem St. Galler Bankier und Kaufmann Daniel Girtanner an. Seine letzte Lebenszeit verbringt

er damit abermals in einer eigentümlichen gesellschaftlichen Zwischenstellung. Er ist nach wie vor der kleine
Händler vom Dorfe. Aber er lebt als Schriftsteller und
in seinen geistigen Berührungen in den Kreisen des
wohlhabenden Bürgertums. So erwirbt er sich Freund-
schaften und nicht zuletzt auch die Möglichkeit, immer
wieder Darlehen zur Tilgung dringender Schulden und
Lasten von seinen ‹Gönnern› zu erbitten und zu erhalten. Diese Trennung aber zwischen seiner objektiven
wirtschaftlichen und sozialen Gebundenheit und seinem
bürgerlichen Freundeskreis erhöht noch die Widersprüche und Zwiespältigkeiten seines Weltbildes und
mithin auch seines literarischen Schaffens. Das sind Zu-
sammenhänge, die Bräker selbst natürlich nicht zu
durchschauen, wohl aber in seinem Werk widerzu-
spiegeln vermag. Erst die Einsicht jedoch in die Zu-
sammenhänge ermöglicht ein wissenschaftliches Urteil
über Bräkers Realismus und überhaupt über seine Entwicklung als Schriftsteller.

Die von Samuel Voellmy in jahrelanger mühevoller
Arbeit und in herzlicher Anteilnahme an Bräkers Leben
und Werk betriebenen Studien, vor allem die von
Voellmy zum erstenmal nach den Originalhandschriften
herausgegebenen Tagebücher des Armen Mannes er-
lauben heute einen genauen Einblick in Ulrich Bräkers
geistige Entwicklung. Die ersten Tagebücher, die uns
erhalten sind, behandeln Ereignisse von der Jahres-
wende 1768/69, die letzte Tagebuchnotiz trägt das

Datum des 14. August 1798. Einen Monat später starb Bräker. Durch diese Eintragungen aber ist zugleich die notwendige und erforderliche Ergänzung zur Autobiographie des Toggenburgers gegeben, denn bekanntlich führt Ulrich Bräker seine selbstverfaßte Lebensdarstellung im wesentlichen nur bis zum Jahre 1785. Die Ereignisse der darauffolgenden Jahre, also die Zeit bis zum Erscheinen der Lebensgeschichte, sind bloß noch in knapp gehaltenen Ergänzungen behandelt und eigentlich gar nicht mehr schriftstellerisch durchgestaltet. Außerdem können wir heute mit Hilfe der Tagebücher noch das letzte Lebensjahrzehnt Bräkers, vom Erscheinen der Lebensgeschichte bis zum Tode ihres Verfassers, überblicken. Das ist besonders darin wichtig, daß eben dieses Lebensjahrzehnt zusammenfällt mit dem Verlauf der Französischen Revolution und ihren Auswirkungen auf die schweizerische Eidgenossenschaft im allgemeinen, ganz besonders aber auch auf Bräkers engere Heimat, auf das Toggenburg.

Die erste erhaltene Eintragung aus dem Jahre 1768 behandelt ein theologisches Thema. Es handelt sich um eine Niederschrift über das Vaterunser. Die sehr umfangreichen Aufzeichnungen des letzten Lebensjahres dagegen schildern, um eine Kapitelüberschrift Bräkers zu zitieren, im großen und ganzen die ‹Revolution im Tockenburg›.

Auch die geistige und damit literarische Laufbahn des Tagebuchschreibers ist durch einen solchen Wandel der Themenstellung im wesentlichen angedeutet. Gewiß schildert Bräker im Laufe dieser 30 Jahre des Tagebuch-

schreibens stets jene Ereignisse, die er vor Augen hat,
die ihn beschäftigen, die ihm vom Erleben her die Vor-
lage für Betrachtungen und auch Gefühlsergüsse bieten
können. Bräker bleibt immer ein Mann, der den Alltag
bewußt erlebt und zu deuten sucht. Auch wenn er Totengespräche niederschreibt oder eine bäuerliche Komödie nach dem Vorbild von *Was Ihr wollt*, also nach dem
Modell des so innig bewunderten Shakespeare, geht er
von den unmittelbar wirkenden Lebenseindrücken aus.
Aber im Laufe dieser drei Jahrzehnte wandelt sich doch
in entscheidender Weise die Art, auf diese Lebensein-
drücke zu reagieren. Es wandeln sich die Erlebnisreak-
tionen, es verändert sich zugleich die Art der Deutung.

Ulrich Bräker hatte keinerlei wirklichen Schulunter-
richt genossen. Er hatte das Lesen an ein paar erbaulichen Schriften und an jenen Büchern gelernt, die man
in den Bauernstuben der Ostschweiz um die Mitte des
18. Jahrhunderts vorfinden konnte. Das waren neben
dem Bibeltext im wesentlichen Traktätchen. Die sehr
schweren Lebensverhältnisse dieser Menschen hatten
auch hier der Strömung des Pietismus und der Welt-
flucht einen günstigen Boden bereitet. Ulrich Bräker
kommt von diesen pietistischen und asketischen Strömungen lange nicht los. Das reimt sich schlecht mit
seinem Jugenderlebnis eines Offiziersdieners und friderizianischen Söldners. Trotzdem haben wir keinen
Grund, Bräkers Aussage zu mißtrauen, wenn er in
seiner Lebensgeschichte berichtet, daß ihm auch sein
Aufenthalt in Deutschland und besonders in der preussischen Hauptstadt keinerlei wirkliche moralische ‹An-

fechtung›, um es in seiner eigenen Sprache zu sagen, verursacht habe. Dabei lernen wir Bräker in seiner Lebensgeschichte, seinen Tagebuchaufzeichnungen und seinen anderen literarischen Versuchen als einen gesund-triebhaften, sinnenfrohen Menschen kennen, dem allerdings eine wirkliche Erfüllung seines Trieblebens niemals zuteil wurde. Über das Unfrohe seines Ehelebens hat er sehr genau berichtet und Erläuterungen hinterlassen. Seine rührend-komische Liebesgeschichte mit dem ‹Annchen› hat er ausführlich in der Lebensgeschichte behandelt, aber glücklich wurde er auch hierbei nicht. Und wenn er die ganze Periode seiner Militärzeit als eine Zeit der Enthaltsamkeit (oder wohl auch der erotischen Erfolglosigkeit) bezeichnet, so dürfte auch dieser Bericht tatsachengetreu sein. Ulrich Bräker bleibt sogar als Bedienter eines Offiziers der Rokokozeit und als Soldat des Preußenkönigs der mit Bibel und pietistischer Askese aufgewachsene Bauernjunge. Es ist höchst eigentümlich, daß er auch später jedesmal, wenn er aus irgendeinem Anlaß glaubt, Verse schreiben zu sollen, wie selbstverständlich an den Tonfall des protestantischen Kirchenliedes und an die pietistische Lyrik des deutschen Barockzeitalters anknüpft. Das gilt für jene Trostverse, die er am 27. September 1771 in sein Tagebuch schreibt, nachdem ihm in den Tagen vorher zwei seiner Kinder an der Ruhr dahingestorben waren. Das Gedicht trägt die Überschrift ‹Alles lauft seinem Ursprung zu› und endet mit den Versen:

«Was aus der Erden kommt hervor,
So hoch es hebt sein Haupt empor,

So muß es doch, sei arm und reich,
Der Erden wieder werden gleich.»

Aber noch 9 Jahre später, wenn er sich hinsetzt, um ein dickes Schreibheft mit Aufzeichnungen über Shakespeares Schauspiele zu füllen, wählt er für die Huldigungsverse an den ‹göttlichen William› wie unwillkürlich einen Tonfall und eine Art der Anrede, wie sie das 17. Jahrhundert der geistlichen Lyrik und der pietistischen Christusdichtung vorbehalten hatte. Allein die Verse richten sich nicht an Christus, sondern an Shakespeare:

«Wann man dich auch citieren kann,
Komm doch ein Weil zu mir,
Und gönne mir, du großer Mann,
Ein kurz Gespräch mit dir.
Hört uns das Gsind und spottet mein,
So bitt ich, hilf du mir.
Ich will dir dann dein Rüpel sein,
Sonst kann ich nichts dafür.»

Noch im Jahre 1771 hatte Bräker alle weltliche Lektüre für sich abgelehnt. In einem Tagebuchaufsatz aus dem Jahre 1769 ‹Über die Bücher› hatte er gemeint, selbst die am wenigsten schädlichen Werke nicht geistlichen Inhalts, Fabeln oder moralische Traktate, seien nicht viel nutz. Die eigentlichen weltlichen Bücher aber: «Geschichtbücher, geographische, Weltbeschreibungen, Helden-, Staats- und Lebensbeschreibungen ... achte ich zur Seligkeit nicht notwendig». Dabei

gibt der damals 34jährige Garnhändler doch im gleichen
Zuge des Schreibens freimütig zu: «Ich hatte jeder-
zeit große Lust zum Bücherlesen gehabt.» Aber die
pietistischen Strömungen scheinen ihn auch hier, wie
im Triebleben, zur Enthaltsamkeit und Askese zu
treiben.

Das ändert sich um das Jahr 1774. Nun findet man
bei Bräker Gedankengänge des Pantheismus und einer
religiösen Toleranzauffassung, die sich zunächst wohl
noch ohne den unmittelbaren Einfluß der zeitgenössischen Literatur bei ihm durchsetzen. Aber auch in
den Tagebuchnotizen tritt die erbauliche und religiöse
Betrachtung hinter Wirklichkeitsbetrachtungen, oft
auch humoristischer Art, zurück. Dann kommt es zu
Bräkers Bewerbung um die Preisaufgaben der ‹Moralischen Gesellschaft› in Lichtensteig, zur Erlangung des
Preises und zur Mitgliedschaft in dieser Gesellschaft.
Jetzt endlich hat er die Möglichkeit, seiner ‹Lust zum
Bücherlesen› zu frönen. Der Einfluß, den der Schulmeister Ambühl schon vorher auf ihn ausgeübt hatte, ergänzt sich nun durch die Möglichkeit zur unentgelt-
lichen Benutzung der Gesellschaftsbücherei. Bräker hat
von da an unendlich viel gelesen: vor allem und fast aus-
schließlich aber ‹weltliche› Bücher! Nun tauchen auch
Buchrezensionen, die er für sich allein verfaßt, in den
Tagebüchern auf. Die große Literatur der Aufklärung
und der Empfindsamkeit zieht ein in das Bauernhaus
auf der Hochsteig: Rousseau und Goethes Werther,
Geßners Idyllen und der *Hudibras*, jene sehr witzige
antipuritanische Satire des Engländers Samuel Butler

(1612–1680). Eine erstaunliche Wandlung bei dem bisherigen schweizerischen und plebejischen Puritaner! In den späteren Jahren finden sich Aufzeichnungen über die meisten wichtigen Werke der damals zeitgenössischen Literatur. Ulrich Bräker liest Smollets letzten Roman, den *Humphrey Clinker*, er liest Jung-Stillings berühmte Lebensgeschichte ebenso wie den psychologischen Roman *Anton Reiser* von Karl Philipp Moritz. Er liest Schubarts *Vaterländische Chronik*, Wieland, Lavater oder Campe. Wobei nicht vergessen sein mag, daß dieser Joachim Heinrich Campe (1746–1818), der berühmte deutsche Bearbeiter des *Robinson*, im Jahre 1791 in Paris Briefe über die Französische Revolution verfaßte. Eben diese Briefe liest Bräker sogleich nach dem Erscheinen. Er liest zahllose historische und philosophische Darstellungen. Und dann immer wieder Cervantes und immer wieder Shakespeare! Seinem Einfluß auf die bürgerlichen Herren der Lichtensteiger Gesellschaft ist es zu danken, wenn Lavaters sehr teure und vielbändige *Physiognomik* für die Bibliothek angeschafft wird. Bräker selbst schreibt zur Selbstverständigung und gleichzeitig auch zur Auseinandersetzung mit Lavater, den er inzwischen kennengelernt hat, eine eigentümlich scharfsinnige und bedeutende Kritik an dieser Charakterlehre nieder.

Als die Gesellschaft in Lichtensteig unter dem Einfluß der Revolutionsereignisse im Jahre 1791 zerfällt, da offenbar die politischen Spannungen zwischen den Mitgliedern einen hohen Grad erreicht haben, wird Bräker in St. Gallen Mitglied der 1789 gegründeten dortigen

‹Literarischen Gesellschaft›. Seine Freunde in Lichtensteig, St. Gallen und Zürich, diese bürgerlichen Kaufleute, Schulmeister, Pfarrer und Literaten, hatten ihn in ihren Kreis aufgenommen. Bräker ist nun – unter dem Einfluß dieses Umgangs und unter den Nachwirkungen seiner Lektüre – zu einem (ziemlich zahmen) Aufklärer geworden. Allerdings hat sich seine materielle Lage nicht gebessert, sondern verschlechtert. Immer wieder muß er seine wohlhabenden ‹Gönner› um Darlehen bitten, wenn die Schuldenlast von neuem besonders drückend wurde. Als dann die französischen Truppen in die Schweiz einmarschieren und das Ende des ‹Ancien Régime› auch dort allenthalben herangekommen ist, sind die bürgerlichen Mäzene durch die Unsicherheit ihrer eigenen Lage an wirksamer Hilfe verhindert. Bräkers letztes Lebensjahr, das Jahr 1798, sieht zugleich seinen vollständigen wirtschaftlichen Zusammenbruch. Das Fabrikunternehmen seines Schwiegersohnes ist bankrott, und Bräker soll für die Schulden aufkommen. Am 22. März macht er sich auf, um zu Fuß über St. Gallen und Konstanz nach Zürich zu Füßli zu wandern und dann, abermals über St. Gallen, zurück auf die Hochsteig. Er ist bereits schwer krank, zudem tief bedrückt über diesen Zusammenbruch im eigenen Hause und in der Wirtschaft von Tochter und Schwiegersohn. Nennenswerte Hilfe scheint er weder bei Füßli in Zürich noch bei Girtanner in St. Gallen gefunden zu haben. Die französischen Truppen, die im Lande stehen, haben nämlich allein von der Einwohnerschaft Zürichs drei Millionen Livres Kriegsentschädigung gefordert...

Unter diesen Umständen erlebt der kranke Bräker die Revolution in der Schweiz, in St. Gallen, im Toggenburg. Er hat über die Ereignisse im Tagebuch genau Bericht erstattet. Seine Haltung ist eigentümlich zwiespältig. Noch ist er Bauer und Plebejer genug, um die Notwendigkeit einer Befreiung des Landes von der Untertänigkeit und den Feudallasten zu empfinden. Bei der Abstimmung hat auch er offenbar für die neue Ordnung gestimmt, wenngleich er mit vorsichtiger Zurückhaltung diesen Punkt behandelt. Aber daneben stehen immer wieder besorgte Klagen über mögliche weitere Unruhen, gerührte Betrachtungen über die Abschiedsrede des letzten Landvogts, ratlose Feststellungen, daß es schwer sei, zwischen den widerstreitenden Meinungen der Konservativen und der revolutionären Neuerer einen Ausgleich zu finden. Dabei aber ist es auch wieder für Bräker, der sein Leben lang ein armer Mann gewesen war, der immer wieder die Hartherzigkeit wohlhabender bäuerlicher Gläubiger oder städtischer Geldgeber beklagen mußte, sehr bezeichnend, daß er gewissen ‹jakobinischen› Reden einiger Revolutionäre im Toggenburg mißtraut, da die Sprecher sich früher sehr hartherzig und unterdrückerisch benommen hätten. Er sagt, es seien Menschen, «die aber bei allem ihrem Geschrei von Freiheit und Gleichheit dennoch keines Menschen Freund sind, außer, solange sie von einem Interesse haben. Und doch wollen sie warme Vaterlandsfreunde sein. Diese stecken sich hinter Bauern von ihrer Denkungsart, welche in ihrem engeren Kreis die ärgsten Despoten sind, von den Pro-

dukten ihrer Ländereien keinem armen Nebenmenschen
etwas in billigen Preisen zukommen lassen, alles so
hoch anschlagen als sie nur können.» Und dann rechnet
ihnen der Arme Mann im Tockenburg in seinem Tagebuch vor, daß ihr jetziges jakobinisches Reden diese
‹Volksfreunde› damals nicht gehindert habe, bei der
Teuerung das Pfund Schmalz für einen Gulden und
noch mehr zu verkaufen! Es geht also weder an, Ulrich
Bräker in diesen revolutionären Ereignissen als Jako-
biner noch als einen Anhänger der alten Feudalordnung
zu bezeichnen. Auch hier bleibt er in höchst persön-
licher Weise der bedeutende Realist, der gleichzeitig
die Reden anhört, aber auch die Redner sich anschaut
und mit dem Bilde vergleicht, das er sich zu anderen
Zeiten von ihnen gemacht hat. Im Grunde bleibt Ulrich
Bräker auch in der Revolution der arme Bauer und Hau-
sierer, den weniger staatliche und rechtliche Wandlungen interessieren als die materiellen Lebensverhältnisse.
Die aber ändern sich in dieser bürgerlichen Revolution
und noch dazu unter dem Einfluß der Fremdherrschaft
und der französischen Besatzung in den wesentlichen
Dingen durchaus nicht.

So steht Ulrich Bräker, der Arme Mann im Tockenburg, vor und zu den Zeitereignissen. Sein Charakter
ist ebenso widerspruchsvoll wie sein Weltbild, mag
man es nun im Ablauf der Entwicklung oder in seiner
Gesamtheit betrachten. Pietismus und Aufklärung,
geistliches und weltliches Denken sind hier ineinander

geschlungen. Es ist bemerkenswert, daß Bräker einmal einen Dialog zwischen einem ‹Aufklärer› und einem ‹Pietisten› niederschreibt, aber im Ablauf des Gesprächs zu keiner Parteinahme gelangt. Askese und Weltlust, bäuerliche Herkunft, armseliges Handelstreiben und bürgerliche Geselligkeit vermischen sich nicht minder widerspruchsvoll. Allein erst diese Widersprüche in ihrer Gesamtheit kennzeichnen die Gestalt und den Weg dieses einzigartigen Mannes in der deutschen Literaturentwicklung.

Denn zur deutschen Literatur gehört er ganz ohne Frage, der Uli Bräker aus dem Weiler Näppis in der Gemeinde Wattwil, der Hirtenjunge aus dem Dreyschlatt, der preußische Söldner, Salpetersieder und hausierende Garn- oder Tuchhändler. Nicht bloß durch Eigentümlichkeit, durch ein Was im Lebensbericht ist er auf die Nachwelt gekommen, sondern durch die unverkennbar poetische Begabung, durch Echtheit des Erlebens und Gestaltungskraft beim Niederschreiben des Erlebten. Immer wieder wird man die Jugend- und Mannesgeschichte, die erlittene Barbarei und durchlittene Not, die Glücksmomente in der Natur und in der Liebe, denen Bräkers Darstellung gilt, mit Ergriffenheit lesen. Die Menschen des 18. Jahrhunderts liebten alle literarischen Formen der Autobiographie: Briefromane, polemische Rechtfertigungen, psychologische Deutungen, romanhaft aufgeputzte Tatsachenhäufungen. Neben ihnen allen aber hat sich die Lebensgeschichte des Armen Mannes im Tockenburg mit unverminderter Leuchtkraft behauptet. Weil sie – allen Wider-

sprüchen zum Trotz – zwischen den modischen Litera-
turströmungen trockener Lehrhaftigkeit und tränen-
seliger Empfindelei den echten realistischen Ausgleich
zu finden weiß. Nüchternheit, Kraft des Wortes, Lau-
terkeit des Gefühls, Schärfe der Beobachtung machen
Bräkers berühmtes Buch nach wie vor zu einem der
wichtigsten poetischen und kulturhistorischen Dokumente der damaligen Zeit.

Die besondere Begabung dieses Mannes aber bestand
darin, neben der genau beobachteten Wirklichkeit nun
auch noch jene Literatur für sich fruchtbar werden zu
lassen, die den ungelehrten und literarisch ganz uner-
fahrenen Laien dazu befähigte, realistische Darstellung
gleichsam am höchsten Vorbild zu studieren. Gemeint
ist das Shakespeare-Erlebnis Ulrich Bräkers. Im Jahre
1780 entleiht er sich die zwölf Bände der Eschenburg-
schen Shakespeare-Übersetzung, die er Wort für Wort
und *Szene für Szene* durchliest und miterlebt. Der Eindruck ist so groß, daß er sich sogleich hinsetzt, um jedes
der gelesenen Werke gleichsam in einem vertraulichen
Zwiegespräch mit Shakespeare durchzusprechen und
zu analysieren. Es handelt sich bei Eschenburg noch
um Prosaübersetzungen. Nur *Sommernachtstraum* und
Richard III. waren in Versen nachgedichtet. Mit dem
Sommernachtstraum kann Bräker nicht viel anfangen: er
hält sich an die Rüpelszenen. Die Schönheit der Vers-
übersetzung in dem Königsdrama dagegen weiß er zu
würdigen und in innigen Worten an den Übersetzer

dankbar entgegenzunehmen. Im einzelnen ist Shakespeare für seinen bäuerlichen Leser im Grunde kein
Kunsterlebnis, sondern ein Wirklichkeitserlebnis.
Shakespeare ist ihm die gewaltige Natur schlechthin.
In einer Neuausgabe der Shakespeare-Studien Bräkers
hat Walter Muschg ganz richtig darauf hingewiesen,
daß Bräker, der damals weder Goethes noch Herders
Shakespeare-Auffassung kannte, bis in die Formulierung
hinein die gleiche Auffassung vom ‹Naturgenie› des
großen Engländers vertritt, wie wir sie fast um die
gleiche Zeit bei Goethe in *Wilhelm Meisters theatralischer
Sendung* nachlesen können.

Im einzelnen sind Bräkers Bemerkungen zu den verschiedenen Tragödien, Komödien und Historien oft
sehr scharfsinnig, niemals von einer literarischen Mode
beeinflußt, sondern echt, in der Empfindungsweise
meist auch unverkennbar bäuerlich. Im *Sturm* genießt
er die hohe Schönheit des Gesamtgebäudes, vermag aber
aus der eigenen Lebenserfahrung keinen Zugang zur
geistigen Welt Prosperos zu finden. Hier überschreitet
die Gestalt seinen Begriff des ‹Natürlichen›. In *Maß für
Maß* ist Bräker – weit ab von dem eigenen früheren
Puritanismus – nicht mehr bereit, Isabellas Weigerung,
die Frauenehre gegen das Leben ihres Bruders einzu-
tauschen, als moralisch gerechtfertigt anzusehen. In
Was ihr wollt freut er sich als Bauer über den bestraften
Hochmut Malvolios. Typen wie diesen Malvolio kennt
er zu gut, um ihnen nicht die verdiente Strafe zu gönnen.
Daß er bei *Der Widerspenstigen Zähmung* an seine ange-
traute Salome und ihren Widerspruchsgeist denkt,

kann nicht verwundern. In *Viel Lärm um nichts* vergleicht
er das alberne Gerede der Gerichtsdiener Holzapfel
und Schlehwein mit eigenen Lebenserfahrungen:
«Meiner Treu, ich kannte Richter und Beamte, die
ebenso dumm daher räsonierten und doch angesehene
Leute sein wollten und waren.» Der Arme Mann steht
auf der Seite Falstaffs und kann es nicht billigen, daß
er von seinem prinzlichen Zechbruder fallengelassen
wird. Romeo und die Liebesraserei des berühmten
Paares sind ihm fremd. Die Leidenschaft des jungen
Menschen geht ihm auf die Nerven.

Vor allem aber liebt er *Julius Cäsar*, *König Lear* und
den *Hamlet*. Das ist um so bedeutungsvoller, als Bräker
trotz seiner umfangreichen Lektüre immer wieder die
merkwürdigsten Bildungslücken aufweist. Zu *Troilus
und Cressida* muß er gleichsam vom Hörensagen her
notieren: «Die Hauptgeschichte soll eine Belagerung
von Troja wegen einer geraubten Helena sein.» Aber
in *Julius Cäsar* erlebt er das Geschehen durchaus als eine
für ihn aktuelle politische Auseinandersetzung. Entgegen der allgemeinen Literaturauffassung der damaligen Zeit ist Bräker durchaus nicht der Ansicht, Brutus
sei als Hauptheld zu betrachten. Der Arme Mann im
Tockenburg steht auf seiten Cäsars. Das moralische
Recht des Brutus, um einer angeblichen Idee willen
Cäsar zu töten, will er nicht anerkennen. Ebenso ein-
fach wie schön meint er: «Die Vaterlandsliebe heischt
nicht Bürgerblut.»

Gar bescheiden hatte Ulrich Bräker die Niederschrift
über Shakespeare präsentieren wollen. Er hatte sie für

den Druck bestimmt, obgleich er mit einer eigentlichen Publikation zunächst wohl nicht rechnen konnte. Möglicherweise hat er an Abschriften für die Mitglieder der Gesellschaft zu Lichtensteig gedacht. Darum setzte er auf das Vorsatzblatt die Überschrift: «Etwas über William Shakespeares Schauspiele von einem armen ungelehrten Weltbürger, der das Glück genoß, ihn zu lesen.» 1780 entstanden diese Shakespeare-Studien eines schweizerischen Bauern und Plebejers. Erst 1877 wurden sie gleichsam als ‹Kuriosität› im Jahrbuch der deutschen Shakespeare-Gesellschaft veröffentlicht. Heute aber wird man das Shakespearebüchlein des Armen Mannes im Tockenburg als eine zweite, höchst eigentümliche und kulturhistorisch wichtige Arbeit neben der berühmten Lebensgeschichte anerkennen müssen – und damit zugleich die geistige Gestalt Ulrich Bräkers gerechter beurteilen.

Denn auch über Ulrich Bräkers Platz in der deutschen Literaturgeschichte herrscht nach wie vor Unklarheit. Seine Lebensgeschichte hatte dadurch Erfolg bei den bürgerlichen Zeitgenossen, daß man hier, im Aufklärungsgeiste, die rührenden, aber achtenswerten Bemühungen eines ungelernten und ungelehrten Mannes um Bildung anerkennen und wohlwollend begrüßen konnte. Auch bestach wohl die poetische Kraft der Schilderung. Ansonsten gibt es nicht viel Anzeichen dafür, daß die großen deutschen Dichter jener Zeit den armen Schweizer beachtet hätten. Herman Grimm,

der Sohn Wilhelm Grimms, verwies zwar viele Jahrzehnte nach Bräkers Tod auf die einzigartige Bedeutung
sowohl der Lebensgeschichte wie auch der Shakespeare-
Studien des Armen Mannes; Gustav Freytag wählte
in tiefer Einsicht die Schilderungen Ulrich Bräkers über
das friderizianische Preußen, um sie in den *Bildern aus
der deutschen Vergangenheit* zur Kontrastierung neben
Dokumente der offiziellen Heroisierung Friedrich II.
von Preußen zu stellen. Aber im übrigen wurden Bräker
und sein Werk in den großen Literaturgeschichten tot-
geschwiegen. Wilhelm Scherer scheint ihn nicht zu kennen, und selbst in Hermann Hettners Literaturgeschichte des deutschen 18. Jahrhunderts erscheint der
Name des Schweizers nicht ein einziges Mal. Später
pflegten dann die Literaturhistoriker aus Wilhelm
Scherers Schule den ‹Armen Mann› mit vielen anderen
Namen in die lange Reihe der Selbstbiographien jener
Epoche einzureihen; mehr um der Aufzählung als der
Charakterisierung willen. Meist wurde gönnerhaft der
gute Wille des Ungelehrten gebilligt, wobei man aber
Bildungsmangel und Naivität zu belächeln liebte. Wo-
fern nicht gar ein bösartig bourgeoiser Hochmut den
‹Eindringling› in die Schranken wies, wie es noch 1928
in einem Feuilleton von Fritz Ernst geschah, der über
Bräker nur zu berichten wußte: «Er ist ein Prototyp
jener Flüchtlinge aus der realen in die ideale Welt, wo
ihres Bleibens aber selten ist. An ihm fraß ein unheil-
volles Übel: die Verbildung. Sie vor allem war es, die
ihn zwischen Erde und Himmel jämmerlich zugrunde
gehen ließ.» Man weiß nicht, was hier verwunderlicher

anmutet: die Dreistigkeit eines Kastenhochmuts oder die völlige Unkenntnis der Lebens- und Werktatsachen im Falle Ulrich Bräkers!

Es ist wohl auch als Symptom zu werten, wenn erst im Jahre 1945, abermals unter der Verantwortung und sorgfältigen Leitung Voellmys, eine dreibändige Gesamtausgabe des Bräkerwerks erscheinen konnte. Erst dieses Gesamtwerk Bräkers aber gibt die Möglichkeit, das Porträt des Armen Mannes im Tockenburg von allen Verfälschungen zu säubern und an einem Ehrenplatz im Bildersaal aufzustellen.

Hans Mayer

Lebensgeschichte
und Natürliche Ebentheuer
des Armen Mannes
im Tockenburg

Wortgetreuer Abdruck
der von H. H. Füßli herausgegebenen
und 1789
« bey Orell, Geßner, Füßli und Compagnie »
in Zürich erschienenen Ausgabe

Vorbericht des Herausgebers.

In einem der abgesondertsten Winkeln des so wenig bekannten
und oft verkannten Toggenburgs wohnt ein braver Sohn der
Natur, der, wiewohl von allen Mitteln der Aufklärung ab-
geschnitten, sich einzig durch sich selbst zu einem ziem-
lichen Grade derselben hinaufgearbeitet hat.

Den Tag bringt er mit seiner Berufsarbeit zu. Einen Teil
der Nacht, oft bis in die Mitte derselben, liest er, was ihm
der Zufall oder ein Freund, oder nun auch seine eigene Wahl
in die Hände liefert – oder schreibt auch seine Bemerkungen
über sich und andere in der kunstlosen Sprache des Herzens
nieder. Hier ist eine Probe davon. –

Finden Sie solche dem Geschmack Ihres lesenden Publikums
angemessen, so sey Ihnen der freye Gebrauch davon überlassen.
– Nicht allen behagen gleiche Gerichte, und so, denke ich,
dürfte diese Darstellung der Schicksale und des häuslichen
Lebens eines ganz gemeinen aber rechtschaffenen Mannes mit
allen ihren schriftstellerschen Gebrechen dem eint und andern
Leser des Museums wohl so willkommen und vielleicht auch
ebenso nützlich seyn, als die mit Meisterhand entworfene Lebensbeschreibung irgend eines großen Staatsmannes oder Gelehrten.

Vorbericht des Herausgebers

Von der gleichen Feder sind noch mehrere kleine Aufsätze in meinen Händen, aus denen oft origineller Witz, muntere Laune, immer ein heller Kopf und ein offenes gutes, Gott und Menschen liebendes Herz hervorleuchtet. Ob auch diese mitgeteilt werden, wird die Aufnahme bestimmen, die dieses biographische Bruchstück findet.

Und du, mein Theurer! den ich als mein Pfarrkind herzlich liebe, als Freund schätze, und dessen Umgang für mein Gemüt so oft die süßeste Erholung von der Arbeit ist, sey nicht ungehalten auf mich, wenn du die Erzählung deiner Schicksale und die Schilderung deines Herzens, eigentlich nur zu deiner und deiner Kinder Belehrung aufgesetzt, ganz wider dein Vermuten hier öffentlich erblickest. Ich fand bey Durchlesung derselben so viel Vergnügen, daß ich der Reitzung, auch andere daran Theil nehmen zu lassen, nicht widerstehen konnte. Du, mein Lieber! lebe indessen in deiner glücklichen Verborgenheit immerhin fort. Du hast die Quelle des Glückes in deinem eigenen Herzen, und wer das hat, der bedarfs nicht, ein mehreres ängstlich außer sich zu suchen.

Und ihr, sonst zur Dunkelheit bestimmte Blätter, fliegt denn in die weite Welt! Und habt auch ihr die Wahrheit bekräftigt, daß ächte Weisheit und Tugend, an kein Land und an keinen Stand unter den Menschen gebunden, oft auch in der einsamen Hütte des Landmanns gesucht werden muß, so ist der Zweck eurer Bekanntmachung vollkommen erreicht.

Wattwil, den 6. Dezemb. 1787.

Martin Imhof, Pfr.

＊✕＊✕＊✕＊✕＊✕＊✕＊✕＊✕＊✕＊✕＊✕＊✕＊

Vorrede des Verfassers.

*Obschon ich die Vorreden sonst hasse, muß ich doch ein Wört-
chen zum voraus sagen, ehe ich diese Blätter, weiß noch
selbst nicht mit was vor Zeug überschmiere. Was mich dazu
bewogen? Eitelkeit? – Freylich! – Einmal ist die Schreib-
sucht da. Ich möchte aus meinen Papieren, von denen ich viele
mit Eckel ansehe, einen Auszug machen. Ich möchte meine
Lebenstage durchwandern, und das Merkwürdigste in dieser
Erzählung aufbehalten. Ist's Hochmuth, Eigenliebe? Freylich! Und doch müßt' ich mich sehr mißkennen, wenn ich
nicht auch andere Gründe hätte. Erstlich das Lob meines
guten Gottes, meines liebreichen Schöpfers, meines beßten
Vaters, dessen Kind und Geschöpf ich eben so wohl bin als
Salomon und Alexander. Zweytens meiner Kinder wegen. Ich
hätte schon oft weiß nicht was darum gegeben, wenn ich so
eine Historie meines sel. Vaters, eine Geschichte seines Herzens und seines Lebens gehabt hätte. Nun, vielleicht kann's
meinen Kindern auch so gehen, und dieses Büchlein ihnen so
viel nützen, als wenn ich die wenige daran verwandte Zeit
mit meiner gewohnten Arbeit zugebracht hätte. Und wenn
auch nicht, so macht's doch mir eine unschuldige Freude, und*

41

ausserordentliche Lust, so wieder einmal mein Leben zu durchgehen. Nicht daß ich denke, daß mein Schicksal für andre etwas seltenes und wunderbares enthalte, oder ich gar ein besondrer Liebling des Himmels sey. Doch wenn ich auch das glaubte – wär's Sünde? Ich denke wieder Nein! Mir ist freylich meine Geschichte sonderbar genug; und vortrefflich zufrieden bin ich, wie mich die ewig weise Vorsehung bis auf diese Stunde zu leiten für gut fand. Mit welcher Wonne kehr' ich besonders in die Tage meiner Jugend zurück, und betrachte jeden Schritt, den ich damals und seither in der Welt gethan. Freylich, wo ich stolperte – bey meinen mannigfachen Vergehungen – o da schauert's mir – und vielleicht nur allzugeschwind werd' ich über diese wegeilen. Doch, wem wurd's frommen, wenn ich alle meine Schulden herzählen wollte – da ich hoffe, mein barmherziger Vater und mein göttlicher Erlöser haben sie, meiner ernstlichen Reue wegen, huldreich durchgestrichen. O mein Herz brennt schon zum Voraus in inniger Anbetung, wenn ich mich gewisser Standpunkte erinnere, wo ich vormals die Hand von oben nicht sah, die ich nachwärts so deutlich erkannte und fühlte. Nun, Kinder! Freunde! Geliebte! Prüfet alles, und das Gute behaltet.

I.

Meine Voreltern.

Dererwegen bin ich so unwissend als es Wenige seyn
mögen. Daß ich Vater und Mutter gehabt, das weiß ich.
Meinen sel. Vater kannt' ich viele Jahre, und meine
Mutter lebt noch. Daß diese auch ihre Eltern gehabt,
kann ich mir einbilden. Aber ich kannte sie nicht, und
habe auch nichts von ihnen vernommen, ausser daß
mein Großvater M. B. aus dem Käbisboden geheissen,
und meine Großmutter (deren Namen und Heimath ich
niemals vernommen) an meines Vaters Geburt gestorben; daher ihn denn ein kinderloser Vetter J. W. im
Näbis, der Gemeind Wattweil, an Kindesstatt angenommen; den ich darum auch nebst seiner Frau für meine
rechten Großeltern hielt und liebte, so wie sie mich hinwieder als ein Großkind behandelten. Meine müterli-
chen Großeltern hingegen kannt ich noch wohl; es war
U. Z. und E. W. ab der Laad.

Mein Vater war sein Tage ein armer Mann; auch
meine ganze Freundschaft hatte keinen reichen Mann
aufzuweisen. Unser Geschlecht gehört zu dem Stipendigut. Wenn ich oder meine Nachkommen einen Sohn

wollten studiren lassen, so hätte er 600. Gl. zu beziehen. Erst vorm Jahr war mein Vetter, E. B. von Kapel, Stipendi-Pfleger. Ich weiß aber noch von keinem B. der studiert hätte. Mein Vater hat viele Jahre das Hofjüngergeld bekommen; ist aber bey einer vorgenommenen Reformation, nebst andern Geschlechtern, welche, wie das seinige, nicht genugsame Urkunden darbringen mochten, ausgemerzt worden. Mit der Genossami des Stipendii hingegen hat es seine Richtigkeit, obschon ich auch nicht recht weiß, wie es gestiftet worden, wer von meinen Voreltern dazu geholfen hat, u. s. f.

Ihr seht also, meine Kinder, daß wir nicht Ursache haben, ahnenstolz zu seyn. Alle unsre Freunde und Blutsverwandte sind unbemittelte Leuthe, und von allen unsern Vorfahren hab' ich nie nichts anders gehört. Fast von keinem, der das geringste Aemtli bekleidete. Meines Großvaters Bruder war Mesmer zu Kapel, und sein Sohn Stipendipfleger. Das ist's alles aus der ganzen weitläuftigen Verwandschaft. Da können wir ja wohl vor dem Hochmuth gesichert seyn, der so viele arme Narren anwandelt, wenn sie reiche und angesehene Vettern haben, obgleich ihnen diese keinen Pfifferling geben. Nein! Von uns B. quält, Gott Lob! diese Sucht, so viel ich weiß keinen einzigen; und ihr seht, meine Kinder! daß sie auch mich nicht plagt – sonst hätt' ich wenigstens unserm Stammbaum genauer nachgeforscht. Ich weiß, daß mein Großvater und desselben Vater arme Leuthe waren, die sich kümmerlich nähren mußten; daß mein Vater keinen Pfenning erbte; daß ihn die Noth sein Lebenlang drückte, und er nicht selten über seinen

kleinen Schuldenlast seufzte. Aber deswegen schäm' ich
mich meiner Eltern und Voreltern bey weitem nicht.
Vielmehr bin ich noch eher ein Bischen stolz auf sie.
Denn, ihrer Armuth ungeachtet, hab' ich von keinem
Dieb, oder sonst einem Verbrecher den die Justitz hätte
straffen müssen, von keinem Lasterbuben, Schwelger,
Flucher, Verleumder u. s. f. unter ihnen gehört; von
keinem, den man nicht als einen braven Biedermann
mußte gelten lassen; der sich nicht ehrlich und redlich
in der Welt nährte; von keinem der betteln gieng. Dagegen kannt' ich wirklich recht manchen wackern,
frommen Mann, mit zartem Gewissen. Das ist's allein,
worauf ich stolz bin, und wünsche, daß auch Ihr stolz
darauf werdet, meine Kinder! daß wir diesen Ruhm
nicht besudeln, sondern denselben fortzupflanzen suchen. Und eben das möcht' ich Euch recht oft zu Ge-
müthe führen, in dieser meiner Lebensgeschichte.

II.

Mein Geburthstag.
(22. Dezembr. 1735.)

Für mich ein wichtiger Tag. Ich sey ein Bischen zu früh
auf der Welt erschienen, sagte man mir. Meine Eltern
mußten sich dafür verantworten. – Mag seyn, daß ich
mich schon in Mutterleibe nach dem Tageslichte ge-
sehnt habe – und dieß nach dem Licht sehnen geht mir
wohl all mein Tage nach! Daneben war ich die erste
Kraft meines Vaters – und Dank sey ihm unter der Erde,

von mir auch dafür gesagt! Er war ein hitziger Mann, voll warmen Blutes. O ich habe schon tausendmal drüber nachgedacht, und mir bisweilen einen andern Ursprung gewünscht, wenn flammende Leidenschaften in meinem Busen tobten, und ich den heftigsten Kampf mit ihnen bestehen mußte. Aber, sobald Sturm und Wetter vorbey war, dankt' ich ihm doch wieder, daß er mir sein feuriges Temperament mitgetheilt hat, womit ich unzählige schuldlose Freuden lebhafter als so viele andere Leuthe geniessen kann. Genug, an diesem 22. Dez. kam ich ans Tageslicht. Mein Vater sagte mir oft: Er habe sich gar nicht über mich gefreut: Ich sey ein armes elendes Geschöpf gewesen; nichts als kleine Beinerchen, mit einem verschrumpften Häutgen überzogen; Und doch hätt' ich Tag und Nacht ein gräßliches Zettergeschrey erhoben, das man bis ins Holz hören konnte, u.s.f. Er hat mich oft recht bös damit gemacht. Dachte: Ha, ich werd's auch gemacht haben, wie andre neugeborne Kinder! Aber die Muter gab ihm allemal Beyfall. Nun, es kann seyn.

Am H. Weihnachtstag ward ich getauft, in Wattweil; und ich freute mich schon oft, daß es gerad an diesem Tage geschah, da wir die Geburt unsers Hochgelobten Erlösers feyern. Und wenn's eine einfältige Freude ist, was macht's – giebt's doch gewiß noch viel kindischre? H. G. H. von Kapel aus der Au, und A. M. M. aus der Schamatten, waren meine Taufpathen; Er ein feuriger reicher Junggesell, Sie eine bemittelte hübsche Jungfer. Er starb ledig; sie lebt noch im Wittwenstand.

In meinen ersten Lebensjahren mag ich wohl ein we-

nig verzärtelt worden seyn, wie's gewöhnlich mit allen
ersten Kindern geht. Doch wollte mein Vater schon
frühe genug mit der Ruthe auf mich dar; aber die Mutter und Großmutter nahmen mich in Schutz. Mein Vater war wenig daheim; er brennte hie und da im Land
und an benachbarten Orten Salpeter. Wenn er dann
wieder nach Hause kam, war er mir fremd. Ich floh ihn.
Dies verdroß den guten Mann so sehr, daß er mich mit
der Ruthe zahm machen wollte. (Diese Thorheit begehen viele neuangehende Väter, und fordern nämlich von
ihren ersten Kindern aus pur lauter Liebe, daß sie eine
eben so zärtliche Neigung gegen sie wie gegen ihre
Mütter zeigen sollten. Und so hab' ich auch bey mir
und viel andern Vätern wahrgenommen, daß sie ihre
Erstgeborenen unter einer ungereimt scharfen Zucht
halten, die dann bis zu den letzten Kindern nach und
nach völlig erkaltet.)

III.

Mein fernstes Denken.
(1738.)

Gewiß kann ich mich so weit hinab – oder hinauf – wo
nicht gar bis auf mein zweytes Lebensjahr zurückerin-
nern. Ganz deutlich besinn' ich mich, wie ich auf allen
Vieren einen steinigten Fußweg hinabkroch, und einer
alten Baase durch Gebehrden Aepfel abbetelte. – Ich weiß
gewiß, daß ich wenig Schlaf hatte – daß meine Muter,
um hinter den Großeltern einen geheimen Pfenning zu
verdienen, des Nachts verstohlner Weise beym Licht

gesponnen – daß ich dann nicht in der Kammer allein
bleiben wollte, und sie darum eine Schürze auf den Boden spreiten mußte, mich nackt darauf setzte, und ich
mit dem Schatten und ihrer Spindel spielte. – Ich weiß,
daß sie mich oft durch die Wiese auf dem Arm dem Vater entgegentrug; und daß ich dann ein Mordiogeschrey anfieng, sobald ich ihn erblickte, weil er mich
immer rauh anfuhr, wenn ich nicht zu ihm wollte. Seine
Figur und Geberden die er dann machte, seh' ich jetzt
noch wie lebendig vor mir.

IV.

Zeitumstände.

Um diese Zeit waren alle Lebensmittel wohlfeil; aber
wenig Verdienst im Lande. Die Theurung und der
Zwölferkrieg waren noch in frischem Angedenken. Ich
hörte meine Mutter viel davon erzählen, das mich zittern und beben machte. Erst zu End der Dreyßigerjahre
ward das Baumwollenspinnen in unserm Dorf eingeführt; und meine Muter mag eine von den ersten gewesen seyn, die Löthligarn gesponnen. (Unser Nachbar,
A. F. trug das erste um einen Schilling Lohn an den
Zürchsee, bis er eine eigne Dublone vermochte. Dann
fieng er selber an zu kaufen, und verdiente nach und
nach etlich tausend Gulden. Da hörte er auf, setzte sich
zur Ruhe, und starb.) In meinen Kinderjahren sind auch
die ersten Erdapfel in unserm Ort gepflanzt worden.

V.
Schon in Gefahr.
(1739.)

Sobald ich die ersten Hosen trug, war ich meinem Vater
schon lieber. Er nahm mich hie und da mit sich. Im
Herbst d. J. brannte er im Gandten, eine halbe Stunde
von Näbis entfernt, Salpeter. Eines Tags nahm er mich
mit sich; und, da Wind und Wetter einfiel, behielt er
mich zu Nacht bey sich. Die Salpeterhütte war vor dem
Tenn, und sein Bett im Tenn. Er legte mich darein und
sagte liebkosend, er wolle bald auch zu mir liegen. Unterdessen fuhr er fort zu feuern, und ich schlief ein.
Nach einem Weilchen erwacht' ich wieder, und rief ihm
– Keine Antwort. – Ich stund auf, trippelte im Hemdli
nach der Hütte und um den Gaden überall herum, rief –
schrie! Nirgends kein Vater. Nun glaubt ich gewiß, er
wäre heim zu der Mutter gegangen. Ich also hurtig,
legte die Höslin an, nahm das Brusttüchlin übern Kopf,
und rannte in der stockfinstern Regennacht zuerst über
die nächstanstossende lange Wiese. Am End derselben
rauschte ein wildangelaufener Bach durch ein Tobel.
Den Stäg konnt' ich nicht finden, und wollte darum
ohne weiters und gerade hinüber, dem Näbis zu;
glitschte aber über eine Riese zum Bach hinab, wo mich
das Wasser beynahe ergriffen hätte. Die äusserste An-
strengung meiner jugendlichen Kräfte half mir noch
glücklich davon. Ich kroch wieder auf allen Vieren
durch Stauden und Dörn' hinauf der Wiese zu, auf wel-

cher ich überall herumirrte, und den Gaden nicht mehr
finden konnte – als ich gegen einer Windhelle zwey
Kerls – Birn- oder Aepfeldiebe – auf einem Baum ansichtig ward. Diesen ruft ich zu, sie sollten mir doch auf den
Weg helfen. Aber da war kein Bescheid; vielleicht daß
sie mich für ein Ungeheuer hielten, und oben im Gipfel
noch ärger zittern mochten, als ich armer Bube unten
im Koth. – Inzwischen war mein Vater, der während
meinem Schlummer nach einem ziemlich entfernten
Haus gieng, etwas zu holen, wieder zurückgekehrt. Da
er mich vermißte, suchte er in allen Winkeln nach, wo
ich mich etwa mögte verkrochen haben; zündete bis in
die siedenden Kessel hinein, und hörte endlich mein Geschrey, dem er nachgieng, und mich nun bald ausfindig
machte. O, wie er mich da herzte und küßte, Freudenthränen weinte und Gott dankte, und mich, sobald wir
zum Gaden zurückkamen, sauber und trocken machte
– denn ich war mausnaß, dreckigt bis über die Ohren,
und hatte aus Angst noch in die Hosen... Morndeß am
Morgen führte er mich an der Hand durch die Wiese:
Ich sollt ihm auch den Ort zeigen, wo ich herunterge-
purzelt. Ich konnt' ihn nicht finden: Zuletzt fand Er ihn
an dem Geschlirpe, das ich beym Hinabrutschen gemacht; schlug dann die Händ' überm Kopf zusamen,
vor Entsetzen über die Gefahren worinn ich geschwebt,
und vor Lob und Preis über die Wunderhand Gottes,
die mich allein erretten konnte: «Siehst du,» sprach er,
«nur noch wenige Schritte, so stürzt der Bach über den
Felsen hinab. Hätt' dich das Wasser fassen können, so
lägst du dort unten todt und zermürset!» Von allem

diesem begriff ich damals kein Wort; ich wußte nur von meiner Angst, nichts von Gefahr. Besonders aber schwebten die Kerle auf dem Baum mir viele Jahre vor Augen, sobald mich nur ein Wort an die Geschichte erinnerte.

Gott! Wie viele tausend Kinder kämen auf eine elende Art ums Leben, wenn nicht deine schützenden Engel über sie wachten. Und, o wie gut hat auch der meinige über mich gewacht. Lob und Preis sey dir dafür noch heute von mir gebracht, und in alle Ewigkeit!

VI.

Unfre Nachbauern im Näbis.

Der Näbis liegt im Berg, ob Scheftenau. Von Kapel hört man die Glocke läuten und schlagen. Es sind nur zwey Häuser. Die aufgehnde Sonne strahlt beyden gerad in die Fenster. Meine Großmutter und die Frau im andern Haus waren zwo Schwestern; fromme alte Mütterle, welche von andern gottseligen Weibern in der Nachbarschaft fleißig besucht wurden. Damals gab es viel fromme Leuthe daherum. Mein Vater, Großvater, und andre Männer, sahen's zwar ungern; durften aber nichts sagen, aus Furcht sie könnten sich versündigen. Der Bätbeele war ihr Lehrer (seinem Bruder sagte man Schweerbeele), ein grosser langer Mann, der sich nur vom Kuderspinnen und etwas Allmosen nährte. In Scheftenau war fast in jedem Haus eins, das ihm an-

hieng. Meine Großmutter nahm mich oft mit zu diesen
Zusammenkünften. Was eigentlich da verhandelt wurde, weiß ich nicht mehr; nur so viel, daß mir dabey die
Weil verzweifelt lang war. Ich mußte mäuslinstill sitzen, oder gar knieen. Dann gab's unaufhörliche Ermahnungen und Bestrafungen von den Baasen allen, die ich
so wenig verstuhnd als eine Katze. Dann und wann aber
stahl mich mein Großvater zum voraus weg, und mußt'
ich mit ihm in den Berg, wo unsre Kühe waideten. Da
zeigte er mir allerley Vögel, Käfer und Würmchen, die-
weil er die Matten säuberte, oder junge Tännchen, den
wilden Seevi, u.s.f. ausraufte. Wenn er dann alles an
einen Haufen warf, und's bey einbrechendem Abend
anzündete, da war's mir erst recht gekocht. Anderer
Buben, die etwa dabey seyn mochten, erinnere ich mich
nicht mehr, wohl aber etlicher halberwachsener Meid-
linen, die mit mir spielten. Ich gieng damals in
mein sechstes Jahr; hatte schon zwey Brüder und eine
Schwester, von denen es hieß, daß eine alte Frau sie in
einer Butte gebracht.

VII.

Wanderung in das Dreyschlatt.

(1741.)

Mein Vater hatte einen Wanderungsgeist, der zum
Theil auch auf mich gekommen ist. In diesem Jahr kaufte er ein groß Gut (für 8. Kühe Sömmer- und Winte-
rung), Dreyschlatt genannt, in der Gemeind Krynau,

zu hinderst in einer Wildniß, nahe an den Alpen. Das nicht halb so grosse Gütchen im Näbis hingegen verkaufte er dafür: Weil er (wie er sagte) sah, daß ihn eine grosse Haushaltung anfallen wolle; damit er für viele Kinder Platz und Arbeit genug hätte; auch daß er sie in dieser Einöde nach seinem Willen erziehen könnte, wo sie vor der Verführung der Welt sicher wären. Auch rieth der Großvater, der von Jugend an ein starker Viehmann war, sehr dazu. Aber mein guter Aeti verbande sich den unrechten Finger, und watete sich, da er an das Gut nichts zu geben hatte, in einen Schuldenlast hinein, unter welchem er nachwerts 13. Jahre lang genug seufzen mußte. Also im Herbst 41. zügelten wir mit Sack und Pack ins Dreyschlatt. Mein Großäti war Senn; Ich jagte die Kühe nach; mein Bruder G. nur 20. Wochen alt, ward in einem Korb hingetragen. Mutter und Großmutter, mit den zwey andern Kindern kamen hinten nach; und der Vater, mit dem übrigen Plunder, beschloß den Zug.

VIII.

Oekonomische Einrichtung.

Mein Vater wollte doch das Salpetersieden nicht aufgeben, und dachte damit wenigstens etwas zu Abherrschung der Zinse zu verdienen. Aber so ein Gut, wie der Dreyschlatt, braucht Händ' und Armschmalz. Wir Kinder waren noch wie für nichts zu rechnen; der Großäti hatte mit dem Vieh, und die Mutter genug im Haus

zu thun. Es mußten also ein Knecht und eine Magd gedungen werden. Im folgenden Frühjahr gieng der Vater
wieder dem Salpeterwerk nach. Inzwischen hatte man
mehr Küh' und Geissen angeschafft. Der Großäti zog
jungen Fasel nach. Das war mir eine Tausendslust, mit
den Gitzen so im Gras herumlaufen; und ich wußte
nicht, ob der Alte eine grössere Freud an mir oder an
ihnen hatte, wenn er sich so, nachdem das Vieh besorgt
war, an unsern Sprüngen ergötzte. So oft er vom Melken kam, nahm er mich mit sich in den Milchkeller, zog
dann ein Stück Brod aus dem Futterhemd, brockt' es in
eine kleine Mutte, und machte ein kühwarmes Milch-
süpple. Das assen ich und er so alle Tage. So vergieng
mir meine Zeit, unter Spiel und Herumtrillern, ich
wußt' nicht wie? Dem Großäti giengs eben so. Aber,
aber – Knecht und Magd thaten inzwischen was sie
gern wollten. Die Mutter war ein gutherziges Weib;
nicht gewohnt jemand mit Strenge zur Arbeit anzuhal-
ten. Es mußte allerhand Milch- und Werkgeschirr eingekauft werden; und, da man viel Waide zu Wiesen ein-
schlug, auch Heu und Stroh, um mehr Mist zu machen.
Im Winter hatten wir allemal zu wenig Futter – oder zu
viel fressende Waar. Man mußt' immer mehr Geld entlehnen; die Zinse häuften sich, und die Kinder wurden
grösser, Knecht und Magd feißt, und der Vater mager.

IX.

Abänderungen.

Er merkte endlich, daß so die Wirthschaft nicht gehen könne. Er änderte sie also; und gab nämlich das Salpetersieden auf, blieb daheim, führte das Gesind selber zur Arbeit an, und war allenthalben der erste. Ich weiß nicht ob er auf einmal gar zu streng angefangen, oder ob Knecht und Magd, wie oben gesagt, sonst zu meisterlos geworden; kurz, sie jahrten aus, und liefen davon. Um die gleiche Zeit wurde der Großäti krank. Erst stach er sich nur an einem Dorn in den Daumen; der wurde geschwollen. Er band frischwarmen Kühmist drauf; da schwoll die ganze Hand. Er empfand entsetzliche Hitz' darinn, gieng zum Brunnen, und wusch den Mist unter der Röhre wieder ab. Aber das hatte nun gar böse Folgen. Er mußte sich bald zu Beth legen, und bekam die Wassersucht. Er ließ sich abzäpfen; das Wasser rann in den Keller hinab. Nachdem er so 5. Monathe gelegen, starb er zum Leidwesen des ganzen Hauses; denn alle liebten ihn, vom Kleinsten bis zum Größten. Er war ein angenehmer, Freud' und Friede liebender Mann. Er hatte an meinem Vater und mir ungemein viel gethan; und ich habe nie von keinem Menschen etwas Böses über ihn sagen gehört. Mein Vater und Mutter erzählten noch viele Jahre allerhand Löbliches und Schönes von ihm. Als ich ein wenig zum Verstand kam, erinnerte ich mich seiner erst recht, und verehrt' ihn

im Staub und Moder. Er liegt im Kirchhof zu Krynau
begraben.

X.

Nächste Folgen von des Großvaters Tod.

Nun wurde wieder eine Magd angeschaft; die war dem
Vater recht, weil sie brav arbeitete. Aber Mutter und
Großmutter konnten sie nicht leiden, weil sie glaubten,
sie schmeichle dem Vater, und trag' ihm alles zu Ohren.
Auch war sie krätzig, so daß wir alle die Raud von ihr
erbten. Und kurz, die Mütter ruhten nicht; sie mußte
fort, und eine andre zu. Die war nun ihnen recht, aber
dem Vater nicht, weil sie nur das Haus- aber nicht das
Feldwerk verstand. Auch meinte er, sie helfe den Weibern allerhand verschmauchen. Jetzt gab's bald alle Tag
einen Zank. Die Weibervölker stunden zusammen; der
Mann hinwieder glaubte, Er sey einmal Meister; und
kurz, es schien als wenn der alte Näbis-Joggele einen
guten Theil vom Hausfrieden mit sich unter den Boden
genommen hätte. Aus Verdruß gieng darum der Vater
einstweilig wieder dem Salpetersieden nach, übergab
die Wirthschaft seinem Bruder N. als Knecht, und
glaubte mit einem so nahen Blutsfreunde wohl versorgt
zu seyn. Er betrog sich. Er konnt' ihn nur ein Jahr behalten, und sah noch zu rechter Zeit die Wahrheit des
Sprüchworts ein: Wer will daß es ihm ling, schau selber
zu seinem Ding! – Nun gieng er nicht mehr fort, trat
auf's neue an die Spitze der Haushaltung, arbeitete über
Kopf und Hals, und hirtete die Kühe selber; Ich war

sein Handbub, und mußte mich brav tummeln. Die
Magd schafte er ab; und dingte dafür einen Gaißen-
knab, da er jetzt einen Fasel Gaissen gekauft, mit deren
Mist er viel Waid und Wiesen machte. Inzwischen wollten ihn die Weiber noch immer meistern; das konnt'
er nicht leiden; 's gab wieder allerley Händel. Endlich
da er einmal der Großmutter in der Hitz' ein Haber-
mußbecken nachgeschmissen, lief sie davon, und gieng
wieder zu ihren Freunden in den Näbis. Die Sach' kam
vor die Amtsleuth. Der Vater mußt ihr alle Wochen
6. Batzen und etwas Schmalz geben. Sie war ein kleines
bucklichtes Fräulein; mir eine liebe Großmutter; die
hinwieder auch mich hielt wie ihr rechtes Großkind;
aber, die Wahrheit zu sagen, ein wenig wunderlich,
wetterwendisch; gieng immer den sogenannten Frommen nach, und fand doch niemand recht nach ihrem
Sinn. Ich mußt' ihr alle Jahr die Metzgeten bringen, und
blieb dann ein Paar Tage bey ihr. Da war gut Leben:
Ich ließ mir's schmecken; ihre wohlgemeinten Ermahnungen hingegen zum einten Ohr ein, und zum andern
wieder aus. Gewiß kein Ruhm für mich. Aber dergleichen Buben machen's, leider Gott erbarm! so. Zuletzt
war sie einige Jahr blind, und starb endlich in der Feuer-
schwand in einem hohen Alter An. 50. 51. oder 52. Sie
vermachte mir ein Buch, Arndts wahres Christenthum,
apart. Sie war gewiß ein gottseliges Weib, in der Scha-
maten hoch estimirt; und die Leuth dort sind mir noch
besonders lieb um ihretwillen. Auch glaub' ich gewiß
noch Glück von ihr her zu haben; denn Elternsegen
ruht auf Kindern und Kindskindern.

XI

Allerley, wie's so kömmt.

Unsre Haushaltung vermehrte sich. Es kam alle zwey Jahr geflissentlich ein Kind; Tischgänger genug, aber darum noch keine Arbeiter. Wir mußten immer viel Taglöhner haben. Mit dem Vieh war mein Vater nie recht glücklich; es gab immer etwas krankes. Er meinte, die starken Kräuter auf unsrer Waid seyen nicht wenig Schuld daran. Der Zins überstieg alle Jahr die Losung. Wir reuteten viel Wald aus, um mehr Mattland, und Geld von dem Holz zu bekommen; und doch kamen wir je länger je tiefer in die Schulden, und mußten immer aus einem Sack in den andern schleufen. Im Winter sollten ich, und die ältesten welche auf mich folgten, in die Schule; aber die dauerte zu Krynau nur 10.Wochen, und davon giengen uns wegen tiefem Schnee noch etliche ab. Dabey konnte man mich schon zu allerley Nutzlichem brauchen. Wir sollten anfangen, Winterszeit etwas zu verdienen. Mein Vater probierte aller Gattung Gespunst: Flachs, Hanf, Seiden, Wollen, Baumwollen; auch lehrte er uns letzte kämbeln, Strümpfstricken, u.d.g. Aber keins warf damals viel Lohn ab. Man schmälerte uns den Tisch, meist Milch und Milch; ließ uns lumpen und lempen, um zu sparen. Bis in mein sechszehntes Jahr gieng ich selten, und im Sommer baarfuß in meinem Zwilchröcklin zur Kirche. Alle Frühjahr mußte der Vater mit dem Vieh oft weit nach Heu fahren, und es theuer bezahlen.

XII.

Die Bubenjahre.

Indessen kümmerte mich alle dieß um kein Haar. Auch
wußt' ich eigentlich nichts davon, und war überhaupt
ein leichtsinniger Bube, wie's je einen gab. Alle Tag
dacht' ich dreymal ans Essen, und damit aus. Wenn
mich der Vater nur mit langanhaltender oder strenger
Arbeit verschonte, oder ich eine Weile davonlaufen
konnte, so war mir alles recht. Im Sommer sprang ich in
der Wiese und an den Bächen herum, riß Kräuter und
Blumen ab, und machte Sträusse wie Besen; dann durch
alles Gebüsch, den Vögeln nach, kletterte auf die Bäume, und suchte Nester. Oder ich las ganze Haufen
Schneckenhäuslein oder hübsche Stein zusammen. War
ich dann müd', so setzt' ich mich an die Sonne, und
schnitzte zuerst Hagstecken, dann Vögel, und zuletzt
gar Kühe; denen gab ich Namen, zäunt' ihnen eine
Waid ein, baut' ihnen Ställe, und fütterte sie; verhan-
delte dann bald dies bald jenes Stück, und machte immer wieder schönere. Ein andermal richtete ich Oefen
und Feuerherd auf, und kochte aus Sand und Lett einen
saubern Brey. Im Winter wälzt' ich mich im Schnee herum, und rutschte bald in einer Scherbe von einem zer-
brochenen Napf, bald auf dem blossen Hintern, die Gähen hinunter. Das trieb ich dann alles so, wie's die
Jahrszeit mitbrachte, bis mir der Vater durch den Finger pfiff, oder ich sonst merkte, daß es Zeit über Zeit
war. Noch hatt' ich keine Cameraden; doch wurd' ich

in der Schule mit einem Buben bekannt, der oft zu mir
kam, und mir allerhand Lappereyen um Geld anbot,
weil er wußte, daß ich von Zeit zu Zeit einen halben
Batzen zu Trinkgeld erhielt. Einst gab er mir ein Vogel-
nest in einem Mausloch zu kaufen. Ich sah täglich darnach. Aber eines Tags waren die Jungen fort; das verdroß mich mehr als wenn man dem Vater alle Küh gestohlen hätte. Ein andermal, an einem Sonntag, bracht'
er Pulver mit – bisher kannt' ich diesen Höllensamen
nicht – und lehrte mich Feuerteufel machen. Eines
Abends hatt' ich den Einfall: Wenn ich auch schiessen
könnte! Zu dem End' nahm ich eine alte eiserne Brunn-
röhre, verkleibte sie hinten mit Leim, und machte eine
Zündpfanne auch von Leim; in diese that ich dann das
Pulver, und legte brennenden Zunder daran. Da's nicht
losgehen wollte, blies ich... Puh! Mir Feuer und Leim
alles ins Gesicht. Dieß geschah hinterm Haus; ich merkte wohl, daß ich was unrechtes that. Inzwischen kam
meine Mutter, die den Klapf gehört hatte, herunter.
Ich war elend bleßirt. Sie jammerte, und half mir hinauf. Auch der Vater hatte oben in der Waide die Flamm
gesehen, weils fast Nacht war. Als er heimkam, mich
im Bett antraf, und die Ursache vernahm, ward er grim-
mig böse. Aber sein Zorn stillte sich bald, als er mein
verbranntes Gesicht erblickte. Ich litt grosse Schmerzen. Aber ich verbiß sie, weil ich sonst fürchtete, noch
Schläge oben drein zu bekommen, und wußte daß ich
solche verdient hätte. Doch mein Vater empfand wohl,
daß ich Schläge genug habe. Vierzehn Tage sah' ich
keinen Stich; an den Augen hatt' ich kein Häärlein

mehr. Man hatte grosse Sorgen wegen dem Gesicht.
Endlich war's doch allmälig und von Tag zu Tag wieder besser. Jetzt, sobald ich vollkommen hergestellt
war, machte der Vater es mit mir, wie Pharao mit den
Israeliten, ließ mich tüchtig arbeiten, und dachte: So
würden mir die Possen am beßten vergehen. Er hatte
Recht. Aber damals konnt' ich's nicht einsehen, und
hielt ihn für einen Tyrann, wenn er mich so des Morgens früh aus dem Schlaf nahm, und an das Werk musterte. Ich meinte, das wär' eben nicht nöthig; die Kühe
gäben ja die Milch von sich selber.

XIII.

Beschreibung unsers Guts Dreyschlatt.

Dreyschlatt ist ein wildes einödes Ort, zuhinderst an
den Alpen Schwämle, Creutzegg und Aueralp; vorzei-
ten war's eine Sennwaid. Hier giebt's immer kurzen
Sommer und langen Winter; während letzterm meist
ungeheuern Schnee, der oft noch im May ein Paar Klafter tief liegt. Einst mußten wir noch am H. Pfingst-
abend einer neuangelangten Kuh, mit der Schaufel zum
Haus pfaden. In den kürzsten Tagen hatten wir die
Sonn nur 5. Viertelstunden. Dort entsteht unser Roten-
bach, der dem Fäsi in seiner Erdbeschreibung, und dem
Walser in seiner Kart entwischte; ungeachtet er zweymal grösser als der Schwendi- oder Lederbach ist, der
viele Mühlen, Sagen, Walken, Stampfen und Pulver-
mühlen treibt. Doch beym Dreyschlatt da hat es das

herrlichste Quellwasser; und wir in unserm Haus und
Scheur aneinander hatten einen Brunnen, der nie gefror,
unterm Dach, so daß das Vieh den ganzen Winter über
nie den Himmel sah. – Wenn's im Dreyschlatt stürmt,
so stürmt's dann recht. Wir hatten eine gute, nicht gähe
Wiese, von 40–50. Klafter Heu, und eine grasreiche Waide. Auf der Sommerseite im Altischweil ist's schon früher, aber auch gäher und räucher. Holz und Stroh
giebt's genug. Hinterm Haus ist ein Sonnenrain, wo's
den Schnee wegbläst, der hingegen an einem Schatten-
rain vor dem Haus im Frühjahr oft noch liegen bleibt,
wenn's an jenem schon Gras und Schmalzblumen hat.
Am frühsten und am späthsten Ort auf dem Gut trift's
wohl 4.Wochen an.

XIV.

Der Geißbube.

Ja! Ja! sagte jetzt eines Tags mein Vater: Der Bub
wächst, wenn er nur nicht so ein Narr wäre, ein ver-
zweifelter Lappe; auch gar kein Hirn. Sobald er an die
Arbeit muß, weißt er nicht mehr was er thut. Aber von
nun an muß er mir die Geissen hüten, so kann ich den
Geißbub abschaffen. – Ach! sagte meine Mutter, so
kommst du um Geissen und Bub. Nein! Nein! Er ist
noch zu jung. – Was jung? sagte der Vater: Ich will es
drauf wagen, er lernt's nie jünger; die Geissen werden
ihn schon lehren; sie sind oft witziger als die Buben.
Ich weiß sonst doch nichts mit ihm anzufangen.

Mutter. Ach! was wird mir das für Sorg' und Kummer machen. Sinn' ihm auch nach! Einen so jungen Bub mit einem Fasel Geissen in den wilden einöden Kohlwald schicken, wo ihm weder Steg noch Weg bekannt sind, und's so gräßliche Töbler hat. Und wer weiß, was vor Thier sich dort aufhalten, und was vor schreckliches Wetter einfallen kann? Denk doch, eine ganze Stund weit! und bey Donner und Hagel, oder wenn sonst die Nacht einfällt, nie wissen, wo er ist. Das ist mein Tod, und Du mußt's verantworten.

Ich. Nein, nein, Mutter! Ich will schon Sorg haben, und kann ja drein schlagen wann ein Thier kommt, und vor'm Wetter untern Felsen kreuchen, und, wenn's nachtet, heimfahren; und die Geissen will ich, was gilt's, schon paschgen.

Vater. Hörst jetzt! Eine Woche mußt' mir erst mit dem Geißbub gehen. Dann gieb wohl Achtung wie er's macht; wie er die Geissen alle heißt, und ihnen lockt und pfeift; wo er durchfahrt, und wo sie die beßte Waid finden.

Ja, ja! sagt' ich, sprang hoch auf, und dacht': Im Kohlwald da bist du frey; da wird dir der Vater nicht immer pfeifen, und dich von einer Arbeit zur andern jagen. Ich gieng also etliche Tag mit unserm Beckle hin; so hieß der Bub; ein rauher, wilder, aber doch ehrlicher Bursche. Denkt doch! Er stuhnd eines Tags wegen einer Mordthat im Verdacht, da man eine alte Frau, welche wahrscheinlich über einen Felsen hinunterstürz- te, auf der Creutzegg todt gefunden. Der Amtsdiener holte ihn aus dem Bett nach Lichtensteig. Man merkte aber bald, daß er ganz unschuldig war, und er kam zu meiner grossen Freud noch denselben Abend wieder heim. – Nun trat ich mein neues Ehrenamt an. Der Vater wollte zwar den Beckle als Knecht behalten; aber die Arbeit war ihm zu streng, und er nahm im Frieden seinen Abschied. – Anfangs wollten mir die Geissen, deren ich bis 30. Stück hatte, kein gut thun; das machte mich wild, und ich versucht' es, ihnen mit Steinen und Prügeln den Meister zu zeigen; aber sie zeigten ihn mir; ich mußte also die glatten Wort' und das Streicheln und Schmeicheln zur Hand nehmen. Da thaten sie, was ich wollte. Auf die vorige Art hingegen verscheucht' ich sie so, daß ich oft nicht mehr wußte was anfangen, wenn sie alle ins Holz und Gesträuch liefen, und ich meist rundum keine einzige mehr erblicken konnte, halbe Tage herumlaufen, pfeifen und jolen, sie an den Galgen verwünschen, brülen und lamentiren mußte, bis ich sie wieder bey einander hatte.

XV.

Wohin, und wie lang.

Drey Jahre hatte ich so meine Heerde gehütet; sie ward immer grösser, zuletzt über 100. Köpf, mir immer lieber, und ich ihnen. Im Herbst und Frühling fuhren wir auf die benachbarten Berge, oft bis zwey Stunden weit. Im Sommer hingegen durft' ich nirgends hüten, als im Kohlwald; eine mehr als Stund weite Wüsteney, wo kein recht Stück Vieh waiden kann. Dann gieng's zur

Aueralp, zum Kloster St. Maria gehörig, lauter Wald, oder dann Kohlplätz und Gesträuch; manches dunkle Tobel und steile Felswand, an denen noch die beßte Geißweid zu finden war. Von unserm Dreyschlatt weg hatt' ich alle Morgen eine Stund Wegs zu fahren, eh' ich nur ein Thier durfte anbeissen lassen; erst durch unsre Viehwaid, dann durch einen grossen Wald, u. s. f. u. f. in die Kreutz und Querre, bald durch diese, bald durch jene Abtheilung der Gegend, deren jede ich mit einem eigenen Namen taufte. Da hieß es, im vordern Boden; dort, zwischen den Felsen; hier in der Weiß-lauwe, dort im Köllermelch, auf der Blatten, im Kessel, u. s. f. Alle Tage hütete ich an einem andern Ort, bald sonnen - bald schattenhalb. Zu Mittag aß ich mein Brödtlin, und was mir sonst etwa die Mutter verstohlen mitgab. Auch hatt' ich meine eigne Geiß, an der ich sog. Die Geißaugen waren meine Uhr. Gegen Abend fuhr ich immer wieder den nämlichen Weg nach Haus, auf dem ich gekommen war.

XVI.

Vergnügen im Hirtenstand.

Welche Lust, bey angenehmen Sommertagen über die Hügel fahren – durch Schattenwälder streichen – durchs Gebüsch Einhörnchen jagen, und Vogelnester ausneh-men! Alle Mittag lagerten wir uns am Bach; da ruhten meine Geissen zwey bis drey Stunden aus, wann es heiß war noch mehr. Ich aß mein Mittagbrodt, sog mein

Geißchen, badete im spiegelhellen Wasser, und spielte
mit den jungen Gitzen. Immer hatt' ich einen Gertel
oder eine kleine Axte bey mir, und fällte junge Tännchen, Weiden oder Ilmen. Dann kamen meine Geissen
haufenweis und kafelten das Laub ab. Wenn ich ihnen
Leck, Leck! rufte, dann gieng's gar im Galopp, und
wurd' ich von ihnen wie eingemaurt. Alles Laub und
Kräuter, die sie frassen, kostete auch ich; und einige
schmeckten mir sehr gut. So lang der Sommer währte,
florirten die Erd- Im- Heidel- und Brombeeren; deren
hatt' ich immer vollauf, und konnte noch der Mutter
am Abend mehr als genug nach Haus bringen Das war
ein herrliches Labsal, bis ich mich einst daran bis zum
Eckel überfraß. – Und welch Vergnügen machte mir
nicht jeder Tag, jeder neue Morgen; wenn jetzt die
Sonne die Hügel vergoldete, denen ich mit meiner
Heerde entgegenstieg; dann jenen haldigen Buchen-
wald, und endlich die Wiesen und Waldplätze beschien.
Tausendmal denk' ich dran; und oft dünkt's mich, die
Sonne scheine jetzt nicht mehr so schön. Wann dann
alle anliegenden Gebüsche von jubilirenden Vögeln er-
tönten, und dieselben um mich her hüpften – O! Was
fühlt' ich da! – Ha, ich weiß es nicht! – Halt süsse,
süsse Lust! Da sang' und trillerte ich dann mit, bis ich
heiser ward. Ein andermal spürte ich diesen mutern
Waldbürgern durch alle Stauden nach, ergötzte mich
an ihrem hübschen Gefieder, und wünschte, daß sie nur
halb so zahm wären wie meine Geissen; beguckte ihre
Jungen und ihre Eyer, und erstaunte über den wunder-
vollen Bau ihrer Nester. Oft fand ich deren in der Erde,

im Mooß, im Farrn, unter alten Stöcken, in den dick-
sten Dörnen, in Felsritzen, in hohlen Tannen oder Bu-
chen; oft hoch im Gipfel – in der Mitte – zu äusserst auf
einem Ast. Meist wußt' ich ihrer etliche. Das war mir
eine Wonne, und fast mein einziges Sinn und Denken,
alle Tage gewiß einmal nach allen zu sehn; wie die
Jungen wuchsen, wie das Gefiieder zunahm, wie die Alten sie fütterten, u.d.g. Anfangs trug ich einige mit
mir nach Haus, oder brachte sie sonst an ein bequeme-
res Ort. Aber dann waren sie dahin. Nun ließ ich's bleiben, und sie lieber groß werden – Da flogen sie mir aus.
– Eben so viel Freuden brachten mir meist auch meine
Geissen. Ich hatte von allen Farben, grosse und kleine,
kurz- und langhaarige, bös- und gutgeartete. Alle Tage
ruft' ich sie zwey bis dreymal zusammen, und über-
zählte sie, ob ich's voll habe? Ich hatte sie gewöhnt,
daß sie auf mein Zub, Zub! Leck, Leck! aus allen Bü-
schen hergesprungen kamen. Einige liebten mich sonderbar, und giengen den ganzen Tag nie einen Büchsenschuß weit von mir; und wenn ich mich verbarg, fiengen sie alle ein Zettergeschrey an. Von meinem Dug-
löörle (so hieß ich meine Mittagsgeiß) konnt' ich mich
nur mit List entfernen. Das war ganz mein Eigen. Wo
ich mich setzte oder legte, stellte es sich über mich hin,
und war gleich parat zum Saugen oder Melken; und
doch mußt' ich's in der beßten Sommerszeit oft noch
ganz voll heimführen. Andremal melkt' ich es einem
Köhler, bey dem ich manche liebe Stund zubrachte,
wenn er Holz schrotete, oder Kohlhaufen brannte.
    Welch Vergnügen, dann am Abend, meiner Heerde

auf meinem Horn zur Heimreise zu blasen! zuzuschauen, wie sie alle mit runden Bäuchen und vollen Eutern da- stuhnden, und zu hören wie munter sie sich heimblöck- ten. Wie stolz war ich dann, wann mich der Vater lobte, daß ich so gut gehütet habe! Nun gieng's an ein Mel- ken; bey gutem Wetter unter freyem Himmel. Da woll- te jede zuerst über dem Eimer von der drückenden Last ihrer Milch los seyn, und beleckte dankbar ihren Be- freyer.

XVII.

Verdruß und Ungemach.

Nicht daß lauter Lust beym Hirtenleben wäre. – Potz Tausend, Nein! Da giebt's Beschwerden genug. Für mich war's lang die empfindlichste, des Morgens so früh mein warmes Bettlin zu verlassen, und bloß und baarfuß ins kalte Feld zu marschiren, wenn's zumal ei- nen baumstarken Reifen hatte, oder ein dicker Nebel über die Berge herabhieng. Wenn dann dieser gar so hoch gieng, daß ich ihm mit meiner bergansteigenden Heerde das Feld nicht abgewinnen, und keine Sonn' er- reichen konnte, verwünscht' ich denselben in Aegypten hinein, und eilte was ich eilen konnte, aus dieser Fin- sterniß wieder in ein Thälchen hinab. Erhielt ich hin- gegen den Sieg, und gewann die Sonne und den hellen Himmel über mir, und das große Weltmeer von Nebeln, und hie und da einen hervorragenden Berg, wie eine Insel, unter meine Füsse – Was das dann für ein Stolz und eine Lust war! Da verließ ich den ganzen Tag die

Berge nicht, und mein Aug konnt' sich nie satt schauen,
wie die Sonnenstrahlen auf diesem Ocean spielten, und
Wogen von Dünsten in den seltsamsten Figuren sich
drauf herumtaumelten, bis sie gegen Abend mich wieder zu übersteigen drohten. Dann wünscht ich mir Ja-
kobs Leiter; aber umsonst, ich mußte fort. Ich ward
traurig, und alles stimmte in meiner Trauer ein. Ein-
same Vögel flatterten matt und mißmüthig über mir
her, und die grossen Herbstfliegen sumsten mir so melancholisch um die Ohren, daß ich weinen mußte. Dann
fror ich fast noch mehr als am frühen Morgen, und empfand Schmerzen an den Füssen, obgleich diese so hart
als Sohlleder waren. Auch hatt' ich die meiste Zeit
Wunden oder Beulen an ein Paar Gliedern; und wenn
eine Blessur heil war, macht' ich mir richtig wieder eine
andre; sprang entweder auf einen spitzen Stein auf, verlor einen Nagel oder ein Stück Haut an einem Zehen,
oder hieb mir mit meinen Instrumenten ein's in die
Finger. An's Verbinden war selten zu gedenken; und
doch gieng's meist bald vorüber. – Die Geissen hiernächst machten mir, wie schon gesagt, Anfangs grossen
Verdruß, wenn sie mir nicht gehorchen wollten, weil
ich ihnen nicht recht zu befehlen verstuhnd. – Ferner
prügelte mich der Vater nicht selten, wenn ich nicht
hütete wo er mir befohlen hatte, und nur hinfuhr wo
ich gern seyn mochte, und die Geissen dann nicht das
rechte Bauchmaaß heimbrachten, oder er sonst ein loses
Stücklein von mir erfuhr. – Dann hat ein Geißbub überhaupt viel von andern Leuthen zu leiden. Wer will aber
einen Fasel Geissen immer so in Schranken halten, daß

sie nicht etwa einem Nachbar in die Wiesen oder Waid gucken? Wer mit so viel lüsternen Thieren zwischen Korn- und Haberbrachen, Räb- und Kabisäckern durch-fahren, daß keins kein Maulvoll versuchte? Da gieng's dann an ein Fluchen und Lamentiren: Bärnhäuter! Gal-genvogel! waren meine gewöhnlichen Ehrentitel. Man sprang mir mit Axten, Prügeln und Hagstecken – einst gar einer mit einer Sense nach; der schwur, mir ein Bein vom Leib wegzuhauen. Aber ich war leicht genug auf den Füssen; und nie hat mich einer erwischen mö-gen. Die schuldigen Geissen wohl haben sie mir oft er-tappt, und mit Arrest belegt; dann mußte mein Vater hin, und sie lösen. Fand er mich schuldig, so gab's Schläge. Etliche unsrer Nachbarn waren mir ganz be-sonders widerwärtig, und richteten mir manchen Streich auf den Rücken. Dann dacht' ich freylich: Wartet nur, ihr Kerls, bis mir eure Schuh' recht sind, so will ich Euch auch die Bückel salben. Aber man vergißt's; und das ist gut. Und dann hat das Sprüchwort doch auch seinen wahren Sinn: «Wer will ein Bidermann seyn und heissen, der hüt sich vor Dauben und Geissen.» – So giebt es also freylich dieser und anderer Widerwär-tigkeiten genug in dem Hirtenstand. Aber die bösen Tage werden reichlich von den guten ersetzt, wo's dann gewiß keinem König so wohl ist.

XVIII

Neue Lebensgefahren.

Im Kohlwald war eine Buche; gerad über einem mehr
als thurmhohen Fels herausgewachsen, so daß ich über
ihren Stamm wie über einen Steg spatzieren, und in
eine gräßlich finstre Tiefe hinabgucken konnte; wo die
Aeste angiengen, stuhnd sie wieder geradauf. In dieses
seltsame Nest bin ich oft gestiegen, und hatte meine
größte Lust daran, so in den fürchterlichen Abgrund zu
schauen, und zu sehn wie ein Bächlein neben mir her-
unterstürzte, und sich in Staub zermalmte. Aber einst
schwebte mir diese Gegend im Traum so schauderhaft
vor, daß ich von da an nicht mehr hingieng. – Ein andermal befand ich mich mit meinen Geissen jenseits der
Aueralp, auf der Dürrwälder-Seite gegen dem Roten-
stein. Ein Junges hatte sich zwischen zween Felsen ver-
stiegen, und ließ eine jämmerliche Melodie von sich hören. Ich kletterte nach, um ihm zu helfen. Es gieng so
eng und gäh, und zick zack zwischen Klippen durch,
daß ich weder obsich noch niedsich sehen konnte, und
oft auf allen Vieren kriechen mußte. Endlich verstieg
ich mich gänzlich. Über mir stuhnd ein unerklimmba-
rer Fels; unter mir schien's fast senkrecht – ich weiß
selbst nicht wie weit hinab. Ich fieng an rufen und beten, so laut ich konnte. In einer kleinen Entfernung sah
ich zwey Menschen durch eine Wiese marschiren. Ich
gewahrt' es gar wohl, sie hörten mich; aber sie spotteten meiner, und giengen ihre Strasse. Endlich entschloß

ich mich, das Äusserste zu wagen, und lieber mit Eins
des Todes zu seyn als noch weiter in dieser peinlichen
Lage zu verharren, und doch nicht lange mehr ausharren zu können. Ich schrie zu Gott in Angst und Noth,
ließ mich auf den Bauch nieder, meine Händ' ob sich
verspreitet, daß ich mich an den kahlen Fels so gut als
möglich anklammern könne. Aber ich war todmüd,
fuhr wie ein Pfeil hinunter – zum Glück war's nicht so
hoch als ich im Schrecken glaubte – und blieb wunderbar ebenrecht in einem Schlund stecken, wo ich mich
wieder halten konnte. Freylich hat ich Haut und Kleider zerrissen, und blutete an Händen und Füssen. Aber
wie glücklich schätzt' ich mich nicht, daß ich nur mit
dem Leben und unzerbrochnen Gliedern davonkam!
Mein Geißchen mag sich auch durch einen Sprung gerettet haben; einmal ich fand's schon wieder bey den
übrigen. – Ein andermal, da ich an einem schönen Som-
mertag mit meiner Heerde herumgetrillert, überzog
sich der Himmel gegen Abend mit schwarzen Wolken;
es fieng gewaltig an blitzen und donnern. Ich eilte nach
einer Felshöhle – diese oder eine grosse Wettertann waren in solchen Fällen immer mein Zufluchtsort – und
rief dann meine Geissen zusammen. Die, weil's sonst
bald Zeit war, meinten es gelte zur Heimfahrt, und
sprangen über Kopf und Hals mir vor, daß ich bald keinen Schwanz mehr sah. Ich eilte ihnen nach. Es fieng
entsetzlich an zu hageln, daß mir Kopf und Rücken von
den Püffen sausten. Der Boden war dicht mit Steinen
bedeckt; ich rannte in vollem Galopp drüber fort, fiel
aber oft auf den Hintern, und fuhr grosse Stück weit

wie auf einem Schlitten. Endlich in einem Wald, wo's gäh' zwischen Felsen hinuntergieng, konnt' ich vollends nicht anhalten, und glitschte bis zu äusserst auf einen Rand, von dem ich, wenn mich nicht Gott und seine guten Engel behütet hätten, viele Klafter tief herabgestürzt und zermürst worden wäre. Jetzt ließ das Wetter allmählig nach; und als ich nach Haus kam, waren meine Geissen schon eine halbe Stund daheim. Etliche Tag lang fühlt' ich von dieser Parthie keinerley Ungemach; aber mit Eins fiengen meine Füß zu sieden an, als wenn man sie in einem Kessel kochte. Dann kamen die Schmerzen. Mein Vater sah' nach, und fand mitten an der einten Fußsohle ein groß Loch, und Moos und Gras darinn. Nun erinnert' ich mich erst, daß ich an einem spitzen Weißtann-Ast aufgesprungen war: Mooß und Gras war mit hineingegangen. Der Aeti grub mir's mit einem Messer heraus, und verband mir den Fuß. Nun mußt' ich freylich ein Paar Tage meinen Gaissen langsam nachhinken; dann verlor ich die Binde: Koth und Dreck füllten jetzt das Loch, und es war bald wieder besser. – Viel andre Mal, wenn's durch die Felsen gieng, liefen die Thiere ob mir weg, und rollten grosse Stein herab, die mir hart an den Ohren vorbeypfiffen. Oft stieg ich einem Wälschtraubenknöpfli, Frauenschühlin, oder andern Blümchen über Klippen nach, daß es eine halsbrechende Arbeit war. Wieder zündete ich grosse, halbverdorrte Tannen von unten an, die bisweilen acht bis zehen Tag an einander fortbrannten, bis sie fielen. Alle Morgen und Abend sah ich dann nach, wie's mit ihnen stuhnd. Einst hätte mich

eine maustodt schlagen können: Denn indem ich meine
Geissen forttrieb, daß sie nicht getroffen würden, krachte sie hart an mir in Stücken zusammen. – So viele Gefahren drohten mir während meinem Hirtenstand mehr-
mal, Leibs und Lebens verlurstig zu werden, ohne daß
ich's viel achtete, oder doch alles bald wieder vergaß,
und leyder damals nie daran dachte, daß du allein es
warst, mein unendlich guter himmlischer Vater und
Erhalter! der in den Winkeln einöder Wüste die Raben
nährt, und auch Sorge für mein iunges Leben trug.

XIX.

Kameradschaft.

Mein Vater hatte bisweilen aus der Gaißmilch Käse gemacht, bisweilen Kälber gesäugt, und seine Wiesen mit
dem Mist geäufnet. Dieß reitzte unsre Nachbarn, daß
ihrer Vier auch Gaissen anschaften, und beym Kloster
um Erlaubniß baten, ebenfalls im Kohlwald hüten zu
dürfen. Da gab's nun Kameradschaft. Unser drey oder
vier Gaißbuben kamen alle Tag zusammen. Ich will
nicht sagen, ob ich der beßte oder schlimmste unter ihnen gewesen – aber gewiß ein purer Narr gegen die andern – bis auf einen, der ein gutes Bürschgen war. Einmal die übrigen alle gaben uns leider kein gutes Exempel. Ich wurde ein Bißlein witziger, aber desto schlimmer. Auch sah's mein Vater gar nicht gern, daß ich mit
ihnen laichte; und sagte mir, ich sollte lieber allein hüten, und alle Tag auf eine andre Gegend treiben. Aber

Gesellschaft war mir zu neu und zu angenehm; und
wenn ich auch etwa einen Tag den Rath befolgte, und
hörte dann die andern hüpen und jolen, so war's, als
wenn mich ein Paar beym Rock zerrten, bis ich sie erreicht hatte. Bisweilen gab's Zänkereyen; dann fuhr ich
wieder einen Morgen allein, oder mit dem guten Jacoble; von dem hab' ich selten ein unnützes Wort gehört,
aber die andern waren mir kurzweiliger. Ich hätte noch
viele Jahre für mich können Gaissen hüten, eh' ich den
Zehntheil von dem allem inne worden wäre, was ich da
gar in Kurzem vernahm. Sie waren alle grösser und älter als ich – fast aufgeschossene Bengel, bey denen schon
alle argen Leidenschaften aufgewacht. Schmutzige Zotten waren alle ihre Reden, und unzüchtig alle ihre Lieder; bey deren Anhören ich freylich oft Maul und Augen aufthat, oft aber auch aus Schaamröthe nieder-
schlug. Über meinen bisherigen Zeitvertreib lachten sie
sich die Haut voll. Späne und junge Vögel galten ihnen
gleich viel, aussert wenn sie glaubten Geld aus einem zu
lösen; sonst schmissen sie dieselben samt den Nestern
fort. Das that mir Anfangs weh; doch macht' ich's bald
mit. So geschwind konnten sie mich hingegen nicht
überreden, schaamlos zu baden wie sie. Einer besonders
war ein rechter Unflath; aber sonst weder streit- noch
zanksüchtig, und darum nur desto verführerscher. Ein
andrer war auf alles erpicht, womit er einen Batzen verdienen konnte; der liebte darum die Vögel mehr als die
andern, die nämlich welche man ißt; suchte allerley
Waldkräuter, Harz, Zunderschwamm, u.d.g. Von dem
lernt' ich manche Pflanze kennen; aber auch, was der

Geitz ist. Noch einer war etwas besser als die schlimmern; er machte mit, aber furchtsam. Jedem gieng sein Hang sein Lebenlang nach. Jacoble ist noch ein guter Mann; der andre blieb immer ein geiler Schwätzer, und ward zuletzt ein miserabler hinkender Tropf; der dritte hatte mit List und Ränken etwas erworben, aber nie kein Glück dabey. Vom Vierten weiß ich nicht wo er hinkommen ist.

XX.

Neue sonderbare Gemüthslage, und End des Hirtenstands.

Daheim durft' ich nichts merken lassen von dem, was ich bey diesen Cameraden sah' und hörte: genoß aber nicht mehr meine vorige Fröhlichkeit und Gemütsruhe. Die Kerls hatten Leidenschaften in mir rege gemacht, die ich noch selbst nicht kannte – und doch merkte, daß es nicht richtig stuhnd. Im Herbst, wo die Fahrt frey war, hütete ich meist allein; trug ein Büchlein, das mir bloß darum jetzt noch lieb ist, bey mir, und las oft darinn. Noch weiß ich verschiedene sonderbare Stellen auswendig, die mich damals bis zu Thränen rührten. Jetzt kamen mir die bösen Neigungen in meinem Busen abscheulich vor, und machten mir angst und bang. Ich betete, rang die Hände, sah zum Himmel, bis mir die hellen Thränen über die Backen rollten; faßte einen Vorsatz über den andern, und machte mir so strenge Pläne für ein künftiges frommes Leben, daß ich darüber allen

Frohmuth verlor. Ich versagte mir alle Arten von Freude, und hatte z. E. lang einen ernstlichen Kampf mit mir selber wegen einem Distelfink der mir sehr lieb war, ob ich ihn weggeben oder behalten sollte? Über diesen einzigen Vogel dacht' ich oft weit und breit herum. Bald kam mir die Frommkeit, wie ich mir solche damals vorstellte, als ein unersteiglicher Berg, bald wieder federleicht vor. Meine Geschwister mocht' ich herzlich lieben; aber je mehr ich's wollte, je mehr sah ich Widriges an ihnen. In Kurzem wußt' ich weder Anfang noch End mehr; und niemand war der mir heraushelfen konnte, da ich meine Lage keiner Menschenseele entdeckte. Ich machte mir alles zur Sünde: Lachen, Jauchzen und Pfeifen per se. Meine Gaißen sollten mich nicht mehr erzörnen dürfen – und ich ward eher böser auf sie. Eines Tags bracht' ich einen todten Vogel nach Haus, den ein Mann geschossen, und auf einem Stecken in die Wiese aufgesteckt hatte: Ich nahm ihn, wie ich in dem Augenblick wähnte, mit gutem Gewissen weg; ohne Zweifel weil mir seine zierliche Federn vorzüglich wohl gefielen. Aber, sobald mir der Vater sagte: Das heisse auch gestohlen, waint' ich bitterlich – und hatte dießmal recht – und trug das Aeschen Morgens darauf in aller Frühe wieder an sein Ort. Doch behielt ich etliche von den schönsten Federn; aber auch dieses kostete mich noch ziemlich Überwindung. Doch dacht' ich: Die Federn sind nun ausgerupft; wenn du's schon auch hinträgst, so verblast sie der Wind; und dem Mann nützen sie so nichts. – Bisweilen fieng ich wieder an zu jauchzen und zu jolen, und trollte aufs neue sorglos über alle

Berge. Dann dacht' ich: So Alles Alles verläugnen, bis
auf meine selbstgeschnitzelten hölzernen Kühe – wie
ich mir damals den rechten Christensinn ganz buch-
stäblich vorstellte – sey doch ein traurig elendes Ding.
Indessen wurde der Kohlwald von den immer zuneh-
menden Gaissen übertrieben; die Rosse die man auf den
fettern Grasplätzen waiden ließ, bisweilen von den Gais-
senbuben verfolgt, gesprengt u.d.g. Einmal legten die
Bursche ihnen Nesseln unter die Schwänze; ein Paar
stürzten sich im Lauf über einen Felsen zu tod. Es gab
schwere Händel, und das Hüthen im Kohlwald wurde
gänzlich verboten. Ich hüthete darauf noch eine Weile
auf unserm eignen Gut. Dann löste mich mein Bruder
ab. Und so nahm mein Hirtenstand ein Ende.

XXI.

Neue Geſchäfte, neue Sorgen.
(1747.)

Denn nun hieß es: Eingespannt in den Karrn mit dem
Buben, in's Joch – Er ist groß genug! – Wirklich tum-
melte mich mein Vater meisterlich herum; in Holz und
Feld sollt' ich ihm statt eines vollkommnen Knechtes
dienen. Die mehrern Mal überlud er mich; ich hatte die
Kräfte noch nicht, die er mir nach meiner Grösse zu-
traute; und doch wollt' ich dann stark seyn, und keine
schwere Bürde liegen lassen. In Gesellschaft von ihm
oder mit den Taglöhnern arbeitete ich gern; aber sobald er mich allein an ein Geschäft schickte, war ich

faul und läßig, staunte Himmel und Erde an, und hieng
ich weiß selbst nicht mehr was vor allerley Gedanken
und Grillen nach; das freye Gaißbubenleben hatte mich
halt verwöhnt. Das zog mir dann Scheltwort oder gar
Streiche zu; und diese Strenge war nöthig, obschon
ich's damals nicht fassen konnte. Im Heuet besonders
gab's bisweilen fast unerträgliche Bürden. Oft streckt'
ich mich vor Mattigkeit, und fast zerschmolzen von
Schweiß, der Länge nach auf dem Boden und dachte:
Ob's wohl auch in der Welt überall so mühselig zugehe?
Ob ich mich grad itzt aus dem Staub machen sollte? Es
werde doch an andern Orten auch Brod geben, und
nicht gleich Henken gelten: Ich hätte auf der Kreutz-
egg beym Gaißhüten mehrere solche Bursche gesehen,
denen's ausser ihrem Vaterland, wie sie mir erzählten,
recht wohl gegangen – und was des Zeugs mehr war.
Dann aber fand ich wieder: Nein! Es wäre doch Sünd,
von Vater und Mutter wegzulaufen: Wie? wenn ich
ihnen ein Stück Boden abhandeln, es bauen, brav Geld
daraus ziehen, dann aus der Losung ein Häusgen drauf
stellen, und so vor mich leben würde? Husch! sagt ich
eines Tags, das muß jetzt seyn! – Aber, wenn mir's
der Aeti abschlägt? – Ey! frisch gewagt, ist halb gewonnen. Ich nahm also das Herz in beyde Händ', und
bat den Vater noch desselben Abends, daß er mir ein
gewisses Stücklein Lands abtreten sollte. Nun sah er
freylich meine Narrheit wohl ein; aber er ließ mich's
nicht merken, und fragte nur: Was ich dann damit anfangen wollte? «Ha!» sagt' ich, «es in Ehren legen,
Mattland daraus machen, und den Gewinn davon bey-

seitethun.» Ohne ein mehreres Wort zu verlieren,
sprach er dann: «So nimm eben die Zipfelwaid; ich
geb sie dir um fünf Gulden.» Das war nun spottwohl-
feil; hier zu W. wär' so ein Grundstück mehr als hun-
der Gulden werth. Ich sprang darum vor Freuden
hoch auf, und fieng sogleich die neue Wirthschaft an.
Den Tag über arbeitete ich für den Vater; sobald der
Feyrabend kam, vor mich; sogar beym Mondschein,
da macht ich aus dem noch vor Nacht gehauenen
Holz und Stauden kleine Burden von Brennholz zum
Verkaufen. Eines Abends dacht' ich so meiner jetzigen
Lage nach; mir fiel ein: «Deine Zipfelwaid ist gar wohlfeil! Es könnte den Vater reuen, und er's wieder an sich
ziehen, wenn ich ihm den Kaufschilling nicht baar er-
lege. Ich muß um Geld schauen, so kann er mir nicht
mehr ab der Hand gehn.» Ich gieng also zum Nachbar Görg, erzählt' ihm den ganzen Handel, und bat ihn,
mir die 5 fl. zu liehen; ich woll' ihm bis auf Wieder-
bezahlung mein Land dafür zum Pfand einsetzen. Er
gab mir's ohne Bedenken. Ganz entzückt lief ich damit zum Vater, und wollt' ihn ausbezahlen. Potz hundert! wie der mich abschneutzte: «Wo hast du das
Geld her?» Es fehlte wenig, so hätt' es noch Ohrfeigen
obendrein gesetzt. Im ersten Augenblick begriff ich nicht
was ihn so entsetzlich bös mache. Aber er erklärte mir's
bald, da er fortfuhr: «Du Bärnhäuter! Mir mein Gut
zu verpfänden!» riß mir dann die fünf Gulden aus der
Hand, rannte im Augenblick zu Görg, und gab sie ihm
wieder, mit Bedeuten: Daß er, so lieb ihm Gott sey!
seinem Buben kein Geld mehr liehe; Er woll' ihm schon

geben was er brauche, u.s.f. – So war meine Freude
kurz. Der Aeti, nachdem er bald wieder besänftigt war,
mocht mir lang sagen: «Ich brauch ihm das Ding gar
nicht zu zahlen; ich könn' ihm ja ein billiges Zinslein
geben: Der Schlempen Waid werde die Sach nicht aus-
machen; ich soll nur damit schalten und walten wie
mit meinem Eigenthum.» Ich konnt' es ihm nicht
glauben; denn er lachte dabey immer hinten im Maul.
Das war mir verdächtig. Aber er hatte guten Grund
dafür. Endlich fieng ich einfältiger Tölpel an, mich wieder zu beruhigen; und machte aufs neue die Rechnung hinterm Wirth, was ich aus dem Bletz mit der
Zeit vor Nutzen ziehen wollte – als eines Tags mir die
Kühe in mein Aeckerlein brachen, den jungen Saamen
abfrassen, auch mein Holz eben damals keine Käufer fand,
und mir fast alles liegen blieb. Solche gehäufte Unglücks-
streiche nahmen mir nun mit Eins den Muth; ich überließ den ganzen Plunder wieder dem Vater, und bekam
von ihm zur Entschädigung ein flanellenes Brusttuch.

XXII.

O der unseligen Wißbegierde.

Ich bin in meinen Kinderjahren nur wenige Wochen in
die Schule gegangen; bey Haus hingegen mangelte es
mir gar nicht an Lust, mich in mancherley unterweisen
zu lassen. Das Auswendiglernen gab mir wenig Müh:
Besonders übt' ich mich fleißig in der Bibel; konnte
viele darinn enthaltene Geschichten aus dem Stegreif
erzählen, und gab sonst überhaupt auf alles Achtung,

was mein Wissen vermehren konnte. Mein Vater las'
auch gern etwas Historisches oder Mystisches. Gerad um diese Zeit gieng ein Buch aus, der flüchtige
Pater genannt. Er und unser Nachbar Hans vertrieben
sich manche liebe Stunde damit, und glaubten an den
darinn prophezeyten Fall des Antichrists, und die dem
End der Welt vorgehnden nahen Strafgerichte, wie an's
Evangelium. Auch Ich las viel darinn; predigte etlichen
unsrer Nachbarn mit einer ängstlich andächtigen
Miene, die Hand vor die Stirn gestemmt, halbe Abende
aus dem Pater vor, und gab ihnen alles vor baare
Münz aus; und dieß nach meiner eignen völligsten
Ueberzeugung. Mir stieg nur kein Gedanke auf, daß
ein Mensch ein Buch schreiben könnte, worinn nicht
alles pur lautere Wahrheit wäre; und da mein Vater
und der Hans nicht daran zweifelten, schien mir alles
vollends Ja und Amen zu seyn. Aber das brachte mich
dann eben auf allerley jammerhafte Vorstellungen. Ich
wollte mich gern auf den bevorstehnden Jüngsten Tag
recht zubereiten; allein da fand ich entsetzliche Schwierigkeiten, nicht so fast in einem bösen Thun und Lassen, als in meinem oft argen Sinn und Denken. Dann
wollt ich mir wieder Alles aus dem Kopf schlagen; aber
vergebens, wenn ich zumal unterweilen auch in der
Offenbarung Johannis oder im Propheten Daniel las,
so schien mir alles das, was der Pater schrieb, vollends
gewiß und unfehlbar. Und was das Schlimmste war,
so verlor ich ob dieser Ueberzeugung gar alle Freud'
und Muth. Wenn ich dann im Gegentheil den Aeti und
den Nachbar fast noch fröhlicher sah als zuvor, machte

mich solches gar confus; und kann ich mir's noch itzund nicht erklären, wie das zugieng. So viel weiß ich wohl, sie steckten damals beyde in schweren Schulden, und hoften vielleicht durch das End der Welt davon befreyt zu werden: Wenigstens hört' ich sie oft vom Neufunden Land, Carolina, Pensylvani und Virgini sprechen; ein andermal überhaupt von einer Flucht, vom Auszug aus Babel, von den Reisekosten u. dgl. Da spitzt ich dann die Ohren wie ein Haas. Einmal, erinnr' ich mich, fiel mir wirklich ein gedrucktes Blatt in die Hände, das einer von ihnen auf dem Tisch liegen ließ, und welches Nachrichten von jenen Gegenden enthielt. Das las' ich wohl hundertmal; mein Herz hüpfte mir im Leib bey dem Gedanken an dieß herrliche Canaan, wie ich mir's vorstellte. Ach! wenn wir nur alle schon da wären, dacht' ich dann. Aber die guten Männer, denk' ich, wußten eben so wenig als ich, weder Steg noch Weg; und wahrscheinlich noch minder, wo das Geld herzunehmen. Also blieb das schöne Abentheur stecken, und entschlief nach und nach von selbst. Indessen las ich immer fleißig in der Bibel; doch noch mehr in meinem Pater, und andern Büchern; unter anderm in dem sogenannten Pantli Karrer, und dann in dem weltlichen Liederbuch, dessen Titel mir entfallen ist. Sonst vergaß ich, was ich gelesen, nicht so bald. Allein mein unruhiges Wesen nahm dabey sichtbarlich zu, so sehr ich mich auf mancherley Weise zu zerstreuen suchte; und, was das Schlimmste war, so hat ich das Herz nie, dem Pfarrer, oder auch nur dem Vater hievon das Mindeste zu offenbaren.

XXIII.

Unterweisung.

(1752.)

Indessen wundert' es mich doch bisweilen sehr, wie
mein Vater und der Pfarrer von diesem und jenem
Spruch in der Bibel, von diesem und jenem Büchlin
denke. Letztrer kam oft zu uns, selbst zu Winterszeit,
wenn er schier im Schnee stecken blieb. Da war ich
sehr aufmerksam auf alle Discurse, und merkte bald,
daß sie meist bey Weitem nicht einerley Meinung waren. Anfangs kam's mir unbegreiflich vor, wie doch der
Aeti so frech seyn, und dem Pfarrer widersprechen
dürfe? Dann dacht ich auf der andern Seite wieder:
Aber mein Vater und der flüchtige Pater zusammen
sind doch auch keine Narren, und schöpfen ihre Gründe
ja wie jener aus der gleichen Bibel. Das ging dann in
meinem Sinn so hin und her, bis ich's etwa wieder
vergaß, und andern Fantaseyen nachhieng. Inzwischen
kam ich in dem nämlichen Jahr zu diesem Pfarrer, Heinrich Näf von Zürich, in die Unterweisung zum H.
Abendmal. Er unterrichtete mich sehr gut und gründlich, und war mir in der Seele lieb. Oft erzählt' ich
meinem Vater ganze Stunden lang, was er mit mir geredet hatte; und meynte dann, er sollte davon so ge-
rührt werden wie ich. Bisweilen that er, mir zu gefallen, wirklich dergleichen; aber ich merkte wohl, daß
es ihm nicht recht zu Herzen gieng. Doch sah ich auch,
daß er überhaupt Wohlgefallen an meinen Empfindun-

gen und an meiner Aufmerksamkeit hatte. Nachwerts
ward dieser Heinrich Näf Pfarrer gen Humbrechtikon
am Zürichsee; und seither, glaub' ich, kam er noch
näher an die Stadt. Noch auf den heutigen Tag ist
meine Liebe zu ihm nicht erloschen. Viel hundertmal
denk' ich mit gerührter Seele an dieses redlichen Manns
Treu und Eifer; an seinen liebevollen Unterricht, welchen ich von seinen holdseligen Lippen sog, und den
mein damals gewiß auch für das Gute weiche und emp-
fängliche Herz so begierig aufnahm. – O der redlichen
Vorsätze und heiligen Entschlüsse, die ich so oft in
diesen unvergeßlichen Stunden faßte! Wo seyt ihr
geblieben? Welchen Weg seyt ihr gegangen? Ach! wie
oft seyt ihr von mir zurückgerufen, und dann leider
doch wieder verabscheidet worden! – O Gott! Wie
freudig gieng ich stets aus dem Pfarrhause heim, nahm
gleich das Buch wieder zur Hand, und erfrischte damit
das Angedenken an die empfangenen heilsamen Lehren.
Aber dann war eben bald alles wieder verflogen. Doch
selbst in spätern Tagen – sogar in Augenblicken, wo
Lockungen von allen Seiten mir die süssesten Minen
machten, und mich bereden wollten, das Schwarze sey
wo nicht Weiß, doch Grau – stiegen mir meines ehe-
maligen Seelsorgers treugemeinte Warnungen noch oft
zu Sinn, und halfen mir in manchem Scharmützel mit
meinen Leidenschaften, den Sieg erringen. Was ich
mir aber noch zu dieser Stunde am wenigsten vergeben
kann, ist mein damaliges öfteres Heucheln, und daß ich,
selbst wenn ich mir keines eigentlichen Bösen bewußt war, doch immer noch besser scheinen wollte,

als ich zu seyn mich fühlte. Endlich – ich weiß es selbst
nicht – war vielleicht auch das ein Tuck des armen
Herzens: Daß ich z. E. oft, und zwar wenn ich ganz
allein bey der Arbeit war, wirklich mit grösserer Lust
etliche geistliche Lieder, die ich von meiner Mutter
gelernt, als meine weltlichen Quodlibet sang – dann
aber freylich allemal wünschte: Daß mich mein Vater
itzt auch hören möchte, wie er mich sonst meist nur
über meinem losen Lirum Larum ertappte. O wie gut
wär's für Eltern und Kinder, wenn sie mehr, und so viel
immer möglich, beysammen wären.

XXIV.

Neue Cameradschaft.

Uebrigens hatte der Pfarrer in seinem kleinen Krynau, gedachtes Jahr 1752. neben mir nur einen einzigen
Buben in der Unterweisung. Dieser hieß H. B. ein
fuchsrother Erzstockfisch. Wenn ihn der Heer was
fragte, hielt der Bursch' immer sein Ohr an mich, daß
ich's ihm einblasen sollte. Was man ihm hundertmal
sagte, vergaß er hundertmal wieder. Am H. Abend, da
man uns der Gemeind vorstellte, war er vollends ganz
verstummt. Ich mußte darum fast aneinander antworten, von 2. bis 5. Uhr. Im Jahr zuvor hingegen ward
ein andrer Knab, J. W. unterwiesen; ein gar geschicktes
Bürschlin, der die Bibel und den Catecist vollkommen
inne hatte. Mit dem macht' ich um diese Zeit Bekanntschaft. Von Angesicht war er zwar etwas häßlich; die

Kinderblattern hatten ihn jämmerlich zugerichtet; aber sonst ein Kind wie die liebe Stunde. Er hatte einen gesprächigen Vater, von dem er viel lernte, der aber daneben nicht der Beßte, und besonders als ein Erzlüger berühmt war. Der konnt' Euch Stunden lang die abentheurlichsten Dinge erzählen, die weder gestoben noch geflogen waren; so daß es zum Sprüchwort wurde, wenn einer etwas Unwahrscheinliches sagt: «Das ist ein W.–Lug!» Wenn er redete, rutschte er auf dem Hintern beständig hin und her. Von seinen Fehlern hatte sein kleiner J. keinen geerbt; das Lügen am allerwenigsten. Jedermann liebte ihn. Mir war er die Kron in Augen. Wir fiengen an über allerley Sachen kleine Brieflin zu wechseln, gaben einander Räthsel auf, oder schrieben uns Verse aus der Bibel zu, ohne Spezification wo sie stühnden; da mußte dann ein jeder selbst nachschlagen. Oft hielt es sehr schwer, oder gar unmöglich; in den Psalmen und Propheten zumal, wo die Verslin meist erstaunlich kurz, und viele fast gleichlautend sind. Bisweilen schrieben wir einander von allen Thieren, welche uns die liebsten seyen; dann von allerhand Speisen, welche uns die beßten dünken; dann wieder von Kleidungsstücken, Zeug und Farben, welche uns die angenehmsten wären, u.s.f. Und da bemühte sich je einer den andern an Anmuth zu übertreffen. Oft mocht' ich's kaum erwarten, bis wieder so ein Brieflin von meinem W. kam. Er war mir darin noch viel lieber als in seinem persönlichen Umgang. So dauerte es lange, bis einst ein unverschämter Nachbar allerley wüste Sachen über ihn aussprengte: Denn, obschon ich's

nicht glaubte, verringerte sich nun (es ist doch wunderbar!) meine Zuneigung gegen ihn von dem Augenblick
an. Ein Paar Jahre nachher (es war vielleicht ein Glück
für uns beyde) fiel er in eine Krankheit, und starb. –
Ein andrer unsrer Nachbarn, H. hatte auch Kinder von
meinem Alter: Aber mit denen konnt' ich nichts; sie
waren mir zu witznasigt, arge Förschler und Frägler.
– Um diese Zeit gab mir Nachbar Joggli heimlich um
3. Kr. eine Tabackspfeife zu kaufen, und lehrte mich
schmauchen. Lange mußt' ich's im Geheim thun, bis
einst ein Zahnweh mir den Vorwand verschaffte, es von
dieser Zeit an öffentlich zu treiben. Und, o der Thorheit! darauf bildete ich mir nicht wenig ein.

XXV.
Damalige häusliche Umstände.

Unterdessen war unsre Familie bis auf acht Kinder angewachsen. Mein Vater stack je länger je tiefer in Schulden, so daß er oft nicht wußte wo aus noch an. Mir
sagte er nichts; aber mit der Mutter hielt er oft heimlich Rath. Davon hört' ich eines Tags ein Paar Worte,
und merkte nun die Sache so halb und halb. Allein, es
focht mich eben wenig an: Ich gieng leichtsinnig meinen kindischen Gang, und ließ meine armen Eltern inzwischen über hundert unausführbaren Projekten sich
den Kopf zerbrechen. Unter diesen war auch der einer
Wanderung ins Gelobte Land, zu meinem größten Ver-
drusse – zu Wasser worden. Endlich entschloß sich

mein Vater, alle seine Habe seinen Gläubigern auf Gnad
und Ungnad zu übergeben. Er berief sie also eines
Tags zusammen, und entdeckte ihnen mit Wehmuth,
aber redlich, seine ganze Lage, und bat sie: In Gottes Namen Haus und Hof, Vieh, Schiff und Geschirr
zu ihren Handen zu nehmen, und seinetwegen ihn,
nebst Weib und Kindern, bis aufs Hemd auszuziehen;
er wolle ihnen noch dafür danken, wenn sie nur
einmal ihn der unerträglichen Last entledigen. Die
meisten aus ihnen (und selbst diejenigen welche ihm
mit Treiben am unerbittlichsten zugesetzt hatten) er-
staunten über diesen Vortrag. Sie untersuchten Soll
und Haben; und das Facit war, daß sie die Sachen
bey weitem nicht so schlimm fanden, als sie sich's vor-
gestellt; so daß sie ihn alle wie aus Einem Munde baten:
Er soll doch nicht so kläglich thun, guten Muths seyn,
sich tapfer wehren, und seine Wirthschaft nur so emsig
treiben wie bisher; sie wollen gern Geduld mit ihm
tragen, und ihm noch aus allen Kräften berathen und
beholfen seyn: Er habe eine Stube voll braver Kinder;
die werden ja alle Tag' grösser, und können ihm an die
Hand gehn; was er mit diesen armen Schaafen draussen
in der weiten Welt anfangen wollte? u. s. f. u. f. Allein
mein Vater unterbrach sie in diesen liebreichen Aeusse-
rungen ihres Mitleids alle Augenblick': «Nein, um
Gottes Willen, Nein! – Nehmt mir doch die entsetzliche Burde ab – Das Leben ist mir so ganz erleidet! –
Auf's Besserwerden hoft' ich nun schon dreyzehn Jahr
vergebens. – Und kurz, bey unserm Gut hab' ich nun
einmal weder Glück noch Stern. – Mit sauerm Schweiß,

und so vielen schlaflosen Nächten, grub' ich mich nur
immer tiefer in die Schulden hinein. – Geb wie ich's
machte, da half Hausen und Sparen, Hunger und Mangel leiden, bis aufs Blut arbeiten, kurz Alles und Alles
nichts. – Besonders mit dem Vieh wollt's mir durchaus nie gelingen. Verkauft' ich die Küh' um das Futter
versilbern zu können, und daraus meine Zinse zu be-
streiten, so hatt' ich dann mit meiner Haushaltung,
die ausser dem Güterarbeiten keinen Kreuzer verdienen konnte, nichts zu essen, wenn ich gleich die halbe
Losung wieder in andre Speisen steckte. – Schon von
Anfang an mußt' ich immer Taglöhner halten, Geld
entlehnen, und aus einem Sack in den andern schleuf-
fen, bis ich endlich mich nicht mehr zu kehren wußte. –
Noch einmal, um Gottes Willen! Da ist all mein Vermögen. Nehmt, was Ihr findet, und laßt mich nur
ruhig meine Strasse ziehn. Mit meinen ältern Kindern
wird's mir wohl möglich werden, uns allen ein schma-
les Stücklein Brod zu erwerben. Und wer weiß, was
der l. Gott uns noch für die Zukunft bescheert hat!»
Als nun endlich unsere Gläubiger sahen, daß mit meinem
Vater anders nichts anzufangen wäre, nahmen sie das
Dreyschlatt mit aller Zubehörd gemeinschaftlich zu
ihren Handen, setzten einen Gildenvogt, liessen einen
neuen Ueberschlag machen, und fanden wieder: Daß
einmal da kein grosser Verlust herauskommen könne.
Sie schenkten darum dem armen Aeti nicht allein allen
Hausrath, Schiff und Geschirr, sondern baten ihn auch,
bis sich ein Käufer fände, weiter auf dem Gut zu bleiben,
und es im billigen Lohn zu bearbeiten. Dieser bestuhnd,

nebst freyer Behausung, und Holzes genug, in der Söm-
merung für acht Kühe, und Grund und Boden, zu
pflanzen was und wie viel wir konnten und mochten.
Itzt war meinem Vater wieder so wohl als wenn er im
Himmel wäre; und was ihm noch am meisten Freud'
machte, seine alten Schuldherren waren fast noch zu-
friedner als er, so daß von dem ersten Augenblick an
keiner ihm nur nie eine saure Miene gemacht. Wir
hatten ein recht gutes Jahr, und konnten, neben unsrer
Güterarbeit, noch eine ziemliche Zeit fürs Salpetersieden entübrigen, das ich nun ebenfalls lernte, als mein
Vater einst an einem Bein Ungelegenheit hatte, und
hernach wirklich bettliegerig ward. Die Schmerzen
nahmen täglich so sehr überhand, daß er eines Abends
von uns allen Abschied nahm. Endlich gelang es doch
dem Herrn Doktor Müller aus der Schomatten ihn wieder zu curiren; derselbe that solches nicht nur ganz
unentgeldlich, sondern gab uns noch Geld dazu. Der
Himmel wird es ihm reichlich vergelten. – Inzwischen
zeigte sich ein Käufer zum Dreyschlatt. Wir waren
im Grunde alle froh, dies Einöde zu verlassen; aber
niemand wie ich, da ich hofte, das strenge Arbeiten
sollt' nun einmal ein End nehmen. Wie ich mich betrog,
wird die Folge lehren.

XXVI.

Wanderung auf die Staig zu Wattweil.
(1754.)

Mitten im Merz dieses Jahrs zogen wir also mit Sack
und Pack aus dem Dreyschlatt weg, und sagten diesem
wilden Ort auf ewig gute Nacht! Noch lag dort klafter-
tiefer Schnee. Von Ochs oder Pferd war da keine Rede.
Wir mußten also unsern Hausrath und die jüngern
Geschwister auf Schlitten selbst fortzügeln. Ich zog an
dem meinigen wie ein Pferd, so daß ich am End fast
athemlos hinsank. Doch die Lust, unsre Wohnung zu
verändern, und einmal auch im Thal, in einem Dorf,
und unter Menschen zu leben, machten mir die saure
Arbeit lieb. Wir langten an. Das muß ein rechtes Canaan seyn, dacht' ich; denn hier guckten die Gras-
spitzen schon unterm Schnee hervor. Unser Gütlin, das
wir zu Lehen empfangen hatten, stuhnd voll grosser
Bäume; und ein Bach rollte angenehm mitten durch.
Im Gärtlin bemerkt' ich einen Zipartenbaum. Im Haus
hatten wir eine schöne Aussicht das Thal hinauf. Aber
übrigens, was das vor eine dunkle, schwarze, wurm-
stichige Rauchhütte war! Lauter faule Fußboden und
Stiegen; ein unerhörter Unflath und Gestank in allen
Gemächern. Aber das alles war noch nichts gegen den
lebendigen Einsiegel, den wir im Haus haben mußten: Ein abscheuliches Bettelmensch, das sich besoff, so
oft es ein Kirchenalmosen erhielt, und auf diese Art zu
Wein kam; dann in der Trunkenheit sich mutternackt

92

auszog, und so im Haus herumsprang und pfiff; auch,
wenn man ihm das geringste einreden wollte, ein Fluchen und Lamentiren erhob, wie eine Besessene; wes-
wegen es zwar zum öftern den Rinderriemen bekam,
das aber nur aus Uebel ärger machte. Dieß Ungeheuer
war dann noch über alles aus sehr erpicht auf junge
Leuthe, und wollte – Puh! mir schaudert's jetzt noch
– auch mich anpacken. Das war für mich eine ganz neue
Erscheinung; ich redete mit meinem Vater davon, doch
ohne jener Versuchung eigentlich zu erwähnen; der
sagte mir dann, was eine Katze sey. Nun bekam ich
erst einen solchen Eckel vor diesem Thier, daß mir
ein Stich durch alle Adern gieng, so oft es mir unter
Augen kam.

XXVII.

Göttliche Heimsuchung.

Wenige Tage nach unsrer Ankunft ward ich mit einem
heftigen Frost und Fieber befallen. Ob mir das plötz-
liche Vertauschen der frischen Bergluft mit der im
Thal, oder die unreinliche Wohnung, oder dann ein
schon mitgebrachter Stoff dazu im Körper, oder endlich gar der Abscheu vor dem entsetzlichen Geschöpfe,
das Uebel zugezogen, weiß ich selbst nicht. Einmal
zuvor war, aussert etwa leichten Kopf- und Zahnschmerzen, jedes andre Uebelbehagen mir ganz unbekannt. Man ließ den lieben Herrn Docktor Müller
kommen; er verordnete mir eine doppelte Aderlässe,

93

† verwandelter Dämon (?)

zweifelte aber gleich beym ersten Anblick selber an
meinem Aufkommen. Am dritten Tag glaubt' ich,
nun sey's gewiß mit mir aus, da mir mein armer Kopf
beynahe zerspringen wollte. Ich rang, wimmerte,
krümmte mich wie ein Wurm, und stuhnd Höllenangst
aus: Tod und Ewigkeit kamen mir schröcklich vor.
Meinem Vater, der sich fast nie von mir entfernte, und
oft ganz allein um mich war, beichtete ich in einem
solchen Augenblick alles was mir auf dem Herzen lag,
sonderlich auch wegen den Verfolgungen des vor-
erwähnten Unholds, der mir viel zu schaffen machte.
Der gute Aeti erschrack entsetzlich, und fragte mich:
Ob ich denn mit dem Thier etwas Böses gethan?
«Nein, gewiß nicht, Vater!» (antwortete ich schluch-
zend) «aber das Ungeheur wollt' mich eben dazu bereden; und ich hab's dir verschwiegen. Das nun,
fürcht' ich, sey eine grosse Sünd'». «Sey nur ruhig,
mein Sohn!» (versetzte mein Vater) «Halt' dich im
Stillen zu Gott. Er ist gütig, und wird dir deine Sünden vergeben». Dieß einzige Wort des Trosts machte
mich gleichsam wieder aufleben. O wie eifrig gelobt'
ich in diesem Augenblick, ein ganz andrer Mensch zu
werden, wenn ich's länger auf Erden treiben sollte.
Indessen gab's noch verschiedene Ruckfälle: Einmal
wußt' ich 24. Stunden lang nichts mehr von mir selber;
aber dieß war die Crisis. Beym Erwachen fühlt' ich zwar
meine Schmerzen wieder, doch in weit geringerm
Grade; und was für mich viel wichtiger war, die bangen
angsthaften Gedanken blieben völlig aus. Der Doktor
fieng an Hoffnung zu schöpfen, und ich nicht minder;

und kurz, es ließ sich täglich mehr zur Besserung an, bis ich (Gott und meinem geschickten Arzt sey's ewig gedankt) freylich erst nach etlichen Wochen, wieder ganz auf die Beine kam. Aber das Thiermensch, das wir im Haus hatten, und dulden mußten, war mir jtzt unausstehlicher als jemals. Mich und alle meine Geschwister überhäufte es mit den unfläthigsten Schimpfworten. Während meiner Krankheit sagte es mir oft ins Gesicht: Ich sey ein muthwilliger Bankert; es fehle mir nichts; man sollte mir statt Arzneyen die Ruthe geben, u. d. gl. Ich bat also meinen Vater, so hoch ich konnte: Er soll doch die Creatur uns vom Hals schaffen, sonst könnt' ich in Ewigkeit nicht vollkommen gesund werden. Aber es war unmöglich; vor einmal wollt' sie uns niemand abnehmen. Wenn sie's gar zu schlimm machte, liessen wir sie, wie gesagt, karbatschen. Aber zuletzt wollt' uns auch diesen Dienst niemand mehr leisten; denn jedermann fürchtete sich vor ihr, wie vor dem bösen Geist. Mit guten Worten kam man ihr gewissermassen noch am leichtesten bey. Was indessen mir als die allerherbste Prüfung vorkam, war dieses: Daß ich und meine Geschwister in ihrer Gesellschaft mit Baumwollen-Kämmen und Spinnen unsern Feyrabend machen mußten. Sobald aber der Sommer anrückte, half ich mir damit, daß ich meine Arbeit, so viel's immer die Witterung zuließ, ausser dem Haus verrichtete.

XXVIII.

Jetzt Taglöhner.

«Danke deinem Schöpfer»! (sagte inzwischen eines
Tags mein Vater zu mir) «Er hat dein Flehen erhört,
und dir von Neuem das Leben geschenkt. Ich zwar, ich
will dir's nur gestehen, dachte nicht, wie du, Uli, und
hätt' dich und mich nicht unglücklich geschätzt, wenn
du dahingefahren wärst. Denn, Ach! Grosse Kinder,
grosse Sorgen! Unsre Haushaltung ist überladen –
Ich hab' kein Vermögen – Keins von Euch kann noch
sicher sein Brodt gewinnen – Du bist der Aelteste.
Was willst du nun anfangen? In der Stube hocken, und
mit der Baumwolle handthieren, seh ich wohl, magst
du nicht. Du wirst müssen tagmen». «Was du willst,
mein Vater»! antwortet' ich: «Nur, ja, nicht ofen-
bruten»! Wir waren bald einig. Der damalige Schloß-
bauer, Weibel K. nahm mich zum Knecht an. Von meiner überstandenen Krankheit war ich noch ziemlich
abgemattet; aber mein Meister, als ein vernünftiger
und stets aufgeräumter Mann, trug alle Geduld mit mir,
um so viel mehr da er eigne Buben von gleichem
Schrot hatte. Die meiste Zeit mußt' er seinen Amts-
geschäften nach; dann gieng's freylich oft bunt über
Eck. Indessen gab er mir auch blutwenig Lohn, und die
Frau Bäurin ließ uns manchmal bis um 10. Uhr nüchtern. Bey strenger Arbeit aber erhielten wir auch immer bessre Kost. Bisweilen brachten wir ihm etwas
Wildpret, einen Vogel oder Fisch nach Haus; das ließ

er sich vortrefflich schmecken. Eines Tags erbeuteten wir ein ganzes Nest voll junger Krähen; die mußt' ihm seine Hausehre wunderbar präpariren. Er verschlang mit ungeheurer Lust alle bis auf die letzte. Aber mit Eins gab's eine Rebellion im Magen. Er sprang vom Stuhl, und rannte todtblaß und schnellen Schrittes den Saal auf und nieder, wo die Füß und Federn noch überall zerstreut am Boden lagen! Endlich schneutzt er uns Buben mit lächerlichem Grimm an: «Thut mir das Schinderszeug da weg, oder ich k . . . Euch hunderttausend Dotzend von Euern Bestien heraus. Einmal in meinem Leben solche schwarze Teufel gefressen, und nimmermehr»! Dann legte sich der launigte Mann zu Bethe, und mit einem tüchtigen Schweiß gieng alles vorbey.

Auch mein Bruder Jakob verrichtete um die nämliche Zeit ähnliche Knechtendienst'. Die Kleinern hingegen mußten in den Stunden neben der Schule spinnen. Unter diesen war Georg ein besonders lustiger Erzvogel. Wenn man ihn an seinem Rädchen glaubte, saß er auf einem Baum, oder auf dem Dach, und schrie, Guckuck! «Du fauler Lecker»! hieß es dann etwa von Seite der Mutter, wenn sie ihn so in den Lüften erblickte; und von seiner: «Ich will kommen wenn du mich nicht schlagen willst; sonst steig ich dir bis in Himmel auf»! Was war da zu thun? Man mußte meist des Elends lachen.

XXIX

Wie? Schon Grillen im Kopf.

Und warum nicht? wenn einer in sein zwanzigstes geht, darf er schon ahnden, es gebe zweyerley Leuthe. Der Weibel hatte ein bluthübsches Töchtergen, aber scheu' wie ein Hase. Es war mir eine Freud' wenn ich sie sah', ohne zu wissen warum? Nach etlichen Jahren heurathete sie einen Schlingel, der ihr ein Häufchen Jungens auflud, und sich endlich als ein Schelm aus dem Land machte. Das gute Kind!

Dann hatte unser Nachbar Uli eine Stieftochter, Aennchen; die konnt ich alle Sonntage sehn. Allemal winselt' es mir ein wenig um's Herzgrübchen. Ich wußte wieder nicht warum? denk' aber wohl, weils mich so hübsch dünkte: Einmal an etwas anders kam mir gewiß nicht der Sinn. An den gedachten Sonntagen zu Abend machten wir – denn es gab da junger Bursche genug – mit einander Buntreihen, Kettenschleuffen, Habersieden, Schühle verbergen, u. s. f. Ich war wie in einer neuen Welt; nicht mehr ein Eremit wie im Dreyschlatt. Nun merkt ich zwar, daß mich Aennchen wohl leiden mocht'; dacht' indessen, sie würd' sonst schon ihre Liebsten haben. Einst aber hatte meine Mutter die Schwachheit, mir, und zwar als wenn sie stolz drauf wäre, zu sagen: Aennchen sehe mich gern. Dieser Bericht rannte mir wie ein Feuer durch alle Glieder. Bisher hielt ich dafür, meine Eltern würden's nicht zugeben, daß ich noch so jung nur die

Wie? Schon Grillen im Kopf

geringste Bekanntschaft mit einem fremden Mädchen hätte. Itz aber (so wichtig ist es, die Menschen in nützlichen Meinungen auch nur durch kein unvorsichtiges Wort irre zu machen!) merkt' ich's meiner Mutter deutlich an, daß ich so etwas schon wagen dürfte. Indessen that ich wohl nicht dergleichen; aber meine innre Freud' war nur desto grösser, daß man mir itzt selbst die Thür aufgethan, unter das junge lustige Volk zu wandeln. Von dieser Zeit an, versteht sich's, schnitt' ich bey allen Anlässen Aennchen ein entschieden freundlich Gesichtgen; aber daß ich ihr mit Worten etwas von Liebe sagen durfte – o um aller Welt Gut willen hätt' ich dazu nicht Herz gehabt. Einst erhielt ich Erlaubniß auf den Pfingst-Jahrmarkt zu gehn: Da sann ich lang hin und her, ob ich sie auf's Rathhaus zum Wein führen dürfe? Aber das schien mir schon zu viel gewagt. Dort sah ich sie eins herumschlängeln. Herodes mag das Herz nicht so gepocht haben, als er Herodias Tochter tänzeln sah! Ach! so ein schönes, schlankes, nettes Kind, in der allerliebsten Zürchbietler-Tracht! Wie ihm die goldfarbnen Zöpf so fein herunterhiengen! – Ich stellte mich in einen Winkel, um meine Augen im Verborgnen an ihr waiden zu können. Da sagt' ich zu mir selbst: Ah! in deinem Leben wirst du, Lümmel, nie das Glück haben, ein solch Kind zu bekommen! Sie ist viel viel zu gut für dich! Hundert andre weit bessre Kerls werden sie lang lang vor dir erhaschen. So dacht' ich, als Aennchen, die mich und meine Schüchternheit schon eine geraume Zeit mochte bemerkt haben, auf

mich zukam, mich freundlich bey der Hand nahm, und
sagte: «Uli! führ' du mich auch Eins herum»! Ich
feuerroth erwiederte: «Ich kann's nicht, Aennchen!
gewiß ich kann's nicht»! «So zahl' mir denn eine
Halbe», versetzte sie, ich wußt' nicht recht ob im
Schimpf oder Ernst. «Es ist dir nicht Ernst, Schlepp-
sack», erwiedert' ich darum. Und sie: «Mi See s'ist mir
Ernst»! Ich todtblaß: «Mi See, Aennchen, ich darf heut
nicht! Ein andermal. Gwüß ich möcht gern, aber ich
darf nicht»! Das mocht ihr ein wenig in den Kopf
steigen; sie ließ sich's aber nicht merken, trat, mir nix
dir nix, rückwerts, und machte ihre Sachen wie zuvor.
So auch ich – stolperte noch eine Weile von einer Ecke
in die andre, und machte mich endlich, wie alle übrigen, auf den Heimweg. Ohne Zweifel daß Aennchen
auf mich Acht gegeben. Einmal nahe beym Dorf kam
sie hinter mir drein: «Uli! Uli! Jetzt sind wir allein.
Komm' noch mit mir zu des Seppen, und zahl mir eine
Halbe»! «Wo du willst», sagt 'ich; und damit setzten
wir ein Paar Minuten stillschweigend unsre Strasse
fort. «Aennchen! Aennchen»! hob ich dann wieder an:
«Ich muß dir's nur grad sagen, ich hab kein Geld.
Der Aeti giebt mir keins in Sack, als etwa zu einem
Schöpplein; und das hab' ich schon im Städtlin ver-
butzt. Glaub' mir's ich wollt' herzlich gern – und dich
dann heimgeleiten! O! Aber da müßt' ich dann wieder meinen Vater fürchten. Gwüß, Aennchen! s'wär
das erstemal. Noch nie hätt' ich mich unterstanden,
ein Mädle zum Wein zu führen; und jetzt, wie gern
ich's möcht', und auf Gottes Welt keine lieber als dich

– bitte bitte, glaub mir's kann und darf ich's nicht. Gwüß ein andermal, wenn du mir nur wart'st, bis ich darf und Geld hab'». «Ey Possen, Närrlin»! versetzte Aennchen: «Dein Vater sagt nichts; und bey der Mutter will Ich's verantworten – weiß schon, wo der Haas lauft. Geld? Mit samt dem Geld! 's ist mir nicht um's Trincken, und nicht um's Geld. Da» (und griff ins Säcklin) «hier hast du, glaub' ich, gnug zu zahlen, wie's der Brauch ist. Mir wär's Ein Ding; Ich wollt' lieber für Dich zahlen, wenn's so Mode wär'». Paf! jtzt stand ich da, wie der Butter an der Sonne; gab endlich Aennchen mit Zittern und Beben die Hand; und so gieng's vollends ins Dorf hinein, zum Engel. Mir ward's Blau und Schwarz vor den Augen, als ich mit ihr in die Stube trat, und da alles von Tischen voll Leuthen wimmelte, die, einen Augenblick wenigstens, auf uns ihre Blicke richteten; indessen deucht' es mich dann auch wieder: Himmel und Erde müß' Einem gut seyn, der ein so holdes Mädchen zur Seite hat. Wir tranken unsre Maaß aus – so weder zu langsam noch zu geschwind; zu Schwatzen gab's – ich denk' durch meine Schuld – eben nicht viel. Entzückt, und ganz durchglüht von Wein und Liebe, aber immer voll Furcht, führt' ich nun das herrliche Kind nach Haus bis an die Thüre. – Keinen Kuß? Keinen Fuß über ihre Schwelle? – Ich schwör es: Nein! Auch ich lief nun schnurstracks heim, gieng mausstill zu Bett', und dachte: Heut wirst du bald, und süsser entschlummern, als sonst noch nie in deinem Leben! Aber wie ich mich betrog! Da war von Schlaf nur keine Rede.

Tausend wunderbare Grillen giengen mir im Kopf herum, und wälzten mich auf meinem Lager hin und her. Hauptsächlich aber, wie verwünscht' ich jetzt meine kindische Blödigkeit und Furcht: «O das himmlische süsse Mädchen»! dacht' ich jetzt: «Konnt' es wohl mehr thun – und Ich weniger? Ach! es weißt nicht, wie's in meinem Busen brennt – und nur durch meine Schuld. O ich Hasenherz! Solch ein Liebchen nicht küssen, nicht halb zerdrücken? Kann Aennchen so einen Narren, so einen Lümmel lieben? Nein! Nein! – Warum spring ich nicht auf und davon, zu ihrem Haus, klopf an ihrer Thür' und rufe: Aennchen, Aennchen, liebstes Aennchen! Steh' auf, ich will abbitten! O, ich war ein Ochs, ein Esel! verzeih mir's doch! Ich will's könftig besser machen, und dir gewiß zeigen, wie lieb mir bist! Herziger Schatz! ich bitt' dich drum sey mir doch weiter gut und gieb mich nicht auf – Ich will mich bekehren – bin noch jung – und was ich nicht kann, will ich lernen», u. s. f. So machte mich, gleich vielen andern, die erste Liebe zum Narrn.

XXX.

So geht's.

Des Morgens in aller Frühe flog ich nach Aennchens Haus – Ja, das hätt' ich thun sollen, thats' aber eben nicht. Denn ich schämt' mich vor ihr, daß mir's Herz davon weh that – in die Seel' hinein schämt' ich mich, vor den Wänden, vor Sonn' und Mond, vor

allen Stauden schämt' ich mich, daß ich gestern so erz-
albern that. Meine einzige Entschuldigung vor mir selber war diese, daß ich dachte: Es hätte so seine eigne
studirte Art mit den Mädels umzugehn, und ich
wüßte diese Art nicht. Niemand sage mir's, und ich
hätt' nicht das Herz jemand zu fragen. Aber so (roch's
mir dann wieder auf) darfst du Aennchen nie, nie mehr
unter Augen treten; fliehen mußt du vielmehr das
holde Kind, oder kannst wenigstens nur im Verborgenen mit ihr deine Freud' haben, nur verstohlen nach
ihr blicken. – Inzwischen macht' ich eine neue Bekanntschaft mit ein Paar Nachbarsbuben, die auch ihre
Schätz' hatten – um etwa heimlich von ihnen zu erfahren, wie man mit diesen schönen Dingen umgehen
und es machen müsse, wenn man ihnen gefallen wolle.
Einmal nahm ich gar das Herz in beyde Händ' und
fragte sie darum; aber sie lachten mich aus, und sagten mir so närrisches und unglaubliches Zeug, daß ich
nun gar nicht mehr wußte, wo ich zu Haus war.

Inzwischen ward diese Liebesgeschicht', die ich
doch gerne vor mir selber verborgen hätte, bald überall
laut. Die ganze Nachbarschaft, und besonders die Weiber, gaften mir, wo ich stuhnd und gieng, ins Gesicht,
als ob ich ein Eisländer wäre: «Ha, Ha, Uli»! hieß es
dann etwa: «Du hast die Kindsschuh' auch verheyt».
Meine Eltern wurdens ebenfalls inne. Die Mutter
lächelte dazu, denn Aennchen war ihr lieb: Aber der
Vater blickte mich desto trüber an; doch ließ er sich
kein Wörtgen verlauten, als ob er wirklich in meinem
Busen Unrath lese. Das war nur desto peinigender für

mich. Ich gieng indessen überall umher, wie der Schatten an der Wand, und wünschte oft, daß ich Aennchen nie mit einem Aug gesehen hätte. Auch meine Bauersleuthe rochen bald den Braten, und spotteten meiner.

Eines Abends kam mir Aennchen so in den Wurf, daß ich ihr nicht entwischen konnte. Ich stuhnd da wie versteinert. «Uli»! sagte sie, «komm heut z'Nacht ein Bißli zu mir, ich hab' mit dir z'reden. Willst kommen, sag»? – «Ich weiß nicht», stotterte ich. – «Eh, komm! Ich muß nothwendig mit dir reden; sag, versprich mir's»! «Ja, ja gwiß wenn ich kann»! Mir mußten scheiden. Ich rannte eilends nach Haus. Himmel! dacht' ich, was mag das seyn? Kann das liebe Aennchen mir noch so freundlich begegnen? Soll ich, darf ich – Ja, ich muß, ich will gehn. – Nun gerieth ich – ob aus Ehrlichkeit oder List weiß ich selbst nicht – auf den guten Einfall, das Ding der Mutter zu sagen. «Ja ja, geh' nur», sprach diese; «ich will dir nach dem Essen schon forthelfen, daß kein Hahn darnach krähen soll». Das war mir recht gekocht. Alles gesagt, gethan. Ich gieng hin, und traf Aennchen, ihre Mutter und ihren *Stiefaeti* (sie hielten sonst eine Schenke) ganz allein an. Ich ließ ein Glas Brennz holen, um doch etwas zu thun, bis die Alten im Bett' wären, weil ich nichts zu reden wußte. Aus lauter Furcht saß ich weit von Aennchen weg – Aber darum mocht' ich's doch kaum erwarten, bis die Eltern zur Ruh giengen. Endlich gerieth's. Da fieng denn mein Liebchen an, in Einem fort zu schnättern, daß es lieblich und doch betrübt zu hören war – als sie mir jetzt über mein kaltes

Bezeigen Vorwürf' über Vorwürf' machte, und alles, was sie die Zeit her über mich schwatzen gehört, mir die Nase rieb. Ich faßte Muth, verantwortete mich so gut ich konnte, und sagt' ihr auch gerad' allen Kram heraus, was die Leuth' von ihr redeten, und wofür man sie hielt – von meinen Gesinnungen hingegen kein Wort: «So»! sagte sie: «Was schiert mich der Leuthe Reden! Ich weiß schon, wer ich bin – und hinter dir hätt' ich doch ein wenig mehr als so viel gesucht. Macht' aber nichts, schadt gar nichts»! Nachdem dieser Wortwechsel noch ein Weilchen fortgedauert hatte, und mir das Brenz ein wenig in den Kopf stieg, wagt' ich's, ihr ein Bißlin näher zu rücken; denn das zwar bös scheinende, aber verzweifelt artige Raisonieren gefiel mir in der Seele wohl. Ich erkühnte mich sogar, ihr einige läppische Lehrstücke von erznärrischen Liebkosungen zu machen. Sie wies mich aber frostig zurück, und sagte: «Kannst mir warten! Wer hat dich das gelehrt»? u. d. gl. Dann schwieg sie eine Weile still, guckte steif ins Licht, und ich ein gut Klafter von ihr entfernt «ihr in's Gesicht: O ihre zwey blauen Aeuglin, die gelben Haarlocken, das nette Näschen, das lose Mäulchen, die sanft rothen Bäcklin, das feine Ohrläpplin, das geründelte Kinn, das glänzend weisse Hälschen – O in meinem Leben hab' ich so nichts gesehn – Kein Mahler vom Himmel könnt's schöner mahlen. «Dürft' ich doch» (dacht' ich) «auch nur ein eineinziges Mal einen Kuß auf ihr holdes Mündlein thun. Aber nun hab' ich's schon wieder – und Ach! wohl gewiß auf ewig verdorben». Ich nahm

also kurz und gut Abschied. Ganz frostig sagte sie:
«Adieu»! Ich noch einmal: «Leb wohl, Anne»! –
und im Herzen: Leb' ewig wohl, herzallerliebstes
Schätzgen! – – Aber vergessen konnt' ich sie nun
einmal nicht. In der Kirch' sah' ich sie mehr als den
Pfarrer; und wo ich sie erblickte, war mir wohl ums
Herz. Eines Sonntag Abends sah ich einen Schneider-
bursch, Aennchen heimführen. Wie da urplötzlich mein
Blut sich empörte, und alle Säfte mir in allen Gliedern
rebellierten! Halb sinnlos sprang ich ihnen auf dem
Fuß nach. Ich hätte den Schneider erwürgen können;
aber ein gebietender Blick von Aennchen hielt mich
zurück. Inzwischen macht' ich ihr nachwerts bitt're
Vorwürf' drüber, und eine ganze Litaney von räudi-
gen Schneidern und Schneidereigenschaften. Dacht'
halt: Verloren ist verloren! – Aber Anne blieb mir
nichts schuldig, wie ihr's leicht denken könnt.

XXXI.

Immer noch Liebesgeschichten.
Doch auch anders mitunter.

Laßt mich meine Kinder, Freunde, Leser! wer Ihr
seyn mögt', ich bitt' Euch, laßt mich ein Thor seyn!
Es ist Wohllust – süsse, süsse Wohllust, so in diese
seligen Tage der Unschuld zurückzugehn – sich all die
Standorte wieder zu vergegenwärtigen, und die schönen Augenblick' noch einmal zu fühlen, wo man – gelebt hat. Mir ist, ich werde von neuem jung, wenn ich

an diese Dinge denke. Ich weiß alles noch so lebhaft, wie's mir war, wie's mich deuchte; empfinde noch jedes selige Weilchen, das ich mit meinem Aennchen zubrachte – möchte jeden Tritt beschreiben, den ich an ihrer Seite that. Verzeiht mir's, und überschlagt's, wenn's Euch eckelt.

Aennchens Stiefäti war ein leichtsinniger Brenz-wirth; ihm galt's gleichviel, wer kam und ihm sein Brenz absoff. Ich war nun im Kurzen bey seinem Töch-tergen wieder wohl am Brett, und genoß dann und wann ein herrliches Viertelstündchen bey ihr. Das lag nun meinem Vater gar nicht recht. Er sprach mir ernst-lich zu; es half aber alles nichts; Aennchen war mir viel zu lieb. Fürchterlich schimpft' er bisweilen auf dieß verdammte Brenznest, wie er es nannte; und Anne sah er für eine liederliche Dirn' an – und doch, Gott weiß es! das war sie – wenigstens damals nicht; das redlich-ste brävste Mädchen das ich je untern Händen ge-habt, fast meiner Länge, so schlank und hübsch ge-formt, daß es eine Lust war. Aber ja, schwätzen konnt' sie wie eine Dohle. Ihre Stimme klang wie ein Orgel-pfeifchen. Sie war immer munter und allert; um und um lauter Leben; und das macht' es eben, daß mancher Sauertopf so schlimm von ihr dachte. Wenn meine Mutter meinen Vater nicht bisweilen eines Bessern belehrt, er hätt' mit Stock und Stein drein geschlagen.

So verstrich der Sommer. Noch in keinem hatten mir die Vögel, die ich alle Morgen mit Entzücken be-horchte, so lieblich gesungen. Gegen den Herbst zogen wir in die Pulverstampfe. Herr Amman H. nahm näm-

lich um diese Zeit meinen Vater zum Pulvermacher an.
Der Meister, C. Gasser, wurde von Bern verschrieben,
und lehrt' uns dieß Handwerk aus dem Fundament,
so daß wir auch das Schwerste in wenig Wochen begreifen konnten. Unter anderm war mein Aeti froh,
mich itzt ein Stück weit von Aennchen weg zu haben.
Auch überwand ich mich ziemlich lang' – als das liebe
Kind einst unversehns zu uns zu Stubeten kam. Ich
erschrack sehr, und dacht' wohl, da würd' ein Wetter
losgehn. So lang' sie da war, hiengen des Vater Aug-
braunen tief herunter; er schnaubte vor Grimm, redte
kein Wort – horchte aber, wie man leicht merken
mochte, auf alle Scheltwort'. O, wie dauerte mich
das herrliche Schätzchen! Würd's doch mein Vater, wie
Ich, kennen, wie ganz anders wär's da empfangen worden. Des Abends geleitete ich sie nach Haus. Noch
war ich immer der alte blöde Junge. Sie neckte mich
artlicher als sonst noch nie; aber doch mußt's geneckt
seyn. Morgens drauf, da erst gieng des Aetis Predigt
an: Was er an Aennchen ungereimtes bemerkt – oder
vielmehr bemerkt haben wollte – was er gehört – und
nicht gehört, sondern nur vermuthet, das alles kam
in die Nutzanwendung dieser schönen Sermon. Allerhand Spottnamen – und kurz, alles was Aennchen in
meinen Augen verächtlich machen sollte, blieb per se
nicht aus. Und wirklich, so lieb mir das Mädchen war,
nahm ich mir itzund doch vor, von ihr abzustehn, weil
mir der Vater sie schwerlich jemals lassen würde, und
inzwischen noch mancher Ehrenpfennig ihretwegen
spatziren müßte. Gleichwohl darf ich zu ihrem Preis

auch das nicht verschweigen, daß sie mich nie um Geld bringen wollte, ja daß sie sogar, wann ich für sie etwa ein Brenzlin zahlte, nicht selten die Uerte mir heimlich wieder zusteckte. Eines Tags nun sagt ich zum Aeti: «Ich will nicht mehr zur Anne gehn', ich versprich dir's». «Das wird mich freuen», sprach er, «und dich nicht gereuen. Uli Ich meyn's gwiß gut mir dir. – Sey doch nicht so wohlfeil. – Du bist noch jung, und kömmst noch alleweil früh gnug zum Schick. – Unterdessen geht's dir sicher mehr auf als ab. – So Eine gibt's noch wann der Markt vorbey ist. – Führ' dich brav auf, bet' und arbeite, und bleib fein bey Haus Dann giebst ein rechter Kerl, ein Mann in's Feld, und, ich wette, bekommst mit der Zeit ein braves Bauermädle. Indessen will ich immer für dich sorgen», u.s.f. u.f.

So gieng der Winter vorbey. Aber mein Wort hielt ich wenig, und sah Aennchen, so oft es immer in geheim geschehen konnte.

Von Gallitag bis in Merz konnten wir kein Pulver machen. Ich verdient' also mein Brodt mit Baumwollkämmen, die andern mit Spinnen. Der Vater machte die Hausgeschäft', las uns etwa an den Abenden aus *David Hollatz, Böhm* und *Meads Beynahe-Christ* die erbaulichsten Stellen vor, und erklärte uns, was er für unverständlich hielt; aber eben auch nicht allemal am Verständlichsten. Ich las auch für mich. Aber mein Sinn stuhnd meist nicht im Buch, sondern in der weiten Welt.

XXXII.

Nur noch dießmal.
(1755.)

Im folgenden Frühling hieß es: Wohin nun mit so viel
Buben? Jakob und Jörg wurden zum Pulvermachen bestimmt; ich zum Salpetersieden. Bey diesem Geschäft
gab mir mein Vater Uli M. einen groben, aber ge-
raden ehrlichen Menschen zum Gehülfen, der ehemals Soldat gewesen, und das Handwerk von seinem
Vater her verstuhnd, der in seinem Beruf, aber elend
genug verstorben, da er in einen siedenden Salpeter-
kessel fiel. Wir beyde Ulis fiengen also mit einander
im Merz 1755. in der Schamatten unsern Gewerb an.
Da gab's immer unter der Arbeit allerley Gespräche,
die dann M. durch irgend einen Umweg – und wie ich
nachwerts erfuhr, geflissen, vielleicht gar auf Anstif-
ten meines Vaters – meist auf Heurathsmaterien zu
lenken wußte, und mir endlich eine gewisse schon
ziemlich ältliche Tochter zur Frau empfahl, die bald
auch meinen Eltern, dem Aeti besonders, eben ihres
bestandenen Alters und stillen Wandels wegen, sehr
wohl gefiel. Ihnen zu gefallen, führt' ich diese Ursel
(so hieß sie) ein Paarmal zum Wein. Mein Uli machte
gar viel Rühmens von diesem Esaugesicht, das er
nach seiner eignen Sag', schon vor zehn Jahren ca-
reßirt hätte. Daß ich eben wenig Reitzendes an ihr
entdeckte, versteht sich schon. Eine Stunde bey ihr
dünkte mich eine halbe Nacht, so gut' sie mir immer

begegnete – ja, je besser, desto schlimmer für mich. Uebrigens trug sie eine ordentliche Bauerntracht. Aber mit Aennchen vergliechen, war's halt wie Tag und Nacht. Als mich daher letztre eines Tags an der Straß auffieng, sprach sie mit bitterm Spott: «Pfui, Uli! So ein Haargesicht, so eine Iltishaut, so ein Tanzbär! Mir sollt' keiner mehr auf einen Büchsenschuß nahe kommen, der sich an einer solchen Dreckpatsche beschmiert hätte! – Uhi! wie stinkst»! Das gieng mir durch Mark und Bein. Ich fühlte, daß Aennchen Recht hatte; aber dennoch verdroß es mich. Ich verbiß indessen meinen Unmuth, schlug ein erzwungenes Gelächter auf, und sagte: «Gut, gut, Aennchen! Aber nächstens will ich dir alles erklären»! und damit giengen wir von einander. – Es währte kaum 24. Stunden, so gab ich meiner grauen Ursel förmlichen Abschied: Sie sah mir wehmütig nach und rief immer hinten drein: «Ist denn nichts mehr zu machen? – Bin ich dir zu alt, oder nicht hübsch genug? – Nur auch noch Einmal», u. dgl. Aber ein Wort, ein Mann.

Am nächsten Huheijatag, wo Aennchen auch gegenwärtig war, sah sie, daß ich allein trank. Sie kam freundlich gegen mir, und lud mich auf den Abend ein. Voll Entzücken flog ich zu ihr hin, und merkte bald, daß ich wieder recht willkomm war, obschon mir das schlaue Mädle über meine Bekanntschaft mit Urseln aufs neue die bittersten Vorwürfe machte. Ich erzählte ihr haarklein alles, wie das Ding zugegangen. Sie schien sich zu beruhigen. Das machte mich herzhafter; ich wagte zum erstenmal, es zu versuchen, sie an meine

Brust zu drücken, und einen Kuß anzubringen. Aber
Potz Welt! da hieß es: «So! Wer hat dich das gelehrt?
G'wiß die alte Hudlerin. Geh, geh, scheer' dich, und
sitz erst ins Bad, dir den Unrath abzuwaschen.» –
Ich. «Ha! Ich bitt' dich, Schätzle! sey mir nicht cu-
rios. Hab' dich ja alleweil geliebt, und lieb dich je länger je stärker. Laß mich doch – nur auch eins»! Sie.
«Abslut nicht! Um alles Geld und Gut nicht! Fort,
fort, nimm deine Trallwatsch, die dir das Ding gewiesen»! – Ich. «Ach! Aennchen! Schätzchen! Laß mich
doch! Hätt' dich schon lang schon, für mein Leben
gern – Ach mein Gott»! – Sie. «Laß mich doch gehn –
ich bitt' dich! – Gwiß nicht. – Einmal itzt nicht», –
Endlich sagte sie freundlich lächelnd: «Wenn du wiederkommst»! Aber dreymal, wenn ich wiederkam, fieng
das verschmitzte Mädchen das nämliche Spiel an. Und
so können diese schlauen Dinger die dummen Buben
lehren. Endlich schlug die erwünschte Stunde: «Aennchen, Aennchen! liebstes Aennchen! Kannst's auch
über's Herz bringen? Bist mir doch so herzinniglich
lieb! Und ich sollt' kein einzig Mal dein holdes Mündchen küssen? Gelt, du erlaubst's mir? – Ich kann's nicht
länger aushalten. Lieber will ich dich ganz und gar
meiden». Itzt drückte sie mir freundlich die Hand,
sagte aber wieder: «Nun gewiß, das nächstemal, wenn
du wiederkommst»! Hier fieng mir an, die Geduld aus-
zugehn. Ich ward wild, und schnippisch. Sie hinwieder
befürchtete glaublich Unrath; foppte mich zwar, wie es
scheinen sollte, noch immer fort, daß es eine Lust war –
aber mit Eins kam ihr ein Thränchen ins Aug', und sie

wurde zahm wie ein Täubchen: «Nun ja»! sagte sie:
«'s ist wahr, du hast doch die Prob' ausgehalten –
Du solltest mir für deine Sünd büssen. Aber die Straf'
hat mich mehr gekostet, als dich, liebes, herziges
Uechelin»! Dieß sagte sie mit einem so süssen Ton, der
mir itzt noch, wie ein fernes Silberglöcklin ins Ohr
läutet: Ha! (dacht' ich einen Augenblick) Itzt könnt'
ich dich wieder strafen, loses Kind! – Aber ich bedacht'
mich bald eines Bessern – riß mein Liebchen in meine
Arme, gab ihr wohl tausend Schmätzchen auf ihr zartes
Gesichtlin überall herum, von einem Ohr bis zum andern – und Aennchen blieb mir kein einziges schuldig;
nur daß ich schwören wollte, daß die ihrigen noch
feuriger als die meinigen waren. So giengs ohne Unter-
laß fort mit herzen, und schäckern, und plaudern, bis
zur Morgendämmerung. Itzt kehrt' ich jauchzend nach
Haus, und glaubte der erste und glücklichste Mensch
auf Gottes Erdboden zu seyn. Aber bey allem dem
fühlt' ichs lebhaft: Noch fehle mir – und dann wußt
ich doch nicht was? Meist aber kam's, glaub ich,
darauf hinaus: O könnt' ich mein Aennchen – könnt'
ich dieß holde Kind doch ganz ganz besitzen – völlig
völlig mein heissen – und ich sein – sein Schätzgen,
sein Liebchen. Wo ich darum stuhnd und gieng, waren
meine Gedanken bey ihr. Alle Wochen durft' ich eine
Nacht zu ihr wandeln; die schien mir eine Minute, die
Zwischenzeit sechs Jahre zu seyn. O der seligen Stunden! Da setzte es tausend und hunderterley verliebte
Gespräche – da eiferten wir in die Wette, einander in
Honigwörtgen zu übertreffen, und jeder neue oder alte

Ausdruck galt einen neuen Kuß. – Ich mag nicht
schwören – und schwöre nicht – aber das waren gewiß
nicht nur die seligsten, sondern – auch die schuldlose-
sten Nächte meines Lebens! – Und doch – ich darf's
noch einmal nicht verbergen – aber Aennchens Ruf
war nicht der beßte. Dieß hatte sie ohne Zweifel ihrem
freyen, geschwätzigen Mäulchen zu verdanken. Ich
hingegen habe stets und immer mehr das redlichste,
beßte, züchtigste Mädchen an ihr gefunden. Freylich
– von jenen mannigfaltigen eigentlichen Verführer-
Künsten braucht' ich, und kannt' ich wirklich keine
– und doch bin ich vollkommen überzeugt, daß sie
auch dergleichen siegreich widerstanden wäre.

So gieng der mir unvergeßliche Sommer des Jahrs
1755. wie eine Woche vorbey; und täglich gewann ich
mein Aennchen lieber. Vor alle andern Mädels eckelte
mir's, obgleich ich von Zeit zu Zeit Gelegenheit hatte,
mit den artlichsten Töchtern des Lands bekannt zu
werden. – Inzwischen war ich ein muntrer Salpetersieder, bald allein, bald in Gesellschaft mit jenem
andern Uli, der sich noch immerfort grosse Mühe gab,
mir die wunderbarsten Dinger anzukuppeln. Aber –
Puh! – davon war nun keine Rede mehr, nebendem
daß ich jetzt noch überall an kein Heurathen denken
durfte.

XXXIII.

Es geht auf Reisen.

Es war im Herbste, als ich eines Tags meinem Vater
eine hübsche Buche im Wald fällen half. Ein gewisser
Laurenz Aller von Schwellbrunn, ein Rechen- und
Gabelmacher, war uns auch dabey behüflich, und kaufte
uns nachwerts das schönste davon ab. Unter allerhand
Gesprächen kam's auch auf mich: «Ey, ey, Hans»!
sagte Laurenz, «du hast da einen ganzen Haufen
Buben. Was willst auch mit allen anfangen? Hast doch
kein Gut, und kann keiner kein Handwerk. Schad', daß
du nicht die größten in die Welt 'nausschickst. Da
könnten sie ihr Glück gewiß machen. Siehst's ja an
des Hans Joggelis seinen: Die haben im Welsch-Bern-
gebiet gleich Dienst' gefunden; sind noch kaum ein
Jahr fort, und kommen schon wie ganze Herren neu-
montirt, mit goldbordirten Hüten heim, sich zu zeigen, und wurden um kein Geld mehr hie zu Land bleiben». «Ha»! sagte mein Vater: «Aber meine Buben
sind dazu viel zu läppisch und ungeschickt; des Hans
Joggelis hingegen witzig und wohlgeschult; können
lesen, schreiben, singen und geigen. Meine sind pur
lauter Narren in Vergleichung; sie stehen wo man's
stellt, und thun's Maul auf». «Behüte Gott»! versetzte
Laurenz, «mußt das nicht sagen, Hans! Sie wären gwiß
wohl zu brauchen; sonderlich der grosse da ist wohl
gewachsen, kann ja auch lesen und schreiben, und ist
sicher kein Stockfisch – seh's ihm wohl an. Potz

Wetter! wenn der recht getummelt wird, das gäb'
ein Kerl. Würdst die Augen aufsperren! Hans, ich will
dir Mann dafür seyn, daß er nach Jahr und Tag heim-
kommt gestiefelt und gespornt, und Geld hat wie
Hünd, daß es dir ein Ehr' und Freud' seyn soll».
Während diesem Gespräch sperrt' ich Maul und Augen
auf, guckte dem Vater ins Gesicht; und er mir, und
sprach: «Was meinst, Uli»? Aber eh' ich antworten
konnte, fuhr Laurenz fort: «Potz Hagel! wenn ich
noch so jung wär', und's Maul voll hübsche Zähn hätte,
wie du, das ganze Tockenburg mit allen seinen Strik-
ken und Seilern sollten mich nicht im Land behalten.
Ich bin auch in der Welt 'rum gekommen. Ha! da giebts
Globte Länder, und Geld z'verdienen wie Dreck. Weiß
was ich da gesehen hab'. Aber ich war halt ein liederlicher Narr; und nun ist's zu späth, wenn man dem
Alter zuruckt, und gar ein Weib hat. O, ich möchte
noch brieggen darob! Aber, was ist zu machen»?
«Alles gut», fiel itzt mein Vater ein; «aber da müßt' er
Empfehlungsschreiben, oder sonst jemand haben, der
ihm in den Teich hülfe. Ich wollte freylich gern alle
meine Kinder versorgt wissen, und keinem vor dem
Glück stehn. Aber» – «Aber, was aber»? unterbrach
ihn Laurenz. «Da laß mich dafür sorgen; es soll dich
nicht einen Heller kosten, Hans! und Bürg will ich
dir seyn, dein Bub soll versorgt werden, daß er ein
Mann, daß er ein Herr giebt. Ich kenne weit und breit
angesehene Leuth' genug, die solche Bursch' glücklich
machen können; und da will ich dem Uli gwiß den
beßten aussuchen, daß er mir's sein Lebtag danken

soll» – Mein Vater traute gegen seine Gewohnheit
dießmal sehr geschwind; denn er war diesem Laurenz
sonst gut. Und von mir kam's – einige Liebesscrupel
ausgenommen, von denen wir bald reden werden –
wohl gar nicht in die Frage. So bald es einmal von des
Aetis Seite wirklich hieß: «Wie, Uli, hätt'st Lust»?
hieß es von meiner: «Ja»! Mein Vater mochte um so
viel zufriedener seyn, da er mich dergestalt vollends
von Aennchen entfernen konnte. Der Mutter hingegen
lag's gar nicht recht. Aber, man weiß es schon; wenn
der Näbishans einmal einen Entschluß gefaßt, hätten
ihn Himmel und Erde nicht mehr davon abwendig gemacht. Es ward also Tag und Stund abgeredt, wo ich
mit Laurenz verreisen sollte, ohne weiter einem Menschen ein Wort davon zu sagen: Denn es mache nur
unnöthigen Lerm, sagte mein Führer.

XXXIV.

Abschied vom Vaterland.

Gute Nacht, Welt! Ich geh ins Tyrol. So hieß es bey
mir. Denn, einstheils wenigstens, war ich lauter Freude;
meynte der Himmel hange voll Geigen und Hack-
brettlin, und hätt' ich Siegel und Brief in der Fiecke,
mein Glück sey schon gemacht. Anderstheils aber
giengs mir freylich entsetzlich nahe – nicht eben das
Vaterland, aber das Land zu meiden wo mein Liebstes
wohnte. Ach! könnt' ich mein Aennchen nur mitnehmen, dacht' ich wohl hunderttausendmal. Aber dann

wieder: Fünf, höchstens sechs Jahr' sind doch auch bald vorbey. Und wie wird's dann mein Schätzgen freuen, wenn ich mit Ehr' und Gut beladen, wie ein Herr nach Haus kehren – oder es zu mir in ein Gelobt Land abholen kann.

Also, auf den 27. Herbstmonath, Samstag Abends, ward's abgeredt, den Weg in Gottes Namen unter die Füsse zu nehmen. «Wir wollen bey Nacht und Nebel fort», sagte Laurenz; «es giebt sonst ein gar zu wunderfitzig Gelüg; und an einem Werktag hab' ich nicht Zeit. Mach dich also reisfertig. Einen guten Rock, damit ist's gethan». Samstag Morgens macht' ich also alles zurecht. Nun giengs an den Abschied. Mutter und Schwestern vergossen häufige Thränen, und fiengen schon um Mittag an, mir tausendmal: Gott behüt', Gott geleit' dich! zu sagen. Mein Vater aber, ebenfalls voll Wehmuth, gab mir, nebst etlichen Batzen, folgendes auf den Weg: «Uli»! sprach er zu mir, du gehst fort, Uli! Ich weiß nicht wohin, und du weißt's eben so wenig. Aber Laurenz ist ein gereister Mann, und ich trau' ihm die Redlichkeit zu, er werd' irgendwo ein gutes Nest kennen, wo er dich absetzen kann. Du von deiner Seite halt dich nur redlich und brav, so wird's, will's Gott! nicht übel fehlen. Itzt bist du noch wie ein ungebacknes Brödtlin: Gieb Achtung, und laß dich weisen; du bist gelehrig. Uebrigens weist' du, Ich hab' dir das Ding nie mit keinem Wort weder gerathen noch mißrathen. Es war Laurenzens Einfall, und dein Wille; denen füg' ich mich, und zwar noch mit ziemlich schwerem Herzen. Denn, am End konnt' ich dir noch wie bisher Brodt geben, wenn du dich weiter willig zu saurer und nicht saurer Arbeit, wie sie kommt, bequemt hättest. Aber darum werd' ich mich nicht minder freuen, wenn du itzt Speis', und Lohn dazu, auf eine leichtere Art verdienen, oder gar dein Glück machen kannst. Was mir am meisten Mühe macht, Uli! ist deine Jugend und dein Leichtsinn. Und doch, glaub' mir's, du gehst in eine verführerische Welt hinaus, wo's Hallunken und Schurken genug giebt, die auf die Unschuld solcher Buben lauern. Ich bitt' dich, trau doch keinem Gesicht, bis du's kennst; und laß dich zu nichts bereden, was dich nicht recht dünkt. Bete fleißig, wie Daniel zu Babel; und vergiß nie, daß, wenn ich dich schon nicht mehr sehe und höre, dein beßrer Vater im Himmel in alle Winkel der Welt sieht und hört, was du denkest und thust. Du weist ja die Bibel, das heißt Gottes Wort, inn- und auswendig. Sinn' ihm nach, und vergiß es nie, wie wohl's den frommen Leuten, die Gott liebten, gegangen ist. Denk! Ein Abraham, Joseph, David. Und wie hingegen jenen nichtsnutzen gottlosen Buben, wie unglücklich sie worden sind. Um deiner Seelen willen, Uli! um deiner zeitlichen und ewigen Wohlfarth willen, vergiß deines Gottes nicht. Wo der Himmel über dir steht, ist er stets bey dir. Ich kann weiter nichts als dich seinem allmächtigen Schutz anbefehlen; und das will ich thun, unabläßig» – – So giengs noch eine kurze Weile fort. Mein Herz ward weich wie Wachs. Vor Schluchzen konnt' ich nichts sagen, als: «Ja, Vater, ja»! und in meinem Innwendigen hallt' es wieder: «Ja, Vater, ja»! Endlich, nach

einer kurzen Stille, sprach er: «Nun, in Gottes Namen, geh»! und ich: «Ja, ich will gehen»! und: «Liebe,
liebe Mutter! thu doch nicht so; es wird mir nicht
gänzlich fehlen. Behüt' Euch Gott! lieber Vater, liebe
Mutter! Behüt' Euch Gott alle, liebe Geschwisterte!
Folgt doch dem Vater und der Mutter! Ich will ihren
guten Ermahnungen auch folgen in der weit'sten
weiten Ferne». Dann gab mir jedes die Hand. Die
Zähren rollten ihnen über die feuerrothen Backen. Ich
mußte fast ersticken. Drauf gab mir die Mutter den
Reis- bündel, und gieng dann beyseite. Mein Vater
geleitete mich noch ein Stück Wegs. Es war schon
Abenddäm- merung. In der Schomatten begegnete
mir Caspar Müller. Der gab mir ein artiges Reisgeldlin,
und Gottes Geleit auf die Strasse.

XXXV.

Itzt noch vom Schätzle.

Nun flog' ich noch zu meinem Aennchen hin, welcher
ich erst ein Paar Nächte vorher mein Vorhaben entdeckt hatte. Sie ward darüber gewaltig verdrüßlich,
wollt' sich's aber Anfangs nicht merken lassen. «Mei-
nethalben» sagte sie mit ihrem unnachahmlichen Bit-
terlächeln, «kannst gehen – hab' gemeint – – «Wer
nur so liebt, mag sich packen wo er will», «Ach!
Liebchen», sprach ich, «du weist wahrlich nicht, wie
Weh's mir thut; aber du siehst wohl, mit Ehren
könnten wir's so nicht mehr lang aushalten. Und ans

Heurathen darf ich itzt nur nicht denken. Bin noch zu jung; du bist noch jünger, und beyde haben keines Kreutzers werth. Unsre Eltern vermöchten uns nur nicht, ein Nestlin zu schaffen; wir gäben ein ausgemachtes Bettelvölklin. Und wer weiß, das Glück ist kugelrund. Einmal ich lebe der guten Hoffnung» – – «Nun, wenn's so ist, was liegt mir dran»? fiel Aennchen ein. «Aber, gelt! du kommst noch e'nmal zu mir eh' du gehst»? «Ja freylich, warum nicht»? versetzt ich: «Das hätt' ich sonst gethan»! Itzt gieng ich, wie gesagt, wirklich, meinem Herzgen das letzte Lebewohl zu sagen. Sie stuhnd an der Thür – sah mein Reispäckgen, hüllte ihr hold gesenktes Köpfgen in ihre Schürze, und schluchzte ohne ein Wort zu sagen. Das Herz brach mir schier. Es machte mich wirklich schon wankend in meinem Vorhaben, bis ich mich wieder ein wenig erholt hatte. Da dacht' ich: In Gottes Namen! es muß dann doch seyn, so weh' es thut. Sie führt mich in ihr Kämmerlin, setzt sich auf's Bett, zieht mich wild an ihren Busen, und – Ach! ich muß einen Vorhang über diese Scene ziehn, so rein sie übrigens war, und so honigsüß mir noch Heute ihre Vergegenwärtigung ist. Wer nie geliebt, kann's und soll's nicht wissen – und wer geliebt hat, kann sich's vorstellen. Gnug, wir liessen nicht ab, bis wir beyde matt von Drücken – geschwollen von Küssen – naß von Thränen waren, und die andächtige Nonne in der Nachbarschaft Mitternacht läutete. Dann riß ich mich endlich los aus Aennchens weichen, holden Armen. «Muß es dann seyn»? sagte sie: «Ist auf Himmel und Erde

nichts dafür? – Nein! Ich laß' dich nicht – geh mit dir
so weit der Himmel blau ist. Nein, in Ewigkeit laß'
ich dich nicht, mein Alles, Alles auf der Welt»! Und
ich: «Sey doch ruhig, liebes, liebes Herzgen! Denk
einmal ein wenig hinaus – was für Freude, wenn wir
uns wiedersehen – und ich glücklich bin»! Und sie:
«Ach! Ach! dann laßst du mich sitzen»! Und ich: «Ha!
in alle Ewigkeit nicht – und sollt' ich der größte Herr
werden, und bey Tausenden gewinnen – in alle Ewigkeit laß ich dich nicht aus meinem Herzen. Und wenn
ich fünf, sechs, zehn Jahre wandern müßte, werd ich
dir immer immer getreu seyn. Ich schwör dir's»!
(wir waren itzt auf der Strasse nach dem Dorf, wo
Laurenz mich erwartete, fest umschlungen, und gaben
uns Kuß und Kuß) «Der blaue Himmel da ob uns mit
allen seinen funkelnden Sternen, diese stille Mitternacht – diese Strasse da sollen Zeugen seyn»! Und sie:
«Ja! Ja! Hier meine Hand und mein Herz – fühl' hier
meinen klopfenden Busen – Himmel und Erde seyn
Zeugen, daß du mein bist, daß ich dein bin; daß ich,
dir unveränderlich getreu, still und einsam deiner harren will, und wenn's zehn und zwanzig Jahre dauern
– und wenn unsre Haare drüber grau werden sollten;
daß mich kein männlicher Finger berühren, mein Herz
immer bey dir seyn, mein Mund dich im Schlaf küssen soll, bis» – – Hier erstickten ihr die Thränen alle
Worte. Endlich kamen wir zu Laurenzens Haus; Ich
klopfte an. Wir setzten uns vor's Haus auf's Bänkgen,
bis er hinunterkam. Wir achteten seiner kaum. Wirklich fieng Aennchen itzt wieder aufs neue an; die

Scheue vor einem lebendigen Zeugen gab uns selber
den Muth, uns besser zu fassen. Wir waren beyde so
beredt wie Landvögte. Aber freylich übertraf mich
mein Schätzgen in der Redekunst, in Liebkosungen und
Schwüren, noch himmelweit. Bald gieng's ein wenig
Berg auf. Nun wollte Laurenz Aennchen nicht weiter
lassen: «Genug ist genug, ihr Bürschlin»! sagte er:
«Uchel! so kämen wir ewig nicht fort. – Ihr klebt da
aneinander, wie Harz. – Was hilft itzt das Brieggen? –
Mädel es ist Zeit mit dir ins Dorf zurück: Es giebt
noch der Knaben mehr als genug»! Endlich (freylich
währt' es lange genug) mußt' ich Aennchen noch selber bitten, umzukehren: «Es muß – es muß doch seyn»!
Dann noch einen eineinzigen Kuß – aber einen wie's
in meinem Leben der erste und der letzte war – und
ein Paar Dutzend Händedrück', und: Leb, lebwohl!
Vergiß mein nicht! – Nein gewiß nicht – nie – in
Ewigkeit nicht! – Wir giengen; sie stand still, ver-
hüllte ihr Gesicht, und weinte überlaut – ich nicht viel
minder. So weit wir uns noch sehen konnten, schwey-
ten wir die Schnupftücher, und warfen einander Küsse
zu. Itzt war's vorbey: Wir kamen ihr aus dem Gesicht.
– O wie's mir da zu Muthe war! – Laurenz wollte mir
Muth einsprechen, und fieng eine ganze Predigt an:
Wie's in der Fremde auch schöne Engel gebe, gegen
welche mein Aennchen nur ein Rotznäschen sey, u.
d. gl. Ich ward böse auf ihn, sagte aber kein Wort dazu,
gieng immer staunend hinter ihm her, sah wehmüthig
ans Siebengestirn hinauf – zwey kleine Sternen gegen
Mittag sah' ich, wie mir's deuchte, so nahe beysam-

men, als wenn sie sich küssen wollten, und der ganze
Himmel schien mir voll liebender Wehmuth zu seyn.
So gieng's denn fort, ohne meinerseits zu wissen wohin, und ohne den mindesten Gedanken an Gutes oder
Böses, das mir etwa bevorstehen könnte. Laurenz
plauderte beständig; ich hörte wenig, und betete in
meinem Innwendigen fast unaufhörlich: Gott behüte
meine liebe Anne! Gott segne meine lieben Eltern.
Gegen Tages Anbruch kamen wir nach Herisau. Ich
seufzte noch immer meinem Schätzgen nach: Aennchen, Aennchen, liebstes Aennchen! – und nun (vielleicht für lange das letztemal) schreib' ich's noch mit
grossen Buchstaben: AENNCHEN.

XXXVI.
Es geht langsam weiters.

Es war ein Sonntag. Wir kehrten beym Hecht ein, und
blieben da den ganzen Tag über. Alles gaffte mich an,
als wenn sie nie einen jungen Tockenburger – oder
Appenzeller gesehen hätten, der in die Fremde gieng –
und doch nicht wußte wohin, und noch viel minder
recht warum. An allen Tischen hört' ich da viel von
Wohlleben und lustigen Tagen reden. Man setzte uns
wacker zu Trinken vor. Ich war des Weins nicht gewohnt, und darum bald aufgeräumt, und recht guter
Dingen.

Wir machten uns erst bey anbrechender Nacht
wieder auf den Weg. Ein fuchsrother Herisauer, und,

wie Laurenz, ein Müller, war unser Gefährte. Es gieng auf Gossau und Flohweil zu. An letzterm Orte kamen wir bey einem Schopf vorbey, wo etliche Mädel beym Licht Flachs schwungen: «Laßt mich e'nmal», sagt ich, «ich muß die Dinger sehn, ob keine meinem Schatz gleiche»? Damit setzt' ich mich unter sie hin, und spaßte ein wenig mit ihnen. Aber eben, da war wenig zu vergleichen. Indessen musterten mich meine Führer fort; sagten, ich werde derley Zeug noch genug bekommen, und machten allerley schmutzige Anmerkungen, daß ich roth bis über die Ohren ward. Dann kamen wir auf Rickenbach, Frauenfeld, Nünforn. Hier überfiel mich mit Eins eine entsetzliche Mattigkeit. Es war (des Marschierens und Trinkens nicht e'nmal zu gedenken) das erstemal in meinem Leben, daß ich zwo Nächte nach einander nicht geschlafen hatte. Allein die Kerls wollten nichts vom Rasten hören, preßirten gewaltig auf Schaffhausen zu, und gaben mir endlich, da ich schwur: Ich könnte nun einmal keinen Schritt weiter! ein Pferd. Das gefiel mir nicht unfein. Unterwegs gieng's an ein Predigen, wie ich mich in Schaffhausen verhalten, hübsch grad strecken, frisch antworten sollte, u. d. gl. Dann flismeten sie zwey mit einander (doch mit Fleiß so, daß ich's hören mußte) von galanten Herren, die sie kennten, deren Diener es so gut hätten, als die Größten im Tockenburg. «Sonderlich» sagte Laurenz, «kenn' ich einen Deutschländer der sich dort incognito aufhält, gar ein vornehmer Herr von Adel, der allerley Bediente braucht, wo's der geringste besser hat als ein Landammann». «Ach»!

sagt' ich, «wenn ich nur nicht zu ungeschickt wäre,
mit solchen Herren zu reden»! – – «Nur gradzu geredt,
wie's kömmt» sagten sie; «so habens dergleichen vor-
nehme Leuth' am liebsten».

XXXVII.

Ein nagelneues Quartier.

Wir kamen noch bey guter Zeit in Schaffhausen an,
und kehrten beym Schiff ein. Als ich vom Pferd eher
fiel als stieg, war ich halb lahm, und stuhnd da wie
ein Hosendämpfer. Da gieng's von Seite meiner Führer an ein Mustern, das mich bald wild machte, da
ich nicht begreifen konnte, was endlich draus werden
sollte. Als wir die Stiege hinaufkamen, hiessen sie
mich ein wenig auf der Laube warten, traten in die
Stube, und riefen mich dann nach wenigen Minuten
auch hinein. Da sah ich einen grossen hübschen Mann
der mich freundlich anlächelte. Sofort hieß man mich
die Schuh' ausziehn, stellte mich an eine Saul unter ein
Maaß, und betrachtete mich vom Kopf bis zun Füssen.
Dann redten sie etwas Heimliches mit einander; und
hier stieg mir armen Bürschgen der erste Verdacht auf,
die zwey Kerls möchtens nicht am Beßten mit mir
meynen; und dieser Argwohn verstärkte sich, als ich
deutlich die Worte vernahm: «Hier wird nichts draus,
wir müssen also weiter gehn». «Heut setz' ich keinen
Fuß mehr aus diesem Haus», sagt' ich zu mir selber;
«ich hab' noch Geld»! Meine Führer giengen hinaus.

Ich saß am Tische. Der Herr spatzierte das Zimmer auf und ab, und guckte mich unterweilen an. Neben mir schnarchte ein grosser Bengel auf der Bank, der wahrscheinlich im Rausch in die Hosen geschwitzt, daß es kaum zu erleiden war. Als der Herr während der Zeit einmal aus der Stube gieng, nahm ich die Gelegenheit wahr, die Wirthsjungfer zu fragen: Wer denn wohl dieser Bursche seyn möchte: «Ein Lumpenkerl», sagte sie: «Erst Heute hat ihn der Herr zum Bedienten angenommen, und schon sauft sich der H . blindstern voll, und macht e'n Gestank, Puh»! – «Ha»! sagt' ich, eben als der Herr wieder hereintrat, «so ein Bedienter könnt' ich auch werden». Dieß hört' er, wandte sich gegen mir, und sprach: «Hätt'st du zu so was Lust»? «Nachdem es ist», antwortet' ich. «Alle Tag 9. Batzen», fuhr er fort, «und Kleider, so viel du nöthig hast». «Und was dafür thun»? versetzt' ich. Er. Mich bedienen. Ich. Ja! wenn ich's könnte. Er. Will dich's schon lehren. Pursch du gefällst mir. Wir wollen's vierzehn Tag probiren. Ich. Es bleibt dabey. – Damit war der Markt richtig. Ich mußt' ihm meinen Namen sagen. Er ließ mir Essen und Trinken vorsetzen, und that allerley gutmüthige Fragen an mich. Unterdessen waren meine Gefärthen (wie ich nachwerts erfuhr) zu ein Paar andern preussischen Werboffizieren gegangen (es befanden sich damals 5. dergleichen auf einmal in Schaffhausen) und machten bey ihrer Zurückkonft grosse Augen, als sie mich so drauf loszechen sahen. «Was ist das»? sagte Laurenz: «Geschwind, komm! Itzt haben wir dir einen Herrn gefunden». – «Ich hab'

schon einen», antwortet ich. Und Er: «Wie, was? Ohne
Umständ» – – und wollten schon Gewalt brauchen.
«Das geht nicht an, ihr Leute»! sagte mein Herr:
«Der Bursch' soll bey mir bleiben»! «Das soll er
nicht», versetzte Laurenz: «Er ist uns von seinen Eltern anvertraut». «Lyrum! Larum»! erwiederte der
Herr: «Er hat nun einmal zu mir gedungen, und damit
auf und Holla»! Nach einem ziemlich heftigen Wortwechsel giengen sie mit einander in ein Nebencabinet,
wo Laurenz und der Herisauer, wie ich im Verfolg hörte,
sich mit 3. Dukaten abspeisen liessen, von denen eine
meinem Vater werden sollte – – der er aber nie ansichtig
ward. Damit brachen sie ganz zornig auf, ohne nur mit
einem Wort von mir Abschied zu nehmen. Anfangs
sollen sie bis auf zwanzig Louisd'or für mich gefordert
haben.

Den folgenden Tag ließ mein Herr einen Schneider
kommen, und mir das Maaß von einer Montirung
nehmen. Alle andern Beythaten folgten in Kurzem.
Da stand ich nun gestiefelt und gespornt, nagelfunkel-
neu vom Scheitel bis an die Sohlen: Ein hübscher bor-
dirter Hut, samtene Halsbinde, ein grüner Frack,
weiß tücherne Weste und Hosen, neue Stiefel, nebst
zwey Paar Schuhen; alles so nett angepaßt – – Sacker-
lot! Da bildet' ich mir kein kaltes Kraut ein. Und mein
Herr reitzte mich noch dazu, nur ein wenig stolz zu
thun: «Ollrich»! sagte er: «Wenn du die Stadt auf und
ab gehst, mußt du hübsch gravitätisch marschieren – –
den Kopf recht in die Höhe, den Hut ein wenig aufs eine
Ohr». Mit eigner Hand gürtete er mir einen Ballast

an die Seite. Als ich so das erstemal über die Strasse
gieng, war's mir, als ob ganz Schaffhausen mein wäre.
Auch rückte alles den Hut vor mir. Die Leuth' im
Haus begegneten mir wie einem Herrn. Wir hatten in
unserm Gasthof hübsch meublirte Zimmer, und ich
selber ein ganz artiges. Ich sah aus meinem Fenster alle
Stunden des Tags das frohe Gewimmel der durch's
Schiffthor aus- und eingehnden Menschen, Pferdten,
Wagen, Kutschen und Chaisen; und, was mir nicht
wenig schmeichelte – man sah und bemerkte auch
mich. Mein Herr, der mir bald so gut war als ob ich
sein eigener Sohn wäre, lehrte mich frisiren; frisirte
mich Anfangs selbst, und flocht mir einen tüchtigen
Haarzopf. Ich hatte nichts zu thun, als ihn bey Tisch
zu serviren, seine Kleider auszuklopfen, mit ihm spazie-
ren zu fahren, auf die Vögeljagd zu gehn, u.d.gl. Ha!
Das war ein Leben für mich. Die meiste Zeit durft'
ich vollends allein wandeln, wohin es mir beliebte. Alle
Tag gieng ich bald durch alle Gassen in dem hübschen
Schaffhausen; denn aussert Lichtensteig hatt ich bisher noch keine Stadt gesehn, und kein grösser Wasser
als die Thur. Ich spatzierte also bald alle Abend am
den Rhein hinaus, und konnte mich an diesem mächti-
gen Fluß kaum satt sehn. Als ich den Sturz bey Laufen
das erstemal sah und hörte, ward mir's braun und blau
vor den Augen. Ich hatte mir's, wie so viele, ganz anders, aber so furchtbar majestätisch nie eingebildet.
Was ich mir da für ein klein winziges Ding schien!
Nach einem stundenlangen Anstaunen kehrt' ich
ordentlich wie beschämt nach Haus. Bisweilen gieng's

auf den Bonenberg, der schönen Aussicht wegen. An der Lände half ich den Schiffleuthen, und fuhr bald selbst mit Plaisir hin und her.

XXXVIII.

𝔈in unerwarteter 𝔅efuch.

So stuhnd's, und mir war himmelwohl, als, ohne Zweifel durch meine wackern Begleiter, das Gerücht in mein Heimath kam, man hätte mich aufs Meer verkauft; und namentlich sollte dieß ein Mann ausgesagt haben, der mich mit eignen Augen anschmieden, und den Rhein hinunterführen gesehn. Schon stellte man mich allen Kindern zum Exempel vor, daß sie fein bey Haus bleiben, und sich nicht in die böse Welt wagen sollten. Zwar glaubte mein Vater kein Wort hievon; weil aber die Mutter so grämlich that, ihm Vorwürf' über Vorwürfe machte, und Tag und Nacht keine Ruhe ließ, entschloß er sich endlich, auf Schaffhausen zu kehren, und sich selbst nach dem Grund oder Ungrund dieser Mähre zu erkundigen. Also, an einem Abend, welche Freude für uns beyde, als mein innigstgeliebter Vater so ganz unerwartet, daß ich meinen Augen kaum trauen durfte, im meine Kammer trat; Er mir erzählte, was ihn hergeführt, und Ich ihm, wie glücklich ich sey; ihm meinen Kasten zeigte, die scharmanten Kleider darin, alles Stück vor Stück bis auf die Hemderknöpflin; dann ihn meinem guten Herrn vorstellte, der ihn freundlich bewillkommte, und

beßtens zu traktiren befahl, u. s. f. u. f. – Nun aber
traf's sich, daß man gerade den Abend nach dem Nachtessen in unserm Gasthof tanzte, und mein Herr, als
ein Liebhaber von allen Lustbarkeiten, sich solches
auch schmecken ließ – so wie mein Vater und ich,
am Tischgen in einem Winkel der grossen Gaststube,
unsern Braten. Ganz unversehns kam er auf mich zu:
«Ollrich! komm, mußt auch Eins mit den jungen
Leuthen da tanzen». Vergebens entschuldigt' ich
mich, und bezeugte auch mein Vater, daß ich mein
Lebtag nie getanzt hätte. Da half alles nichts. Er riß
mich hinterm Tisch hervor, und gab mir die Köchin
im Haus, ein artiges Schwabenmeitlin, an die Hand.
Der Schweiß tropfte mir von der Stirn, vor Schaam,
daß ich in Gegenwart meines Vaters tanzen sollte. Das
Mädchen inzwischen riß mich so vertummelt herum,
daß ich in Kurzem sinnlos von einer Wand zu der andern platschte, und damit allen Zuschauern zum Spek-
takel ward. Mein lieber Aeti redte zwar bey dieser
ganzen Scene kein Wort; aber von Zeit zu Zeit warf
er auf mich einen wehmütigen Blick, der mir durch
die Seele gieng. Wir legten uns doch noch zeitig genug zu Bette. Ich ward nicht müde, ihm nochmals eine
ganze Predigt zu machen, wie wohl ich mich befinde:
was ich vor einen gütigen Herrn habe, wie freundlich
und väterlich er mir begegne, u. s. f. Er gab mir nur
mit abgebrochenen Worten Bescheid: Ja – So – es ist
gut – und schlief ein – ziemlich unruhig, und ich nicht
minder. Des Morgens nahm er Abschied, so bald mein
Herr erwacht war. Derselbe zahlte ihm die Reiskosten,

gab ihm noch einen Thaler auf den Weg, und ver-
sicherte ihn hoch und theuer, ich sollt' es gewiß gut
bey ihm haben und wohl versorgt seyn, wenn ich mich
nur weiter treu und redlich betragen würde. Mein
redlicher Vater, der nun schon wieder Muth und Zutrauen faßte, dankte höflich, und empfahl mich auf's
Beßte. Ich gab ihm das Geleit bis zum Kloster Paradies. Auf der Strasse sprachen wir so herzlich mit einander, als seit jener Krankheit in meiner Jugend sonst
nie geschehn. Er gab mir vortreffliche Erinnerungen:
«Vergiß deine Pflichten, deine Eltern und deine Heimath nicht, so wird dich Gottes Vaterhand gewiß auf
gute Wege leiten, welche freylich weder ich noch du
jetzt voraussehn». Beym Abschied zerdrückten wir
uns fast. Ich konnte vor Schluchzen kaum ein: Behüte,
behüte Gott! herstammeln, und dachte nur immer:
Ach! könnt' ich doch mein gegenwärtiges Glück, un-
getrennt von meinem guten Aeti geniessen, jeden
Bissen mit ihm theilen, u. d. gl.

XXXIX.

Was weiters.

Meines Diensts war ich bald gewohnt. Mein Herr
hatte, ohne mein Wissen, etlichemal meine Treu auf die
Probe gestellt, und hie und da im Zimmer Geld liegen
lassen. Als bald nachher einem andern von den Preußischen Werboffizieren sein Bedienter mit dem Schelmen
davon gieng, und ihm über 80. fl. enttrug, sagte mein

Herr zu mir: «Willst du mir's auch e'nmal so machen, Ollrich»? Ich versetzte lachend: Wenn er mir so was zutraue, soll er mich lieber fortjagen. Ich hatte aber wirklich sein Vertrauen so sehr gewonnen, daß er mir den ganzen Winter durch die Schlüssel zu seiner Stube und Kammer ließ, wenn er etwa ohne Bedienten kleine Tours machte. Hinwieder ehrte und liebte ich ihn wie einen Vater. Aber er war auch freundlich und gütig darnach. Nur zu viel konnt' ich spatziren und müßig gehn; und fuhr ich, besonders im Herbst, oft über Rhein auf Feurthalen (denn die alte Brücke war kurz vorher eingefallen, und die neue mit H. Grubenmann in unserm Gasthof accordirt worden) in die Weinlese. Dort half ich dem jungen Volk Trauben – essen, bis ans Halszäpflin. Einmal bey einer solchen Ueberfahrt, sagte mir jemand: «Nun, wie geht's Ulrich? Weißt du auch, daß dein Herr ein Preußischer Offizier ist»? Ich. «Ja! meinetwegen, er ist ein herzguter Herr».«Ja, ja»! sagte jener: «Wart' nur, bis d'enmal in Preussen bist; da mußt Soldat seyn, und dir den Buckel braun und blau gerben lassen. Um tausend Thaler möcht' ich nicht in deiner Haut stecken». Ich sah dem Burschen starr ins Gesicht, und dachte bloß, der Kerl rede so aus Bosheit oder Neid; gieng dann geschwind nach Hause, und erzählte meinem Herrn alles harklein, worauf derselbe versetzte: «Ollrich, Ollrich! Du mußt nicht so einem jeden Narrn und Flegel dein Ohr geben. Ja! es ist wahr, ein Preußischer Offizier bin ich – und was ist's denn? – von Geburth ein Pohlnischer Edelmann; und, damit ich dir alles auf die Nase binde, heiß ich'

Johann Markoni. Bisher nanntest du mich Herr Lieutenant! Aber eben dieser Grobiane wegen, sollst du
mich könftig Ihr Gnaden! schelten. Uebrigens sey
nur getrost und guten Muths, dir soll's, bey Edel-
manns Parole! nie fehlen, wenn du anderst ein wackrer
Bursche bleibst. Soldat solltest werden? Nein! bey
meiner Seel' nicht! Ich konnt' dich ja haben; um ein
Paar schlichtige Louisd'or wollten deine beyden saubern Landsleuth' dich verkaufen. Aber du warst mir
dazu etwas zu kurz; von deiner Länge nimmt man
noch keinen an, und ich behielt dir was besseres vor».
Nun, dacht' ich, bin ich Leibs und Guts sicher –
Ha! der gute Herr! – Er hätt mich können haben –
Die Schurken! – Ja wohl, mich verkaufen? – Der Henker lohn's ihnen! – Aber komm' mir mehr so einer,
ich will ihm das Maul mit Erde stopfen. Ja wohl! –
Was für ein vornehmer Herr muß nicht Markoni seyn,
und dabey so gut! Kurz, ich glaubte von nun an ihm
alles, wie ein Evangelium.

XL.

O die Mütter, die Mütter.

Markoni machte bald hernach eine Reise auf Rothweil
am Neckar, zwölf Stunden von Schaffhausen entlegen.
Ich mußte mit, und zwar in der Chaise. In meinem
Leben war ich in keinem solchen Ding gesessen. Der
Kutscher sprengte die Stadt hinauf bis ans Schwaben-
Thor, daß es donnerte. Ich meinte alle Augenblick',

es müsse umschlagen, und wollt' mich an allen Wänden
halten. Markoni lachte sich die Haut voll: «Du fällst
nicht, Ollrich! Nur hübsch gerade»! Ich war's bald gewohnt, und das Fuhrwerk, so wie überhaupt diese ganze
Tour, machte mir viel Vergnügen. Indessen begegnete
mir während der Zeit ein fataler Streich. Meine Mutter war wenige Tage nach unsrer Abreise gen Schaffhausen gekommen, und mußte, da ihr der Wirth nicht
sagen konnte, wenn wir zurückkämen, noch welchen
Weg wir genommen, wieder nach Haus kehren, ohne
ihr liebes Kind gesehen zu haben. Sie hatte mir mein
N. Testament und etliche Hembder gebracht, und dem
Wirth befohlen mir's nachzuschicken, falls ich nicht
wieder auf Schaffhausen käme. O die gute Mutter!
Es war eine kleine Busse für ihren Unglauben; sie
wollte dem Vater nicht trauen, daß er mich angetroffen, sondern mit eignen Augen sehen, und erst dann
glauben. Ganz trostlos, und unter tausend Thränen
soll sie wieder von Schaffhausen heimgegangen seyn.
Dieß schrieb mir, auf ihr Ansuchen, bald darauf, Herr
Schulmeister Am Bühl zu Wattweil, mit dem Bey-
fügen: Sie lasse mir, da sie keine Hoffnung habe mich
jemals wieder zu sehen, hiemit ihr letztes Lebewohl
sagen, und gebe mir den Segen. Es war ein sehr schöner
Brief, er rührte mich innig. Unter anderm stand auch
darinn: Als das Gerücht in meine Heimath gekommen,
ich müsse über Meer, hätten meine jungen Schwesterchen all' ihr armes Gewändlin dahingeben wollen,
mich loszukaufen, die Mutter deßgleichen. Damals
waren ihrer neun Geschwisterte bey Hause. Man sollte

denken, das wären ihrer doch noch genug. Aber eine
rechte Mutter will keins verlieren, denn keins ist das
andre. Wirklich war sie drey Wochen vorher noch
im Kindbeth gelegen, und kaum aufgestanden, als sie
meinetwegen auf Schaffhausen kam. O die Mütter, die
Mütter!

XLI.

Hin und her, her und hin.

Da wir uns einstweilig in Rothweil im Gasthof zum
Armbrust niederliessen, schrieb mein Herr auf Schaffhausen wo er wäre, damit wenn seine Wachtmeisters
Rekruten machten, man ihm solche nachschicken
könnte. Er bekam bald Antwort. Derselben war auch
das Geschenk meiner Mutter, das Schreiben des Herrn
Am Bühls, und – ich sprang hoch auf! eines von Aennchen beygebogen: Dieses letztre offen; denn es sollte
ein Zürchgulden zum Grüßchen drinn stecken, und der
war fort. Was schierte mich das? Die süssen Fuchs-
wörtlin in dem Briefgen entschädigten mich reichlich.
Meiner unverschobnen ausführlichen Antworten auf
diese Zuschriften will ich nicht gedenken. Die an
Aennchen zumal war lang wie ein Nestelwurm. –
Dießmal blieben wir nur kurze Zeit zu Rothweil,
giengen wieder nach dem lieben Schaffhausen zurück,
und machten dann von Zeit zu Zeit kleine Tours auf
Diessenhofen, Stein am Rhein, Frauenfeld u. s. f. Alle
Wochen kamen Säumer aus dem Tockenburg herunter.

Schon als Landskraft waren sie mir lieb, und ich freute mich immer, sobald ich nur die Schellen ihrer Thiere hörte. Itzt machte ich noch nähere Bekanntschaft mit ihnen, und gab ihnen ein paarmal Briefe und kleine Geschenke an mein Liebchen und an meine Geschwister mit, erhielt aber keine Antwort. Ich wußte nicht wo es fehlte? Das drittemal bat ich einen solchen Kerl, mir doch alles richtig zu bestellen. Er guckte das Päckgen an, runzelte die Stirn, und wollte weder Ja noch Nein sagen. Ich gab ihm einen Batzen. «So, so , sprach jetzt mein Herr Landsmann: «Das Ding soll richtig bestellt werden». Und wirklich bekam ich nun bald ordentliche Empfangscheine. Meine ältern Brief und schweren Sachen hingegen waren natürlich nach Holland geschwommen.

In Schaffhausen lagen damals fünf preußische Werboffiziers in verschiedenen Wirthshäusern. Alle Tag traktirte einer die andern. So kam's auch je den fünften Tag an uns. Das kostete jedesmal einen Louisd'or; dafür gab's denn freylich Burgunder und Champanier gnug zu trinken. Aber bald hernach wurde ihnen ihr Handwerk niedergelegt; wie die Sag' gieng, weil ein junger Schaffhauser, der in Preussen seine Jahre ausgedient, keinen Abschied kriegen konnte. Und kurz, sie mußten alle fort, und neue Nester suchen. Mein Herr hatte ohnehin hier schlechte Beute gemacht; drey einzige Erzschurken ausgenommen, die sich Verbrechen wegen auf flüchtigen Fuß setzen mußten. Wir begaben uns wieder nach Rothweil. Hier kriegten wir in etlichen Wochen vollends einen einzigen Kerl, einen

Deserteur aus Piemont, der aber Markoni viel Freude machte, weil er sein Landsmann war, und mit ihm Pohlnisch parlen konnte. Sonst war's in Rothweil ein lustig Leben. Besonders giengen wir oft mit einem andern Werboffizier, nebst unserm braven Wirth, und etlichen Geistlichen, in die Nachbarschaft aufs Jagen. Im Hornung 1756 machten wir eine Reise nach Straßburg. Auf dem Weg nahmen wir zu Haßlach im Kinzinger-Thal unser Schlafquartier. In derselben Nacht war das entsetzliche Erdbeben, welches man durch ganz Europa verspürte. Ich aber empfand nichts davon; denn ich hatte mich Tags vorher auf einem Karrngaul todmüd geritten. Am Morgen aber sah' ich alle Gassen voll Schorsteine; und im nächsten Wald war die Strasse mit umgeworfenen Bäumen in die Kreutz und Queer so verhackt, daß wir mehrmals Umwege nehmen mußten. – In Straßburg mußt' ich Maul und Augen aufsperren; denn da sah' ich: 1.) Die erste grosse Stadt. 2.) Die erste Festung. 3.) Die erste Garnison. 4.) Am dortigen Münster das erste Kirchengebäud', bey dessen Anblick ich nicht lächeln mußte wenn man es einen Tempel nannte. Wir brauchten acht Tag' zu dieser Tour. Mein Herr hielt mich auch dießmal gastfrey, und zahlte mir gleich meinen Sold. Da hätt' ich Geld machen können wie Heu, wär' ich nicht ein liederlicher Tropf gewesen. Er selbst indessen hielt nicht viel besser Haus. Bey unsrer Rückkehr hatten wir zu Rothweil alle Tag Ball, bald in diesem bald in jenem Wirthshause. Fast alle Hochzeiten richtete man, Markoni zu Gefallen, in dem unsrigen an. Der beschenkte alle Bräute, und trillerte dann eins mit ihnen herum. Auch für mich war dieß jetzt ein ganzes Fressen. Zwar hatt' ich mir's fest vorgenommen, meinem Aennchen treu zu bleiben, und hielt wirklich mein Wort; gleichwohl aber macht' ich mir auch kein Gewissen daraus, hie und da mit einem hübschen Kind zu schäckern; wie mich denn auch die Dinger recht wohl leiden mochten. Mein Herr, der war nun vollends gar ein Liebhaber des schönen Geschlechts bis zum Entsetzen, und im Nothfall jede Köchin ihm gut genug. Mich bewahre Gott dafür! dacht' ich oft, so ein armes bisher ehrliches Mädchen zu besudeln, und dann Heut oder Morgens wegzureisen, und es sitzen zu lassen. Eine von den beyden Köchinnen im Wirthshause, Mariane, dauerte mich innig. Sie liebte mich heftig, gab und that mir, was sie mir in den Augen ansah. Ich hingegen bezeigte mich immer schnurrig; sie ließ sich's aber nicht anfechten, und blieb gegen mich stets dieselbe. Schön war sie nicht, aber herzlich gut. Die andere Köchin, Hanne, machte mir schon mehr Anfechtungen. Diese war zierlich hübsch, und ich, vermuthlich darum, eine zeitlang sterblich verliebt in sie. Hätt' sie meine Aufwart williger angenommen, wär' ich wirklich an ihr zum Narren worden. Aber ich sah bald, daß sie gut mit Markoni stuhnd. Ich merkte, daß sie alle Morgen zu ihm aufs Zimmer schliech. Damit that sie mir einen doppelten Dienst: Erstlich verwandelte sich meine Liebe in Haß: Zweytens stand nun mein Herr nicht mehr so frühe als gewöhnlich auf; also konnt' auch ich hinwieder um so viel länger schla-

fen. Bisweilen kam er schon gestiefelt und gesporrnt
auf meine Kammer, und traf mich noch im Bett' an,
ohne mir Vorwürf' zu machen; denn er merkte, daß
ich wußte, wo die Katz im Stroh lag. Nichts desto weniger warnte er mich, nach solcher Herren Weise, oft
vor seinen eignen Sünden mit grossem Ernst. «Ollrich»! hieß es da: «Hörst, mußt dich mit den Mädels
nicht zu weit einlassen; du könnt'st die schwere Noth
kriegen»! Uebrigens hatt' ich's in allen Dingen bey
und mit ihm, wie von Anfang; viel Wohlleben für
wenig Geschäfte, und meist einen Patron wie die liebe
Stunde, zwey einige Mal ausgenommen; einmal da ich
den Schlüssel zum Halsband seines Pudels nicht auf der
Stell' finden konnte, das andremal da ich einen Spiegel
sollte zerbrochen haben. Beydemal war ich unschuldig.
Aber das hätt' mir wenig geholfen; sondern nur durch
demüthiges Schweigen entgieng ich der zumal des
Schlüssels wegen schon über mir gezogenen Fuchtel.
Derley Geschichtgen, kurz alles was mir Süsses oder
Sauers wiederfuhr, (meine Liebesmücken ausgenommen) schrieb ich dann fleißig nach Haus, und predigte
bey solchen Anlässen meinen Geschwistern ganze Li-
taneyen voll: Wie sie Vater, Mutter und andern Für-
gesetzten ja nie wiederbefzgen, sondern, auch wo sie
Unrecht zu leiden vermeynen, sich fein hübsch gewöhnen sollten das Maul zu halten, damit sie's nicht
von fremden Leuthen erst zu späth lernen müssen.
Alle meine Briefe ließ ich meinen Herrn lesen; nicht
selten klopfte er mir während der Lektur auf die Schulter: Bravo, Bravo! sagte er dann, verpittschierte sie mit

seinem Siegel, und hielt mich hinwieder in Ansehung aller an mich eingehnden Depeschen portfrey.

XLII.

Noch mehr dergleichen Zeug.

Mir ist so wohl beym Zurückdenken an diese glücklichen Tage – Heute noch schreib' ich mit so viel innigem Vergnügen davon – bin jetzt noch so wohl zufrieden mit meinem damaligen Ich – so geneigt mich über alles zu rechtfertigen, was ich in diesem Zeitraum that und ließ. Freylich vor dir nicht, Allwissender! aber vor Menschen doch darf ich's sagen: Damals war ich ein guter Bursch' ohne Falsch – vielleicht für die arge Welt nur gar zu redlich. Harmlos und unbekümmert bracht' ich meine Tage hin, Heut' wie Gestern, und Morgens wie Heute. Nur kein Gedanke stieg in mir auf, daß es mir jemals anderst als gut gehen könnte. In allen Briefen schrieb ich meinen Eltern, sie sollten zwar für mich beten, aber nicht für mich sorgen; der Himmel und mein guter Herr sorgten schon für mich. Man glaube mir's oder nicht, der einzige Kummer der mich bisweilen anfocht, war dieser: Es dürft' mir noch zu wohl werden, und dann möcht' ich Gottes vergessen. Aber, nein! (beruhigte ich mich bald wieder) das werd' ich nie: War Er's nicht, der mir, durch Mittel die nur seine Weisheit zum Beßten lenken konnte, zu meinem jetzigen erwünschten Loos half? Mein erster Schritt in die Welt gerieth unter sei-

ner leitenden Fürsorge so gut; warum sollten die folgenden nicht noch besser gelingen? Auf irgend einem
Fleck der Erde werd' ich vollends mein Glück bau'n.
Dann hohl' ich Aennchen, meine Eltern und Geschwister
zu mir, und mache sie des gleichen Wohlstands theil-
haft. Aber, durch welche Wege? – Dieß fragt' ich
mich nie; und hätt' ich daran gedacht, so wär's mir
nicht schwer gewesen, drauf zu antworten – denn damals war mir Alles leicht. Zudem kam mein Herr tagtäglich mit allerley Exempeln von Bauern die zu Herren worden, und andern Fortunaskindern angestochen
(der Herren die zu Bettlern werden, that er keine Mel-
dung) und versprach selber, an meinem fernern Fort-
kommen wie ein treuer Vater zu arbeiten u. d. gl.
Was hätt' ich weiter befürchten sollen – oder vielmehr,
was nicht alles hoffen dürfen? Von einem Herrn, wie
Markoni – einem so grossen Herrn, dacht' ich Esel –
dem zweyt- oder drittnächsten vielleicht auf den
König, der Länder und Städte, geschweige Gelds zu
vergeben hat, so viel er will. Aus seiner jetzigen Güte
zu schliessen, was wird er erst für mich in der Zu-
konft thun? Oder warum sollt' er auf mich groben un-
geschliffenen Flegel jetzt schon so viel wenden, wenn
er nicht grosse Dinge mit mir im Sinn hätte? Konnt'
er mich nicht, gleich andern Rekruten, geradezu nach
Berlin transportiren lassen, wenn er je im Sinn hätte,
mich zum Soldaten zu machen, wie mirs ehemals ein
Paar böse Mäuler aufbinden wollten? Nein! Das wird
in Ewigkeit nicht geschehn, darauf will ich leben und
sterben. So dacht' ich, wenn ich vor lauter Wohl-

behagen je Zeit zu denken hatte. Gesund war ich wie
ein Fisch. Die Tracktament konnt' ich nach meinem
Geschmack wählen, und Mariane ließ mir's per se an
guten Bissen nie fehlen. Tanz und Jagd beföderten die
Dauung; denn ohne das hätt's mir freylich an Bewegung gefehlt. Markoni besuchte, bald hie bald da,
alle Edelleuth' in der Runde. Ich mußte überall mit;
und es that mir freylich in der Seele wohl, wenn ich
sah, wie er ordentlich Hoffarth mit mir trieb. Sonst
waren solche Ausritte zu diesen meist armen Schmalz-
grafen seinem Geldbeutel eben wenig nutz. Dann kostete ihn das Tarocspiel mit Pfaffen und Layen auch
schöne Batzen. Einst mußt' ich darum die Karten vor
seinen Augen in kleine Stück zerreissen, und dem Vul-
kan zum Opfer bringen — aber Morgens drauf ihm
schon wieder neue hohlen. Ein andermal hatt' er auch
eine ziemliche Summ' verloren, und kam Abends um
neun Uhr, mit einem tüchtigen Räuschgen ganz verdrüßlich nach Haus. «Ollrich»! sagte er, «geh, schaff
mir Spielleuth', es koste was es will». «Ja Ihr Gnaden»!
antwortet' ich, «wenn ich dergleichen wüßte; und
dann ist's schon so späth, und stockfinster», «Fort
Racker»! fuhr er fort, «oder» — und machte ein fürchterlich wildes Gesicht. Ich mußte mich packen, stolperte nun im Dunkeln durch alle Strassen, und spitzte
die Ohren, ob ich nirgends keine Geige höre? Als ich
endlich zu oberst im Städtgen an die Mühler- und
Beckenherberg kam, merkt' ich, daß es da etwas Her-
umspringens absetzen wollte; schliech mich hinauf,
und ließ einen Spielmann hinausrufen. Die Bursch' in

der Stube schmeckten den Braten; ein Paar von ihnen kamen ihm auf dem Fuß nach – und Husch! mit Fäusten über mich her. Dem Wirth hatt' ich's zu danken, daß sie mich nicht fast zutodgeschlagen. Der Apollossohn hatte mir zwar ins Ohr geraunt: Sie wollten bald aufwarten. Jetzt aber zweifelt' ich, ob er mir Wort halten könnte? Dennoch war ich Tropfs genug, sobald ich nach Haus kam, mit den Worten in's Zimmer zu treten: «Ihr Gnaden! innert einer Viertelstund' werden sie da seyn»! – Die Furcht vor neuen Prügeln, eh' noch die alten versaust hätten, verführten mich zu diesem Wagestück. Aber nun stand ich vollends Höllenangst aus, bis ich wußte, ob ich nicht aus Uebel Aerger gemacht? Mittlerweile erzählt' ich Markoni, was ich seinetwegen gelitten – um per Avanzo sein Mitleid rege zu machen, wenn der Guß fehlen sollte. Die tausendslieben Leuthe kamen, eh' wir's uns versahen. Unser Wirth hatte inzwischen etliche lustige Brüder und ein Paar Jungfern rufen lassen. Jetzt kommandirte Markoni Essen und Trinken, was Küche und Keller vermochten, warf den Musikanten zum voraus einen Dukaten hin, und tanzte einen Menuet und einen Pohlnischen. Bald aber fieng er auf seinem Stuhl an zu schnarchen; dann erwacht' er wieder, und rief: «Ollrich! mir ist's so hundsf**»! – Ich mußt' ihn also zu Bett' bringen. Im Augenblick schlief er ein wie ein Stock. Das war uns übrigen recht gekocht. Wir machten uns lustig wie die Vögel im Hanfe – alles so durcheinander, Herren und Dienstboten. Es währte bis Morgens um vier Uhr. Mein Herr erwachte um Fünfe:

Seine ersten Worte waren: «Ollrich! Sein Tage trau'
er keinem Menschen nicht; 's ist alles falsch wie'n
Teufel. Wenn der Cujon von R *** kömmt, so sag' er,
ich sey nicht zu Hause».

XLIII.

Noch einmal, und dann: Adieu Rothweil! Adieu auf ewig!

Dieser von R *** war einer von Markonis faulen Debitoren, wie er deren viele hatte. Nun fürchtete er
zwar nicht, daß derselbe ihm Geld bringen, aber wohl,
daß er noch mehr bey ihm hohlen möchte; denn mein
Herr konnte keinem Menschen nichts abschlagen.
Indessen wollt' er mich von Zeit zu Zeit dazu brauchen, ihm dergleichen Schulden wieder einzutreiben;
dazu aber taugt' ich in Grundsboden nicht: Die Kerls
gaben mir gute Wort'; und ich gieng zufrieden nach
Haus. Aber länger mocht' eine solche Wirthschaft
nicht dauern. Dazu kam, daß Markoni am End das
Aergste befürchten mußte, wenn er bedachte, wie
wenig Bursche er für so viel Geldverzehrens seinem
König geliefert hatte; denn der Grosse Friedrich,
wußt' er wohl, war zugleich der genaueste Rechen-
meister seiner Zeit. Er strengte darum mich, unsern
Wirth, und alle seine Bekannten an, uns doch umzu-
sehn, ob wir ihm nicht noch ein Paar Kerls ins Garn
bringen könnten? Aber alles vergebens. Auch die beyden Wachtmeisters Hevel und Krüger, langten um die

gleiche Zeit, ebenfalls mit lären Händen wieder zu
Rothweil an. Nun mußten wir uns sämtlich reisfertig
machen. Vorher aber gab's noch ein Paar lustige Tägel.
Hevel war ein Virtuos' auf der Cithar, Krüger eine
gute Violine; beyde feine Herren, so lang sie auf der
Werbung lagen, beym Regiment aber magere Kor-
porals. Ein dritter endlich, Labrot, ein grosser hand-
vester Kerl, ließ ebenfalls jetzt seinen Schnurrbart wieder wachsen, den er als Werber geschoren trug. Diese
drey Bursche belustigten noch zu guter Letze ganz
Rothweil mit ihren Sprüngen. Es war eben Faßnacht,
wo die sogenannte Narrenzunft (ein ordentliches In-
stitut in dieser Stadt, bey welchem über zweyhundert
Personen von allen Ständen eingeschrieben sind) ohnehin ihre Gauckeleyen machte, die meinen Herrn schwer
Geld kosteten. Und kurz, es war hohe Zeit, den Fleck
zu räumen. Jetzt giengs an ein Abschiednehmen. Mariane flocht mir einen zierlichen Strauß von kostbaren
künstlichen Blumen, den sie mir mit Thränen gab, und
den ich eben so wenig mit trockenem Aug' abnehmen
konnte. – Und nun Ade! Rothweil, liebes friedsames
Städtchen! liebe, tolerante katholische Herren und
Bürger! Wie war's mir so tausendswohl bey euern vertrauten brüderlichen Zechen! – Ade! ihr wackern
Bauern, die ich an den Markttagen in unserm Wirthshaus so gern' von ihren Geschäften plaudern hörte,
und so vergnügt auf ihren Eseln heimreiten sah! Wie
treflich schmeckten mir oft Milch und Eyer in euern
Strohhütten! Wie manche Lust genoß ich auf euern
schönen Fluren, wo Markoni so viel Dutzend singende

Lerchen aus der Luft schoß, die mich in die Seele dauer-
ten! Wie entzückt war ich, so oft mein Herr mirs ver-
gönnte, in euern topfebnen Wäldern, an des Nekkars
reitzenden Ufern, auf und nieder zu schlentern, wo
ich ihm Hasen ausspähen sollte – aber lieber die Vögel
behorchte, und das Schwirren des Wests in den Wip-
feln der Tannen! – Nochmal also Ade! Rothweil, wer-
thes, theures Nestgen! Ach! vielleicht auf ewig! Ich
hab' seit der Zeit so viel Städte gesehn, zehnmal grösser,
und zwanzigmal saubrer und netter als du bist! Aber
mit aller deiner Kleinheit, und mit allen deinen Mist-
stöcken, warst du mir zehn und zwanzigmal lieber als
sie! Adie, Marianchen! Tausend Dank für deine innige,
und doch so unverdiente Liebe zu mir! Adie! Sebastian
Zipfel, lieber guter Armbrustwirth! und deine zarte
Mühle desgleichen! Lebt alle alle wohl!

XLIV.

Reise nach Berlin.

Den 15. Merz 1756. reisten wir in Gottes Namen,
Wachtmeister Hevel, Krüger, Labrot, ich und Kaminski, mit Sack und Pack, und, den letztern ausgenommen, alle mit Unter- und Uebergewehr, von
Rothweil ab. Marianchen nähete mir den Strauß auf'n
Hut, und schluchzte; ich drückte ihr einen Neunbätz-
ner in die Hand, und konnt's auch kaum vor Wehmuth.
Denn so entschlossen ich zu dieser Reis' war, und so
wenig Arges ich vermuthete, fiel's mir doch ungewohnt

schwer auf die Brust, ohne daß ich eigentlich wußte warum? War's Rothweil, oder Marianchen, oder daß ich ohne meinen Herrn reisen sollte, oder die immer weitere Entfernung vom Vaterland und Aennchen – ich hatte allen zu Hause mein letztes Lebewohl geschrieben – oder ich denke wohl, ein Bißchen von allem? Markoni gab mir 20 fl. auf den Weg; was ich mehr brauche, sagte er, werde mir Hevel schiessen. Dann klopfte er mir auf die Schulter: «Gott bewahre dich mein Sohn, mein lieber, lieber Ollrich! auf allen deinen Wegen. In Berlin sehn wir uns bald wieder». Dieß sprach er auch sehr wehmüthig; denn er hatte gewiß ein weiches Herz. Unsre erste Tagreise gieng 7. Stunden weit, bis ins Städgen Ebingen, meist über schlechte Wege durch Koth und Schnee. Die zweyte bis auf Obermarkt 9. St. Auf der erstgenannten Station logirten wir beym Rehe; auf der zweyten weiß ich selbst nicht mehr, was es vor ein Thier war. An beyden Orten gabs nur kalte Küche, und ein Gesöff ohne Namen. Den dritten Abend bis Ulm wieder 9. St. Diesen Tag fieng ich an, die Beschwerlichkeiten der Reise zu fühlen; schon hatt' ich Schwielen an den Füssen, und war mir's sonst sterbensübel. Im Städtgen Egna setzten wir uns ein Stück Wegs auf einen Bauernwagen, da denn das gewaltige Schütteln dieses Fuhrwerks, zumal bey mir, seine gewohnte herzbrechende Wirkung that. Als wir unweit Ulm abstiegen, ward's mir schwarz und blau vor den Augen. Ich sank zu Boden: «Um Gottes Barmherzigkeit willen», sagt' ich: «Weiter kann ich nicht; lieber laßt mich auf der Gasse lie-

gen». Ein barmherziger Samariter lud mich endlich auf
seine nackte Mähre, auf der ich mich vollends bis ins
Städtgen so lahm ritt, daß ich weder mehr stehen noch
gehen konnte. Zu Ulm logirten wir beym Adler, und
hatten dort unsern ersten Rasttag. Meine Cameraden
besorgten da ihre alten Herzensangelegenheiten; Ich
legte mich lieber auf die faule Haut. Nur sah ich an diesem Ort einen Leichenzug, der mir sehr wohl gefiel.
Das Weibsvolk gieng ganz weiß bis auf die Füsse. Den
fünften Tag marschierten wir bis auf Gengen 7. St.
Den sechsten auf Nördlingen, wieder 7. St. und hielten
da den zweyten Rasttag. Hevel hatte dort beym Wilden Mann ein liebs Lisel. Sie spielte artig die Cithar;
Er sang Lieder dazu. Sonst weiß ich von diesem und
so vielen andern Orten wo wir durchkamen eben nichts
zu erzählen. Meist erst Nachts langten wir müd und
schläfrig an, und Morgens früh mußten wir wieder
fort. Wer wollte da etwas recht sehen und beobachten
können? Ach Gott! dacht' ich oft, wenn ich nur einmal
an Ort und Stell' wäre; mein Lebtag wollt' ich nicht
mehr eine so lange Reis' antreten. Kaminski war, wie
ich schon einmal verdeutet, ein lustiger Polacke, ein
Mann wie ein Baum, ein Paar Beine wie zwo Säulen,
und lief wie ein Elephant. Labrot hatte auch seinen
tüchtigen Schritt. Krüger, Hevel und ich hingegen
schonten ihrer Füsse; und bald alle sechs Tage mußte
man uns flicken oder versolen. Am achten Tag gieng's
nach Gonzenhausen 8. St. Gegen Mittag sahen wir
Hevels Lisgen über ein Feld dahertrippeln: Das arme
Ding rannte ihm durch andre Wege bis hieher nach,

und wollte sich nicht abweisen lassen, ihn wenigstens bis auf unsre Station zu begleiten. Den neunten auf Schwabach 8. St. Den zehnten über Nürnberg bis Bayersdorf 9. St. Den eilften bis Tropach 10. St. Den zwölften über Bareuth bis Bernig 7. St. Den dreyzehnten bis Hof 8. St. Den vierzehnten bis Schletz 7. St. Hier hielten wir wieder einmal Rasttag, und es war hohe Zeit. Von Gonzenhausen an hatten wir in keinen Bethen gelegen, sondern, wenn's gut gieng, auf elendem Stroh. Und überhaupt, obschon wir viel Denari verzehrten, war's ein miserabel Leben; meist schlecht Wetter, und oft abscheuliche Wege. Krüger und Labrot fluchten und pestirten den ganzen Tag; Hevel hingegen war ein feiner sittlicher Mann, der uns immer Geduld und Muth einsprach. Den sechszehnten gieng's bis Cistritz 12. St. Darauf wieder ein Rasttag. Den achtzehnten bis Weissenfeld 7. St. Den neunzehnten über die Elbe bis auf Halle. Als wir den breiten Strohm paßirt hatten, bezeugten die Sergeanten grosse Freude; denn nun betraten wir Brandenburger-Boden. Zu Halle logirten wir bey Hevels Bruder, einem Geistlichen, der aber nichts desto minder den ganzen Abend mit uns spielte und haselirte, so daß ich glaube, sein Bruder Sergeant war frömmer als er. Inzwischen war mein Geld alle; Hevel mußte mir noch 10. fl. herschiessen. Den zwanzigsten bis vier und zwanzigsten gieng's über Zerbst, Dessau, Görz, Ustermark, Spandau, Charlottenburg u. s. f. auf Berlin 44. St. An den drey letztern Orten zumal wimmelte es von Militair aller Gattungen und Farben, daß ich mich nicht satt

gucken konnte, die Thürme von Berlin zeigte man uns
schon eh' wir nach Spandau kamen. Ich dachte, wir
hätten's in einer Stunde erreicht; wie erstaunt' ich
darum, als es hieß, wir gelangten erst Morgens hin.
Und nun, wie war ich so herzlich froh, als wir endlich
die grosse herrliche Stadt erreicht. Wir giengen zum
Spandauer-Thor ein, dann durch die melancholisch
angenehme Lindenstrasse, und noch ein Paar Gassen
durch. Da, dacht' ich Einfaltspinsel, bringt man dich
dein Lebtag nicht mehr weg. Da wirst du dir dein
Glück bauen. Dann schickst du einen Kerl mit Briefen ins Tockenburg; der muß dir dann deine Eltern
und Aennchen zurückbringen; da werden sie die Augen
aufsperren u. s. f. Nun bat ich meinen Führer, sie sollten mich zu meinem Herrn führen. «Ey»! erwiederte
mir Krüger, «wir wissen ja nur nicht, ob er schon angelangt ist, und noch viel minder, wo er Quartier
nimmt»! «Der Henker»! sagt' ich, «hat er denn kein
eigen Haus hier»? Ueber diese Frage lachten sie sich
die Haut voll. Mögen sie immer lachen, dacht' ich: Markoni wird doch, will's Gott! ein eigen Haus haben.

XLV.

's giebt ander Wetter!

Es war den 8. Aprill da wir zu Berlin einmarschierten,
und ich vergebens nach meinem Herrn fragte, der
doch, wie ich nachwerts erfuhr, schon acht Tage vor
uns dort angelangt war – als Labrot (denn die andern

151

verloren sich nach und nach von mir, ohne daß ich wußte wo sie hinkamen) mich in die Krausenstrasse in Friedrichsstadt transportirte, mir ein Quartier anwies, und mich dann kurz mit den Worten verließ: «Da, Mußier! bleib' Er, bis auf fernere Ordre»! Der Henker! dacht' ich, was soll das? Ist ja nicht einmal ein Wirthshaus. Wie ich so staunte, kam ein Soldat, Christian Zittemann, und nahm mich mit sich auf seine Stube, wo sich schon zwey andre Martissöhne befanden. Nun gieng's an ein Wundern und Ausfragen: Wer ich sey, woher ich komme, u. d. gl. Noch konnt' ich ihre Sprache nicht recht verstehen. Ich antwortete kurz: Ich komme aus der Schweitz, und sey Sr. Excellenz, des Herrn Lieutenant Markonis, Laquai: Die Sergeanten hätten mich hieher gewiesen; ich möchte aber lieber wissen, ob mein Herr schon in Berlin angekommen sey, und wo er wohne. Hier fiengen die Kerls ein Gelächter an, daß ich hätte wainen mögen; und keiner wollte das geringste von einer solchen Excellenz wissen. Mittlerweile trug man eine stockdicke Erbsekost auf. Ich aß mit wenigem Appetit davon. Wir waren kaum fertig, als ein alter hagerer Kerl ins Zimmer trat, dem ich doch bald ansah, daß er mehr als Gemeiner seyn müsse. Es war ein Feldweibel. Er hatte eine Soldatenmontur auf dem Arm, die er über den Tisch ausspreitete, ein Sechsgroschenstück dazu legte, und sagte: «Das ist vor dich, mein Sohn! Gleich werd' ich dir noch ein Commißbrodt bringen». «Was? vor mich», versetzt ich: «Von wem, wozu»? «Ey! Deine Montirung und Traktament, Bursche! Was gilt's da Fragens? Bist ja ein

Recrute». «Wie, was? Rekrute»? erwiedert' ich: «Behüte Gott! da ist mir nie kein Sinn daran kommen.
Nein! in meinem Leben nicht. Markonis Bedienter bin
ich. So hab' ich gedungen, und anderst nicht. Da wird
mir kein Mensch anders sagen können»! «Und ich sag'
dir, du bist Soldat, Kerl! Ich steh' dir dafür. Da hilft
itzt alles nichts». *Ich.* Ach! wenn nur mein Herr Markoni da wäre. *Er.* Den wirst du sobald nicht zu sehen
kriegen. Wirst doch lieber wollen unsers Königs Diener seyn, als seines Lieutenants. – Damit gieng er weg.
«Um Gottes willen, Herr Zittemann»! fuhr ich fort:
«Was soll das werden»? «Nichts, Herr»! antwortete
dieser, «als daß Er, wie ich und die andern Herren da,
Soldat, und wir folglich alle Brüder sind; und daß Ihm alles Widersetzen nichts hilft, als daß man Ihn auf Wasser
und Brodt nach der Hauptwache führt, kreutzweis
schließt, und Ihn fuchtelt daß ihm die Rippen krachen,
bis Er content ist»! *Ich.* Das wär' beym Sacker! unver-
schämt, gottlos! *Er.* Glaub' Er mir's auf mein Wort, anderst ist's nicht, und geht's nicht. *Ich.* So will ich's dem
Herr König klagen. – Hier lachten alle hoch auf. – *Er.*
Da kömmt Er sein Tage nicht hin. *Ich.* Oder, wo muß
ich mich sonst denn melden? *Er.* Bey unserm Major,
wenn Er will. Aber das ist alles alles umsonst. *Ich.* Nun
so will ich's doch probieren, ob's – ob's so gelte? –
Die Bursche lachten wieder; ich aber entschloß mich
wirklich, Morgens zum Major zu gehn, und meinem
treulosen Herrn nachzufragen.

Sobald also der Tag an Himmel brach, ließ ich mir
dessen Quartier zeigen. Potz Most! das dünkte mich

ein königlicher Pallast – und der Major der König selbst
zu seyn, so majestätisch kam er mir vor; ein gewaltig
grosser Mann, mit einem Heldengesicht und ein Paar
feurigen Augen wie Sternen. Ich zitterte vor ihm, stotterte: «Herr . . . Major! Ich bin . . . . Herrn Lieutenant
Markonis Be . . . Bedienter. Fü . . . fü . . . für das bi . . .
bi . . . bin ich angewo . . . worben, und sonst wei . . .
weiters für ni . . . ni . . . nichts. Si . . . Si . . . Sie können
ihn selbst fra . . . gen. I . . . Ich weiß nicht wo er i . . .
i . . . ist. Itzt sagen's da, ich müsse So . . . o . . . oldat
sey . . . ey . . . eyn, ich wolle o . . . der wolle nicht». –
«So»! unterbrach er mich: «So ist er das saubre
Bürschgen! Sein feiner Herr, der hat uns gewirthschaf-
tet, daß es eine Lust ist; und Er wird wohl auch Seinen
Theil gezogen haben. Und kurz, itzt soll Er dem König
dienen; da ist's aus und vorbey». – *Ich.* Aber, Herr
Major' – *Er.* Kein Wort, Kerl! oder die Schwernoth!
Ich. Aber ich hab' ja weder Kapitulation noch Hand-
geld! Au! Könnt' ich doch mit meinem Herrn reden!
– *Er.* Den wird Er so bald nicht zu sehen kriegen; und
Handgeld hat Er mehr gekost't als zehn andre. Sein
Lieutenant hat eine saubere Rechnung, und Er steht
darin oben an. Eine Kapitulation hingegen, die soll Er
haben. – *Ich.* Aber – – *Er.* Fort, Er ist ja ein Zwerg, daß
– – *Ich.* Ich bi . . . bi . . . bitte. – – *Er.* Canaille! scheer'
Er sich zum Teufel. – Damit zog er die Fuchtel – Ich
zum Haus hinaus wie ein Dieb, und nach meinem
Quartier hin, das ich vor Angst und Noth kaum finden
konnte. Da klagt' ich Zittemann mein Elend in den
allerhöchsten Tönen. Der gute Mann sprach mir Muth

ein: «Geduld, mein Sohn! Noch wird schon alles besser gehn. Itzt' mußt' dich leiden; viel hundert brave Bursche aus guten Häusern müssen das gleiche thun. Denn, gesetzt auch, Markoni könnte und wollte dich behalten, so müßt' er dich doch unter sein Regiment abgeben, so bald es hieß': Ins Feld, Marsch! Aber wirklich einstweilig würd' er kaum einen Bedienten zu nähren im Stand seyn, da er auf der Werbung ungeheure Summen verzehrt, und dafür so wenig Kerls eingschickt haben soll, wie ich unsern Oberst und Major schon oft drüber lamentiren gehört; und wird man ihn gewiß nicht mehr so geschwind zu derley Geschäften brauchen». So tröstete mich Zittemann; und ich mußt's wohl annehmen, da mir kein besserer Trost übrig blieb. Nur dacht' ich dabey: Die Grössern richten solche Suppen an, und die Kleinern müssen sie aufessen.

XLVI.

So bin ich denn wirklich Soldat?

Des Nachmittags brachte mir der Feldweibel mein Commisbrodt, nebst Unter- und Uebergewehr, u. s. f. und fragte: Ob ich mich nun eines Bessern bedacht? «Warum nicht»? antwortete Zittemann für mich: «Er ist der beßte Bursch' von der Welt». Itzt führte man mich in die Montirungskammer, und paßte mir Hosen, Schuh' und Stiefeletten an; gab mir einen Hut, Halsbinde, Strümpfe u. s. f. Dann mußt' ich mit noch etwa

zwanzig andern Recrutten zum Herrn Oberst Latorf.
Man führte uns in ein Gemach, so groß wie eine Kirche,
brachte etliche zerlöcherte Fahnen herbey, und befahl
jedem einen Zipfel anzufassen. Ein Adjutant, oder wer
er war, las' und einen ganzen Sack voll Kriegsartikel
her, und sprach uns einige Worte vor, welche die mehrern nachmurmelten; Ich regte mein Maul nicht –
dachte dafür was ich gern wollte – ich glaube an Aennchen; schwung dann die Fahne über unsre Köpfe, und
entließ uns. Hierauf gieng ich in eine Garküche, und
ließ mir ein Mittagessen, nebst einem Krug Bier, geben.
Dafür mußt' ich 2. Groschen zahlen. Nun blieben mir
von jenen sechsen noch viere übrig; mit diesen sollt'
ich auf vier Tage wirthschaften – und sie reichten doch
blos für zweene hin. Bey dieser Ueberrechnung fieng ich
gegen meine Kameraden schrecklich zu lamentiren an.
Allein Cran, einer derselben, sagte mir mit Lachen: «Es
wird dich schon lehren. Itzt thut es nichts; hast ja noch
allerley zu verkaufen! Per Exempel deine ganze Diener-
montur. Dann bist du gar itzt doppelt armirt; das läßt
sich alles versilbern. Dann kriegen solch junge Bursche
oft noch eine Tracktaments-Zulage, und kannst dich
deswegen nur beym Obrist melden». «Oh oh! Da geh'
ich mein Tage nicht mehr hin», sagt' ich. «Potz Velten»!
antwortete Cran: Du mußt 'mal des Donnerns gewohnt
werden, sey's itzt ein wenig früher oder späther. Und
dann des Menage wegen, nur fein aufmerksam zuge-
sehn, wie's die andern machen. Da heben's drey, vier
bis fünf mit einander an; kaufen Dinkel, Erbsen, Erdbirrn u. d. gl. und kochen selbst. Des Morgens um e'n

Dreyer Fusel und e'n Stück Commisbrodt: Mittags hohlen sie in der Garküche um e'n andern Dreyer Suppe, und nehmen wieder e'n Stück Commis: Des Abends um zwey Pfenning Kovent oder Dünnbier, und abermals Commis». «Aber, das ist beym Strehl ein verdammtes Leben», versetzt ich; und Er: Ja! So kommt man aus, und anderst nicht. Ein Soldat muß das lernen; denn es braucht noch viel andre Waar: Kreide, Puder, Schuhwar, Oehl, Schmiergel, Seife, und was der hundert Siebensachen mehr sind. – Ich. Und das muß einer alles aus den 6. Groschen bezahlen? Er. Ja! und noch viel mehr; wie z. B. den Lohn für die Wasche, für das Gewehrputzen u. s. f. wenn er solche Dinge nicht selber kann. – Damit giengen wir in unser Quartier; und ich machte alles zurecht, so gut ich konnte und mochte.

Die erste Woche indessen hatt' ich noch Vacanz; gieng in der Stadt herum auf alle Exercierplätze; sah, wie die Offiziere ihre Soldaten musterten und prügelten, daß mir schon zum voraus der Angstschweiß von der Stirne troff. Ich bat daher Zittemann, mir bey Haus die Handgriffe zu zeigen. «Die wirst du wohl lernen»! sagte er: «Aber auf die Geschwindigkeit kömmt's an. «Da geht's dir wie e'n Blitz»! Indessen war er so gut, mir wirklich alles zu weisen; wie ich das Gewehr rein halten, die Montur anpressen, mich auf Soldatenmanier frisieren sollte, u. s. f. Nach Crans Rath verkaufte ich meine Stiefel und kaufte dafür ein hölzernes Kästgen für meine Wäsche. Im Quartier übte ich mich stets im Exercieren, las' im Hallischen Gesangbuch, oder betete. Dann spaziert' ich etwa an die Spree, und

sah' da hundert Soldatenhände sich mit Aus- und Ein-
laden der Kaufmannswaaren beschäftigen: Oder auf die
Zimmerplätze; da steckte wieder alles voll arbeitender
Kriegsmänner. Ein andermal in die Casernen u. s. f. Da
fand' ich überall auch dergleichen, die hunderterley
Handthierungen trieben – von Kunstwerken an bis
zumSpinnrocken. Kam ich auf dieHauptwache, so gab's
da deren die spielten, soffen und haselierten; andre
welche ruhig ihr Pfeigen schmauchten und discurirten;
etwa auch einer der in einem erbaulichen Buch las',
und's den andern erklärte. In den Garküchen und Bier-
brauereyen gieng's eben so her. Kurz in Berlin hat's
unter dem Militair – wie, denk' ich freylich, in grossen
Staaten überall – Leuthe aus allen vier Welttheilen,
von allen Nationen und Religionen, von allen Charack-
tern, und von jedem Berufe, womit einer noch nebenzu
sein Stücklein Brodt gewinnen kann. Das dachte auch
ich zu verdienen – wenn ich nur erst recht exerciren
könnte – Etwa an der Spree? – Doch nein! da lermt's
gar zu stark – Aber z. E. auf einem Zimmerplatz, da
ich mich so ziemlich auf die Art verstuhnd. So war ich
wieder fix und fertig, neue Plane zu machen, ungeachtet ich mit meinem erstern so schändlich gescheitert
hatte. Giebt's doch hier (damit schläferte ich mich
immer ein) selbst unter den gemeinen Soldaten ganze
Leuthe, die ihre hübschen Kapitalien haben, Wirthschaft, Kaufmannschaft treiben, u. s. f. Aber dann erwog ich nicht, daß man vor Zeiten ganz andere Hand-
gelder gekriegt als heut zu Tag; daß dergleichen
Bursche bisweilen ein Namhaftes mochten erheurathet

haben, u. d. gl. Besonders aber, daß sie ganz gewiß mit dem Schilling gut hausgehalten, und nur darum den Gulden gewinnen konnten – Ich hingegen weder mit dem Schilling noch mit dem Gulden umzugehen wisse. – Und endlich, wenn alles fehlen sollte, fand' ich auch da noch einen elenden Trost in dem Gedanken: Geht's einmal zu Felde, so schont das Bley jenen Glückskindern so wenig, als dir armen Hudler! – Also – bist du so gut wie sie.

XLVII.

Nun geht der Tanz an.

Die zweyte Woche mußt' ich mich schon alle Tage auf dem Paradeplatz stellen, wo ich unvermuthet drey meiner Landleuthe, Schärer, Bachmann und Gästli fand, die sich zumal alle mit mir unter gleichem Regimente (Itzenblitz) die beyden erstern vollends unter der nämlichen Compagnie (Lüderitz) befanden. Da sollt' ich vor allen Dingen, unter einem mürrischen Korporal mit einer schiefen Nase (Mengke mit Namen) marschieren lernen. Den Kerl nun mocht' ich vor den Tod nicht vertragen; wenn er mich gar auf die Füsse klopfte, schoß mir das Blut in den Gipfel. Unter seinen Händen hätt' ich mein Tage nichts begreifen können. Dieß bemerkte einst Hevel, der mit seinen Leuthen auf dem gleichen Platze manövrirte, tauschte mich gegen einen andern aus, und nahm mich unter sein Plouton. Das war mir eine Herzensfreude.

Itz capiert' ich in einer Stund' mehr als sonst in zehn
Tagen. Von diesem guten Manne vernahm ich auch
bald, wo Markoni wohne, aber, bat er um Gotteswillen,
ich soll ihn nicht verrathen. Des folgenden Tags, sobald das Exercitium vorbey war, flog ich nach dem
Quartier, das mir Hevel verdeutet hatte, und murmelte
immer vor mir her: Ja, ja, Markoni! wart' nur, ich will
dir deinen an mir verübten Lumpenstreich, deine ver-
fluchte Verrätherey so unter die Nase reiben, daß es
dich gereuen soll! Nun weiß ich schon, daß du hier nur
Lieutenant, und nirgends ihr Gnaden bist! – Bey geringer Nachfrage fand ich das mir benannte Haus. Es
war eben eins von den geringsten in ganz Berlin. Ich
pochte an; ein kleines, magres, fuchsrothes Bürschgen
öffnete mir die Thüre, und führte mich eine Treppe
hinauf in das Zimmer meines Herrn. So bald er mich
erblickte, kam er auf mich zu, drückte mir die Hand,
und sprach zu mir mit einem so holden Engelsgesicht,
das in einem Nu allen meinen Grimm entwafnete, und
mir die Thränen in die Augen trieb: «Ollrich! mein
Ollrich! mach mir keine Vorwürf'. Du warst mir lieb,
bist's noch, und wirst mir's immer bleiben. Aber ich
mußte nach meinen Umständen handeln. Gieb dich zufrieden. Ich und du dienen nun Einem Herrn». –
«Ja, Ihr Gnaden» – – «Nichts Gnaden»! sagte er:
«Beym Regiment heißt es nur: «Herr Lieutenant»!
Itzt klagt' ich ihm, nach aller Ausführlichkeit, meine
gegenwärtige grosse Noth. Er bezeugte mir sein ganzes Mittleid. «Aber», fuhr er fort: «Hast ja noch allerley Sachen, die du versilbern kannst; wie z. E. die

Flinte von mir, die Reisemütze die dir Lieutenant Hofmann in Offenburg verehrt, u. d. gl. Bring sie nur mir,
ich zahl dir dafür, so viel sie je werth sind. Dann könnt'st
du dich, wie andre Rekrutten, um Gehaltserhöhung
beym Major» – «Potz Wetter»! fiel ich ein: «Nein den
sah' ich einmal, und nimmermehr»! Drauf erzählt' ich
ihm, wie dieser Sir mir begegnet habe. «Ha»! versetzte er: «Die Lümmels meinen, man könn' auf Werbung von Luft leben, und Kerle im Strick fangen».
«Ja»! sagt' ich, «hätt' ich's gewußt, wollt' ich mir wenigstens in Rothweil auch einen Nothpfenning erspart
haben». «Alles hat seine Zeit, Ollrich»! erwiederte er:
«Halt' dich nur brav! Wenn einmal die Exercitien
vorbey sind, kannst du wohl was verdienen. Und wer
weiß – vielleicht gehts bald ins Feld, und dann» – –
Weiter sagte er nichts; ich merkte aber wohl, was er
damit wollte, und gieng vergnügt, als ob ich mit meinem Vater geredet hätte, nach Haus. Nach etlichen
Tagen trug ich Flinte, Ballast, und die sammtene
Mütze wirklich zu ihm hin; er zahlte mir etwas weniges
dafür; aber von Markoni war ich alles zufrieden. Bald
darauf verkauft ich auch meinen Tressenhut, den grü-
nen Frack, u. s. f. u. f. und ließ mir nichts mangeln, so
lang ich was anzugreifen hatte. Schärer war eben so arm
als ich: Allein er bekam ein Paar Groschen Zulage, und
doppelte Portion Brodt; der Major hielt ein gut Stück
mehr auf ihm, als auf mir. Indessen waren wir Herzens-
brüder; so lang einer etwas zu brechen hatte, konnte
der andere mitbeissen. Bachmann hingegen, der ebenfalls mit uns hauste, war ein filziger Kerl, und harmo-

nierte nie recht mit uns; und doch schien immer die
Stunde ein Tag lang, wo wir nicht beysammen seyn
konnten. G. mußten wir in den H.. häusern suchen
wenn wir ihn haben wollten; er kam bald hernach ins
Lazareth. Ich und Schärer waren auch darinn völlig
gleichgesinnt, daß uns das Berliner-Weibsvolk eckel-
haft und abscheulich vorkam; und wollt' ich für ihn
so gut wie für mich einen Eid schwören, daß wir keine
mit einem Finger berührt. Sondern so bald das Exer-
ziren vorbey war, flogen wir miteinander in Schott-
manns Keller, tranken unsern Krug Ruhiner- oder
Gottwitzer-Bier, schmauchten ein Pfeifgen, und tril-
lerten ein Schweitzerlied. Immer horchten uns da die
Brandenburger und Pommeraner mit Lust zu. Etliche
Herren sogar ließen uns oft expreß in eine Garküche
rufen, ihnen den Kuhreihen zu singen: Meist bestand
der Spielerlohn bloß in einer schmutzigen Suppe; aber in
einer solchen Lage nimmt man mit noch weniger vorlieb.

XLVIII.

Nebst anderm meine Beschreibung von Berlin.

Berlin ist der größte Ort in der Welt, den ich gesehen;
und doch bin ich bey weitem nie ganz darinn herum-
gekommen. Wir drey Schweitzer machten zwar oft den
Anschlag zu einer solchen Reise; aber bald gebrach's
uns an Zeit, bald an Geld, oder wir waren von Stra-
pazzen so marode, das wir uns lieber der Länge nach
hinlegten.

Die Stadt Berlin – doch viele sagen, sie bestehe aus sieben Städten – Aber unser einem hat man nur drey genennt: Berlin, Neustadt und Friedrichsstadt. Alle drey sind in der Bauart verschieden. In Berlin – oder Cöl, sagt man auch – sind die Häuser hoch, wie in den Reichsstädten, aber die Gassen nicht so breit, wie in Neu- und Friedrichsstadt, wo hingegen die Häuser niedriger aber egaler gebauen sind; denn da sehen auch die kleinsten derselben, oft von sehr armen Leuthen bewohnt, doch wenigstens sauber und nett aus. An vielen Orten giebt es ungeheuer grosse läre Plätze, die theils zum Exerciren und zur Parade, theils zu gar nichts gebraucht werden; ferners Aecker, Gärten, Alleen, alles in die Stadt eingeschlossen. – Vorzüglich oft giengen wir auf die lange Brücke, auf deren Mitte ein alter Markgraf von Brandenburg, zu Pferd in Lebensgrösse, von Erzt gegossen steht, und etliche Enacks-söhne mit krausen Haaren zu seinen Füssen gefesselt sitzen – dann der Spree nach, aufs Weidendamm, wo's gar lustig ist – dann ins Lazareth, zu G *. und B *. – um dort das traurigste Specktakel unter der Sonne zu sehn, wo einem, der nicht gar ein Unsinniger ist, die Lust zu Ausschweifungen bald vergehen muß: In diesen Gemächern, so geräumig wie Kirchen, wo Beth an Beht gereihet steht, in deren jedem ein elender Menschensohn auf seine eigene Art den Tod, und nur wenige ihre Genesung erwarten: Hier ein Dutzend, die unter den Händen der Feldscheerer ein erbärmliches Zettergeschrey erheben; dort andre, die sich unter ihren Decken krümmen, wie ein halb zertretener Wurm;

viele mit an- und weggefaulten Gliedern, u.s.f. Meist
mochten wir's da nur wenige Minuten aushalten, und
giengen dann wieder an Gottes Luft, setzten uns auf
einen Rasenplatz; und da führte unsre Einbildungskraft
uns fast immer, unwillkührlich, in unser Schweitzer-
land zurück, und erzählten wir einander unsre Lebensart bey Hause; wie wohl's uns war, wie frey wir gewesen, was es hingegen hier vor ein verwünschtes
Leben sey, u.d.gl. Dann machten wir Plane zu unsrer
Entledigung. Bald hatten wir Hofnung, daß uns heut
oder morgens einer derselben gelingen möchte; bald
hingegen sahen wir vor jedem einen unübersteiglichen
Berg; und noch am meisten schreckte uns die Vorstellung der Folgen eines allenfalls fehlschlagenden Ver-
suches. Bald alle Wochen hörten wir nämlich neue
ängstigende Geschichten von eingebrachten Deserteurs,
die, wenn sie noch so viele List gebraucht, sich in Schif-
fer und andre Handwerksleuthe, oder gar in Weibsbilder verkleidt, in Tonen und Fässer versteckt, u.d.gl.
dennoch ertappt wurden. Da mußten wir zusehen, wie
man sie durch 200. Mann, achtmal die lange Gasse
auf und ab Spißruthen laufen ließ, bis sie athemlos hin-
sanken – und des folgenden Tags aufs neue dran mußten; die Kleider ihnen vom zerhackten Rücken her-
untergerissen, und wieder frisch drauf losgehauen
wurde, bis Fetzen geronnenen Bluts ihnen über die
Hosen hinabhingen. Dann sahen Schärer und ich einander zitternd und todtblaß an, und flüsterten einander in die Ohren: «Die verdammten Barbaren»!
Was hiernächst auch auf dem Exerzierplatz vorgieng,

gab uns zu ähnlichen Betrachtungen Anlaß. Auch da
war des Fluchens und Karbatschens von prügelsüchtigen Jünkerlins, und hinwieder des Lamentierens der
Geprügelten kein Ende. Wir selber zwar waren immer
von den ersten auf der Stelle, und tummelten uns
wacker. Aber es that uns nicht minder in der Seele weh,
andre um jeder Kleinigkeit willen so unbarmherzig behandelt, und uns selber so, Jahr ein Jahr aus, coujoniert
zu sehn; oft ganzer fünf Stunden lang in unsrer Montur eingeschnürt wie geschraubt stehn, in die Kreutz
und Querre pfahlgerad marschieren, und ununterbro-
chen blitzschnelle Handgriffe machen zu müssen; und
das alles auf Geheiß eines Offiziers, der mit einem fu-
riosen Gesicht und aufgehobnem Stock vor uns stuhnd,
und alle Augenblick wie unter Kabisköpfe drein zu
hauen drohete. Bey einem solchen Traktament mußte
auch der starknervigste Kerl halb lahm, und der ge-
duldigste rasend werden. Und kamen wir dann tod-
müde ins Quartier, so giengs schon wieder über Hals
und Kopf, unsre Wäsche zurecht zu machen, und jedes
Fleckgen auszumustern; denn bis auf den blauen Rock
war unsre ganze Uniform weiß. Gewehr, Patrontasche,
Kuppel, jeder Knopf an der Montur, alles mußte spie-
gelblank geputzt seyn. Zeigte sich an einem dieser
Stücke die geringste Unthat, oder stand ein Haar in der
Frisur nicht recht, so war, wenn er auf den Platz kam,
die erste Begrüßung eine derbe Tracht Prügel. Das
währte so den ganzen May und Juni fort. Selbst den
Sonntag hatten wir nicht frey; denn da mußten wir
auf das properste Kirchenparade machen. Also blie-

ben uns zu jenen Spaziergängen nur wenige zerstreute
Stunden übrig, und wir hatten kurz und gut zu nichts
Zeit übrig – als zum Hungerleiden. – Wahr ist's, unsre
Offiziere erhielten gerade damals die gemessensteOrdre,
uns über Kopf und Hals zu mustern; aber wir Rekruten
wußten den Henker davon, und dachten halt, das sey
sonst so Kriegsmanier. Alte Soldaten vermutheten
wohl so etwas, schwiegen aber mausstill. – Indessen
waren Schärer und ich blutarm geworden; und was
uns nicht an den Hintern gewachsen war, hatten wir
alles verkauft. Nun mußten wir mit Brodt und Wasser
(oder Covent, das nicht viel besser als Wasser ist) vorlieb nehmen. Mittlerweile war ich von Zittemann weg,
zu Wolfram und Meevis ins Quartier kommen, von
denen der erstre ein Zimmermann, der andre ein Schu-
ster war, und beyde einen guten Verdienst hatten.
Mit diesen macht' ich Anfangs ebenfalls Menage. Sie
hatten so ihren Bauerntisch: Suppen und Fleisch, mit
Erdapfeln und Erbsen. Jeder schoß zu einem Mittags-
mahl zwey Dreyer: Abends und zum Frühstück lebte
jeder für sich. Ich aß besonders gern einen Ochsenpfo-
ten, einen Häring, oder ein Dreyerkäsgen. Nun aber
konnt' ich's nicht mehr mit ihnen halten; zu verkaufen
hatt' ich nichts mehr, und mein Sold gieng meist für
Wäsche, Puder, Schuhwar, Kreide, Schmirgel, Oel und
anderes Plunderzeug auf. Jetzt fieng ich erst recht an
Trübsal zu blasen, und keinem Menschen konnt' ich
so recht von Herzensgrund meine Noth klagen. Des
Tags gieng ich umher wie der Schatten an der Wand.
Des Nachts legt' ich mich ins Fenster, guckte wainend

166

in den Mond hinauf, und erzählte dem mein bitteres
Elend: «Du, der jetzt auch überm Tockenburg schwebt,
sag' es meinen Leuthen daheim, wie armselig es um
mich stehe – meinen Eltern, meinen Geschwisterten –
meinem Aennchen sag's, wie ich schmachte – wie treu
ich ihr bin – daß sie alle Gott für mich bitten. Aber du
schweigst so stille, wandelst so harmlos deinen Weg
fort? Ach! könnt' ich ein Vöglein seyn, und dir nach
in meine Heimath fliegen! Ich armer, unbesonnener
Mensch! Gott erbarm' sich mein! Ich wollte mein
Glück bauen, und baute mein Elend! Was nützt mir
dieser herrliche Ort, worinn ich verschmachten muß!
Ja, wenn ich die Meinigen hier hätte, und so ein schön
Häusgen, wie dort grad gegenüber steht – und nicht
Soldat seyn müßte, dann wär's hier gut wohnen; dann
wollt' ich arbeiten, handeln, wirthschaften, und ewig
mein Vaterland meiden! – Doch nein! Denn auch so
müßt' ich den Jammer so vieler Elenden täglich vor
Augen sehn! Nein, geliebtes, liebes Tockenburg! Du
wirst mir immer vorzüglich werth bleiben! – Aber,
Ach! Vielleicht seh' ich dich in meinem Leben nicht
wieder – verliere so gar den Trost, von Zeit zu Zeit
an die Lieben zu schreiben, die in dir wohnen! Denn
jedermann erzählt mir von der Unmöglichkeit, wenn's
einmal ins Feld gehe, auch nur eine Zeile fortzubringen,
worinn ich mein Herz ausschütten könnte. Doch, wer
weiß? Noch lebt mein guter Vater im Himmel; dem
ist's bekannt, wie ich nicht aus Vorsatz oder Lüderlichkeit dies Sklavenleben gewählt, sondern böse Menschen
mich betrogen haben. Ha! Wenn alles fehlen sollte –

Doch, nein! desertiren will ich nicht. Lieber sterben,
als Spießruthe laufen. Und dann kann sich's ja auch
ändern. Sechs Jahre sind noch wohl auszuhalten. Freylich eine lange, lange Zeit; wenn's zumal wahr seyn
sollte, daß auch dann kein Abscheid zu hoffen wäre! –
Doch, was? Kein Abscheid? Hab' ich doch eine, und
zwar mir aufgedrungene Capitulation? – Ha! Dann
müßten sie mich eher tödten! Der König müßte mich
hören! Ich wollte seiner Kutsche nachrennen, mich
anhängen bis er mir sein Ohr verlieht. Da wollt' ich ihm
alles sagen, was der Brief ausweist. Und der gerechte
Friedrich wird nicht gegen mich allein ungerecht seyn»,
u. s. f. – Das waren damals so meine Selbstgespräche.

XLIX.

Nun geht's bald weiters.

In diesen Umständen flogen Schärer und ich zusammen wo wir konnten; klagten, überlegten, beschlossen,
verwarfen. Schärer zeigte mehr Standhaftigkeit als ich,
hatte aber auch mehr Sold. Ich gab jetzt, wie so viele
andre, den letzten Dreyer um Genevre, meinen Kummer zu vertreiben. Ein Mecklenburger, der nahe bey
mir im Quartier, und mit mir in gleichen Umständen
war, machte es eben so. Aber wenn der seinen Brand
im Kopf hatte, setzte er sich in der Abenddämmerung
vor's Haus hin, fluchte und haselirte da mutterseels
allein; schimpfte auf seine Offiziere, und sogar auf den
König, wünschte Berlin und allen Brandenburgern tau-

send Millionen Schwernoth auf den Hals, und fand
(wie der arme Teufel, so oft er wieder nüchtern ward,
behauptete) in diesem unvernünftigen Rasen seinen
einzigen Trost im Unglück. Wolfram und Meewis
warnten ihn oft; denn sonst war er noch vor Kurzem
ein recht guter umgänglicher Bursche: «Kerl»! sagten
sie dann zu ihm, «gewiß wirst du noch ins Tollhaus
wandern». Dieses war nicht weit von uns. Oft sah'
ich dort einen Soldat vor dem Gegitter auf einem Bänkgen sitzen, und fragte einst Meevis, wer er wäre?
Denn ich hatte ihn nie bey der Compagnie gesehn:
«Just so einer, wie der Mecklenburger», antwortete
Meewis; «darum hat man ihn hier versorgt, wo er Anfangs brüllte wie ein ungarscher Stier. Aber seit etlichen Wochen soll er so geschlacht wie ein Lamm seyn».
Diese Beschreibung machte mich lüstern, den Menschen näher kennen zu lernen. Er war ein Anspacher.
Anfangs gieng ich nur so wie verstohlen bey ihm hin
und wieder, sah mit wehmüthigem Vergnügen, wie er
seinen Blick bald zum Himmel gerichtet, bald auf den
Boden geheftet, melancholisch da saß, bisweilen aber
ganz vor sich sanft lächelte, und übrigens meiner nicht
zu achten schien. Schon aus der Physiognomie war mir
ein solcher Erdensohn in seiner Lage recht heilig. Endlich wagt' ich es, mich zu ihm hinzusetzen. Er sah mich
starr und ernst an, und schwatzte zuerst lange meist
unverständiges Zeug, das ich doch gerne hörte, weil
mitunter immer etwas höchst vernünftiges zum Vor-
schein kam. Was ihm am meisten Mühe zu machen
schien, war, so viel ich merken mochte, daß er von

gutem Haus, und nur durch Verdruß in diese Umstände gekommen seyn mußte, jetzt aber von Nachreu
und Heimweh' erbärmlich litt. Nun entdeckt' ich ihm
so durch Umwege auch meine Gemüthsstimmung,
hauptsächlich in der Absicht, zu horchen was er allenfalls zu meiner Entweichung sagen würde; denn der
Mann schien mir ordentlich einen Geist der Weissagung
zu haben: «Brüderchen»! sprach er, aus Veranlassung
eines solchen Diskurses, einst zu mir: «Brüderchen,
halt du still! Deine Schuld ist's sicher, daß du leidest,
und was du leidest also gewiß mehr oder minder wohl
verdiente Züchtigung. Durch Zappeln machst du's
wahrlich nur ärger. Es wird schon noch anders, und
immer anders kommen. Der König allein ist König;
seine Generals, Obersten, Majoren sind selber seine
Bedienten – und wir, ach! wir – so hingeworfene verkaufte Hunde – zum Abschmieren im Frieden, zum
Todstechen und Todschiessen im Krieg bestimmt.
Aber all' eins, Brüderchen! Vielleicht kömmst du nahe
an eine Thüre; geht sie dir auf – so thu' was du willst.
Aber halt still, Brüderchen! – nur nichts erfrettet oder
erzwungen – sonst ist's mit einmal aus»! Dergleichen,
und noch viel anderes Aehnliches sagte er öfters zu
mir. Aller Welt Priester und Leviten hätten mir nicht
so gut predigen, und mich zugleich so gut trösten
können wie er.

Indessen murmelte es immer stärker vom Kriege.
In Berlin kamen von Zeit zu Zeit neue Regimenter
an; wir Rekrutten wurden auch unter eins gesteckt.
Da gieng's nun alle Tag vor die Thore zum Manövri-

ren; links und rechts avanziren, attaquiren, retiriren, ploutons und divisionsweise schargiren, und was der Gott Mars sonst alles lehrte. Endlich gedieh es zur Generalrevüe; und da gieng's zu und her, daß dieß ganze Büchelgen nicht klecken würde, das Ding zu beschreiben; und wenn ich's wollte, so könnt ich's nicht. Erstlich wegen der schweren Menge aller Arten Kriegsgrümpel, die ich hier grossentheils zum ersten-mal sah. Zweytens hatt' ich immer Kopf und Ohren so voll von dem entsetzlichen Lerm der knallenden Büchsen, der Trommeln und Feldmusick, des Rufens der Commandeurs u. s. f. daß ich oft hätte bersten mögen. Drittens war mir das Exercitz seit einiger Zeit so widerlich geworden, daß ich nur nicht mehr be-merken mochte, was all die Corps zu Fuß und zu Pferde für Millionszeug machten. Freylich kam mich hernach manchmal grosser Reuen an, daß ich diese Dinge nicht besser in Obacht genommen: Denn allen meinen Freunden, und allen Leuthen hier zu Lande wünscht' ich, daß sie solches nur einen Tag sehen möchten; es würde ihnen zu hundert und aber hun-dert vernünftigen Betrachtungen Anlaß geben. Also nur dieß Wenige. Da waren unübersehbare Felder mit Kriegsleuthen bedeckt; viele tausend Zuschauer an allen Ecken und Enden. Hier stehen zwey grosse Ar-meen in künstlicher Schlachtordnung; schon brüllt von den Flanken das grobe Geschütz auf einander los. Sie avanziren, kommen zum Feuer, und machen ein so entsetzliches Donnern, daß man seinen nächsten Nach-bar nicht hören und vor Rauch nicht mehr sehen kann:

171

Dort versuchen etliche Bataillons ein Heckenfeuer; hier fallen's einander in die Flanke, da blokiren sie Batterien, dort formiren sie ein doppeltes Kreutz. Hier marschieren sie über eine Schiffbrücke, dort hauen Kürassiers und Dragoner ein, und sprengten etliche Schwadrons Husaren von allen Farben auf einander los, daß Staubwolken über Roß und Mann emporwallen. Hier überrumpeln's ein Lager; die Avantgarde, unter deren ich zu manövriren die Ehre hatte, bricht Zelten ab, und flieht. – Doch noch einmal: Ich müßte ein Narr seyn, wenn ich glaubte, hier eine Preußische Generalrevüe beschrieben zu haben. Ich hoffe also, man nimmt mit diesem Wenigen vorlieb – oder, vielmehr, verzeiht's mir, um der Freude willen, mein Gewäsch nicht länger anzuhören.

L.
Behüte Gott Berlin ! – Wir sehen einander nicht mehr.

Endlich kam der erwünschte Zeitpunkt, wo es hieß: Allons, ins Feld! Schon im Heumonath marschierten etliche Regimenter von Berlin ab, und kamen hinwieder andre aus Preussen und Pommern an. Jetzt mußten sich alle Beurlaubten stellen, und in der grossen Stadt wimmelte alles von Soldaten. Dennoch wußte noch niemand eigentlich, wohin alle diese Bewegungen zielten. Ich horchte wie ein Schwein am Gatter. Einiche sagten, wenn's ins Feld gehe, könnten wir neue Re-

krutten doch nicht mit, sondern würden unter ein
Garnisonsregiment gesteckt. Das hätte mir himmelangst gemacht; aber ich glaubte es nicht. Indessen bot
ich allen meinen Leibs- und Seelenkräften auf, mich
bey allen Manövers als einen fertigen dapfern Soldaten
zu zeigen (denn einige bey der Compagnie, die älter
waren als ich, mußten wirklich zurückbleiben). Und
nun den 21. Aug. erst Abends späth, kam die ge-
wünschte Ordre, uns auf Morgen marschfertig zu halten. Potz Wetter! wie gieng es da her mit Putzen und
Packen! Einmal wenn's mir auch an Geld nicht ge-
brochen, hätt' ich nicht mehr Zeit gehabt, einem Becker
zwey geborgte Brodte zu bezahlen. Auch hieß es, in
diesem Fall dürfte kein Gläubiger mehr ans Mahnen
denken: Doch ich ließ mein Wäschkistgen zurück;
und wenn es der Becker nicht abgefodert hat, hab
ich heutigen Tages noch einen Creditor in Berlin –
auch etliche Debitoren für ein Paar Batzen – und geht's
ungefehr so wett auf. – Denn 22. Aug. Morgens um
3. Uhr ward Allarm geschlagen; und mit Anbruch des
Tages stuhnd unser Regiment (Isenblitz, ein herrli-
cher Name! Sonst nannten's die Soldaten im Scherz
auch Donner und Blitz, wegen unsers Obristen gewal-
tiger Schärfe) in der Krausenstrasse schon Parade. Jede
seiner zwölf Compagnien war 150. Mann stark. Die in
Berlin nächst um uns einquartierte Regimenter, deren
ich mich erinnere, waren Vokat, Winterfeld, Meyring,
und Kalstein; dann vier Prinzenregimenter: Prinz
von Preussen, Prinz Ferdinand, Prinz Carl, und Prinz
von Würtenberg, die alle theils vor, theils nach uns

abmarschierten, nachwerts aber im Feld meist wieder
zu uns gestossen sind. Itzt wurde Marsch geschlagen;
Thränen von Bürgern, Soldatenweibern, H... u.d.gl.
flossen zu Haufen. Auch die Kriegsleuthe selber, die
Landskinder nämlich, welche Weiber und Kinder zu-
rückliessen, waren ganz niedergeschlagen, voll Wehmuth und Kummers; die Fremden hingegen jauchzten
heimlich vor Freuden, und riefen: Endlich Gottlob ist
unsre Erlösung da! Jeder war bebündelt wie ein Esel,
erst mit einem Degengurt umschnallt; dann die Patrontasche über die Schulter mit einem fünf Zoll
langen Riemen; über die andre Achsel den Dornister,
mit Wäsche u. s. f. bepackt; item der Habersack, mit
Brodt und andrer Fourage gestopft. Hiernächst mußte
jeder noch ein Stück Feldgeräth tragen; Flasche, Kessel, Hacken, oder so was; alles an Riemen; dann erst
noch eine Flinte, auch an einem solchen. So waren wir
alle fünfmal übereinander kreutzweis über die Brust
geschlossen, daß anfangs jeder glaubte, unter solcher
Last ersticken zu müssen. Dazu kam die enge ge-
preßte Montur, und eine solche Hundstagshitze, daß
mir's manchmal däuchte, ich geh' auf glühenden Koh-
len, und wenn ich meiner Brust ein wenig Luft machte,
ein Dampf herauskam wie von einem siedenden Kessel. Oft hatt' ich keinen trockenen Faden mehr am
Leib, und verschmachtete bald vor Durst.

LI

Marſchroute bis Pirna.

So marschierten wir den ersten Tag (22. Aug.) zum
Köppeniker Thor aus, und machten noch 4. Stunden
bis zum Städchen Köppenik, wo wir zu 30-50. zu
Burgern eingequartirt waren, die uns vor einen Groschen traktiren mußten. Potz Plunder, wie giengs
da her! Ha! da wurde gefressen. Aber denk' man sich
nur so viele grosse hungrige Kerls! Immer hieß es da:
Schaff her, Canaille! was d' im hintersten Winkel hast.
Des Nachts wurde die Stube mit Stroh gefüllt; da
lagen wir alle in Reihen, den Wänden nach. Wahrlich
eine curiose Wirthschaft! In jedem Haus befand sich
ein Offizier, welcher auf guter Mannszucht halten
sollte; sie waren aber oft die Fäulsten. – Den zweyten
Tag (23.) giengs 10. St. bis auf Fürstenwald; da gab's
schon Marode, die sich auf Wagen mußten packen
lassen; das auch kein Wunder war, da wir diesen ganzen Tag nur ein einzig Mal haltmachen, und stehn-
den Fusses etwas Erfrischung zu uns nehmen durften.
An letztgedachtem Orte gieng es wie an dem erstern;
nur daß hier die meisten lieber soffen als frassen, und
viele sich gar halb todt hinlegten. Den dritten Tag
(24.) giengs 6. St. bis Jacobsdorf, wo wir nun (25. 26.
u. 27.) drey Rasttage hielten, aber desto schlimmer
handthiert, und die armen Bauern bis aufs Blut aus-
gesogen wurden. Den siebenten Tag (28.) marschierten wir bis Mühlrosen 4. St. Den achten (29.) bis

Guben, 14. St. Den neunten (30.) hielten wir dort
Rasttag. Den zehnten (31.) bis Forste 6. St. Den eilften
(1. Sept.) bis Spremberg 6. St. Den zwölften (2.) bis
Hayerswerde 6. St. und da wieder Rasttag. Den vierzehnten (4.) bis Camenz, dem letzten Oertchen, wo
wir einquartirt wurden. Denn von da an campirten wir
im Felde, und machten Märsche und Contremärsche,
daß ich selbst nicht weiß, wo wir all durchkamen, da
es oft bey dunkeler Nacht geschah. Nur so viel erinnr'
ich mich noch, daß wir am fünfzehnten (5.) 4. St.
marschiert und bey Bilzem ein Lager aufgeschlagen,
worinn wir zwey Tage (6. u. 7.) Rasttag hielten; dann
den achtzehnten (8.) wieder 6. St. machten, uns bey
Stolp lagerten, und dort einen Tag (9.) blieben; endlich am zwanzigsten Tag (10.) noch 4. St. bis Pirna
zurücklegten, wo noch etliche Regimenter zu uns
stiessen, und nun ein weites fast unübersehbares Lager
aufgeschlagen, und das über Pirna gelegene Schloß
Königstein dieß- und Lilienstein jenseits der Elbe besetzt wurden. Denn in der Nähe dieses letztern befand
sich die Sächsische Armee. Wir konnten gerade übers
Thal in ihr Lager hinübersehn; und unter uns im Thal
an der Elbe lag Pirna, das jetzt ebenfalls von unserm
Volke besetzt ward.

LII.

Muth und Unmuth.

Bis hieher hat der Herr geholfen! Diese Worte waren
der erste Text unsers Feldpredigers bey Pirna. O ja!
dacht' ich: Das hat er, und wird ferner helfen – und
zwar hoffentlich mir in mein Vaterland – denn was
gehen mich eure Kriege an?

Mittlerweile gieng's – wie's bey einer marschie-
renden Armee zu gehen pflegt – bunt übereck und
kraus, daß ich alles zu beschreiben nicht im Stand,
auch solches, wie ich denke, zu wenig Dingen nütz
wäre. Unser Major Lüderiz (denn die Offiziere gaben
auf jeden Kerl besonders Achtung) mag mir oft meinen
Unmuth aus dem Gesicht gelesen haben. Dann drohete
er mir mit dem Finger: «Nimm dich in Acht, Kerl»!
Schärern hingegen klopfte er bey den nämlichen Anlässen auf die Schulter, und nannte ihn mit lächelnder
Mine einen braven Bursch; denn der war immer lustig
und wohlgemuths, und sang bald seine Mäurerlieder,
bald den Kühreih'n, obschon er im Herzen dachte
wie ich, aber es besser verbergen konnte. Ein andermal freylich faßt' ich dann wieder Muth, und dachte:
Gott wird alles wohl machen! Wenn ich vollends Markoni – der doch keine geringe Schuld an meinem Unglück war – auf dem Marsch oder im Lager erblickte,
war's mir immer, ich sehe meinen Vater oder meinen
beßten Freund; wenn er mir zumal vom Pferd herunter
seine Hand bot, die meinige traulich schüttelte –

mir mit liebreicher Wehmuth gleichsam in die Seele
'nein guckte: «Wie geht's, Ollrich! wie geht's? 's wird
schon besser kommen»! zu mir sagte, und, ohne meine
Antwort zu erwarten, dieselbe aus meinem thränen-
schimmernden Aug' lesen wollte. O! ich wünsche dem
Mann, wo er immer todt oder lebendig seyn mag, noch
auf den heutigen Tag alles Gute; denn von Pirna weg
ist er mir nie mehr zu Gesicht gekommen. – Mittlerweile hatten wir alle Morgen die gemessene Ordre erhalten, scharf zu laden; dieses veranlaßte unter den
ältern Soldaten immer ein Gerede: «Heute giebt's
was! Heut setzt's gewiß was ab»! Dann schwitzten
wir Jungen freylich an allen Fingern, wenn wir irgend
bey einem Gebüsch oder Gehölz' vorbeymarschierten,
und uns verfaßt halten mußten. Da spitzte jeder stillschweigend die Ohren, erwartete einen feurigen Hagel
und seinen Tod, und sah, so bald man wieder ins Freye
kam, sich rechts und links um, wie er am schicklichsten entwischen konnte; denn wir hatten immer feindliche Küraßiers, Dragoner und Soldaten zu beyden
Seiten. Als wir einst die halbe Nacht durch marschierten, versuchte Bachmann den Reißaus zu nehmen, und
irrte etliche Stunden im Wald herum; aber am Morgen
war er wieder hart bey uns, und kam noch eben recht
mit der Ausflucht weg: Er habe beym Hosenkehren in
der Dunkelheit sich von uns verloren. Von da an sahen
wir andern die Schwierigkeit, wegzukommen, alle Tag'
deutlicher ein – und doch hatten wir fest im Sinn, keine
Bataille abzuwarten, es koste auch was es wolle.

LIII.

Das Lager zu Pirna.

Eine umständliche Beschreibung unsers Lagers zwischen
Königstein und Pirna sowohl als des gerade vor uns
überliegenden Sächsischen bey Lilienstein wird man
von mir nicht erwarten. Die kann man in der Helden-
Staats- und Lebensgeschichte des Grossen Friedrichs
suchen. Ich schreibe nur, was ich gesehen, was aller-
nächst um mich her vor- und besonders was mich
selbst angieng. Von den wichtigsten Dingen wußten
wir gemeine Hungerschlucker am allerwenigsten, und
kümmerten uns auch nicht viel darum. Mein und so
vieler andrer ganzer Sinn war vollends allein auf: Fort,
fort! Heim, ins Vaterland! gerichtet.

Von 11–22. Sept. sassen wir in unserm Lager ganz
stille; und wer gern Soldat war, dem mußt' es damals
recht wohl seyn. Denn da gieng's vollkommen wie in
einer Stadt zu. Da gab's Marquetenter und Feld-
schlächter zu Haufen. Den ganzen Tag, ganze lange
Gassen durch, nichts als Sieden und Braten. Da konnte
jeder haben was er wollte, oder vielmehr was er zu
bezahlen vermochte: Fleisch, Butter, Käs, Brodt, aller
Gattung Baum- und Erdfrüchte, u. s. f. Die Wachten
ausgenommen, mochte jeder machen was ihm beliebte:
Kegeln, Spielen, in und ausser dem Lager spatzieren
gehn, u. s. f. Nur wenige hockten müssig in ihren
Zelten: Der eine beschäftigte sich mit Gewehrputzen,
der andre mit Waschen; der dritte kochte, der vierte

179

flickte Hosen, der fünfte Schuhe, der sechste schnifelte
was von Holz und verkauft' es den Bauern. Jedes Zelt
hatte seine 6. Mann und einen Uebercompleten. Unter
diesen sieben war immer einer gefreyt; dieser mußte
gute Mannszucht halten. Von den sechs übrigen gieng
einer auf die Wache, einer mußte kochen, einer Pro-
viant herbeyholen, einer gieng nach Holz, einer nach
Stroh, und einer machte den Seckelmeister, alle zusammen aber Eine Haushaltung, Ein Tisch und Ein Beth
aus. Auf den Märschen stopfte jeder in seinen Habersack, was er – versteht sich in Feindes Land – erhaschen
konnte: Mähl, Rüben, Erdbirrn, Hühner, Enten, u. d. gl.
und wer nichts aufzutreiben vermochte, ward von den
übrigen ausgeschimpft, wie denn mir das zum öftern begegnete. Was das vor ein Mordiogeschrey gab,
wenn's durch ein Dorf gieng, von Weibern, Kindern,
Gänsen, Spanferkeln u. s. f. Da mußte alles mit was
sich tragen ließ. Husch! den Hals umgedreht und ein-
gepackt. Da brach man in alle Ställ' und Gärten ein,
prügelte auf alle Bäume los, und riß die Aeste mit den
Früchten ab. Der Hände sind viel, hieß es da; was einer
nicht kann, mag der ander. Da durfte keine Seel' Mux
machen, wenn's nur der Offizier erlaubte, oder auch
bloß halb erlaubte. Da that jeder sein Devoir zum
Ueberfluß. Wir drey Schweitzer, Schärer, Bachmann
und ich (es gab unsrer Landsleuthe beym Regiment
noch mehr, wir kannten sie aber nicht) kamen zwar
keiner zum andern ins Zelt, auch nie zusammen auf
die Wache. Hingegen spazierten wir oft miteinander
ausser das Lager bis auf die Vorposten, besonders auf

einen gewissen Bühel, wo wir eine weite zierliche Aussicht über das Sächsische und unser ganzes Lager, und
durchs Thal hinab bis auf Dresden hatten. Da hielten
wir unsern Kriegsrath: Was wir machen, wo hinaus,
welchen Weg wir nehmen, wo wir uns wieder treffen sollten? Aber zur Hauptsache, zum hinaus fanden
wir alle Löcher verstopft. Zudem wären Schärer und
ich lieber einmal an einer schönen Nacht allein, ohne
Bachmann davon geschlichen; denn wir trauten ihm
nie ganz, und sahen dabey alle Tag' die Husaren Deserteurs einbringen, hörten Spißruthenmarsch schlagen,
und was es solcher Aufmunterungen mehr gab. Und
doch sahen wir alle Stunden einem Treffen entgegen.

LIV.

Einnahme des Sächsischen Lagers u.f.f.

Endlich den 22. Sept. ward Allarm geschlagen, und
erhielten wir Ordre aufzubrechen. Augenblicklich war
alles in Bewegung; in etlichen Minuten ein stunden-
weites Lager – wie die allergrößte Stadt – zerstört, auf-
gepackt, und Allons, Marsch! Itzt zogen wir ins Thal
hinab, schlugen bey Pirna eine Schiffbrücke, und for-
mierten oberhalb dem Städchen, dem Sächsischen
Lager en Front, eine Gasse, wie zum Spißruthenlaufen,
deren eines End bis zum Pirnaer-Thor gieng, und durch
welche nun die ganze Sächsische Armee zu vieren hoch
spatzieren, vorher aber das Gewehr ablegen, und –
man kann sich's einbilden – die ganze lange Strasse

durch Schimpf- und Stichelreden genug anhören mußten. Einiche giengen traurig, mit gesenktem Gesicht daher, andre trotzig und wild, und noch andre
mit einem Lächeln, das den Preußischen Spottvögeln
gern' nichts schuldig bleiben wollte. Weiter wußten
ich, und so viele Tausend andre, nichts von den Umständen der eigentlichen Uebergabe dieses grossen
Heers. – An dem nämlichen Tage marschierten wir noch
ein Stück Wegs fort, und schlugen jetzt unser Lager
bey Liljenstein auf. – Den 23. mußte unser Regiment
die Proviantwagen decken. – Den 24. machten wir
einen Contremarsch, und kamen bey Nacht und Nebel
an Ort und Stelle hin, daß der Henker nicht wußte wo
wir waren. – Den 25. früh gieng's schon wieder fort,
4. Meilen bis Außig. Hier schlugen wir ein Lager,
blieben da bis auf den 29. und mußten alle Tag auf
Fourage aus. Bey diesen Anlässen wurden wir oft
von den Kaiserlichen Panduren attaquirt, oder es kam
sonst aus einem Gebüsch ein Karabinerhagel auf uns
los, so daß mancher todt auf der Stelle blieb, und noch
mehrere blessiert wurden. Wenn dann aber unsre Ar-
tilleristen nur etliche Kanonen gegen das Gebüsch
richteten, so flog der Feind über Kopf und Hals davon.
Dieser Plunder hat mich nie erschreckt; ich wäre sein
bald gewohnt worden, und dacht' ich oft: Poh! wenn's
nur denweg hergeht, ist's so übel nicht. – Den 30.
marschierten wir wieder den ganzen Tag, und kamen
erst des Nachts auf einem Berg an, den ich und meinesgleichen abermals so wenig kannten, als ein Blinder.
Inzwischen bekamen wir Ordre, hier kein Gezelt auf-

zuschlagen, auch kein Gewehr niederzulegen, sondern immer mit scharfer Ladung parat zu stehn, weil der Feind in der Nähe sey. Endlich sahen und hörten wir mit anbrechendem Tag unten im Thal gewaltig blitzen und feuern. – In dieser bangen Nacht desertirten viele; neben andern auch Bruder Bachmann. Für mich wollt' es sich noch nicht schicken, so wohl's mir sonst behagt hätte.

LV.

Die Schlacht bey Lowositz.

(1. Oktobr. 1756.)

Früh Morgens mußten wir uns rangiren, und durch ein enges Thälchen gegen dem grossen Thal hinuntermarschieren. Vor dem dicken Nebel konnten wir nicht weit sehen. Als wir aber vollends in die Plaine hinunterkamen, und zur grossen Armee stiessen, rückten wir in drey Treffen weiter vor, und erblickten von Ferne durch den Nebel, wie durch einen Flor, feindliche Truppen auf einer Ebene, oberhalb dem Böhmischen Städtchen Lowositz. Es war Kaiserliche Kavallerie; denn die Infanterie bekamen wir nie zu Gesicht, da sich dieselbe bey gedachtem Städchen verschanzt hatte. Um 6. Uhr gieng schon das Donnern der Artillerie sowohl aus unserm Vordertreffen als aus den Kaiserlichen Batterien so gewaltig an, daß die Kanonenkugeln bis zu unserm Regiment (das im mittlern Treffen stuhnd) durchschnurrten. Bisher hatt' ich immer noch

Hofnung, vor einer Bataille zu entwischen; jetzt sah'
ich keine Ausflucht mehr weder vor noch hinter mir,
weder zur Rechten noch zur Linken. Wir rückten inzwischen immer vorwärts. Da fiel mir vollends aller
Muth in die Hosen; in den Bauch der Erde hätt' ich
mich verkriechen mögen, und eine ähnliche Angst, ja
Todesblässe, las' man bald auf allen Gesichtern, selbst
deren, die sonst noch so viel' Herzhaftigkeit gleichs-
neten. Die gelärten Branzfläschgen (wie jeder Soldat
eines hat) flogen untern den Kugeln durch die Lüfte;
die meisten soffen ihren kleinen Vorrath bis auf den
Grund aus, denn da hieß es: Heute braucht es Courage, und Morgens vielleicht keinen Fusel mehr!
Itzt avanzierten wir bis unter die Kanonen, wo wir
mit dem ersten Treffen abwechseln mußten. Potz
Himmel! wie sausten da die Eisenbrocken ob unsern
Köpfen weg – fuhren bald vor bald hinter uns in die
Erde, daß Stein und Rasen hoch in die Luft sprang –
bald mitten ein, und spickten uns die Leuthe aus den
Gliedern weg, als wenn's Strohhälme wären. Dicht vor
uns sahen wir nichts als feindliche Cavallerie, die allerhand Bewegungen machte; sich bald in die Länge aus-
dehnte, bald in einem halben Mond, dann in ein Drey-
und Viereck sich wieder zusammenzog. Nun rückte
auch unsre Kavallerie an; wir machten Lücke, und
liessen sie vor, auf die feindliche losgalloppieren. Das
war ein Gehagel, das knarrte und blinkerte, als sie nun
einhieben! Allein kaum währte es eine Viertelstunde,
so kam unsere Reuterey, von der Oestereichischen
geschlagen, und bis nahe unter unsre Kanonen verfolgt

zurücke. Da hätte man das Specktackel sehen sollen:
Pferde die ihren Mann im Stegreif hängend, andre die
ihr Gedärm der Erde nachschleppten. Inzwischen
stuhnden wir noch immer im feindlichen Kanonen-
feuer bis gegen 11. Uhr, ohne daß unser linke Flügel
mit dem kleinen Gewehr zusammentraf, obschon
es bereits auf dem rechten sehr hitzig zugieng. Viele
meinten, wir müßten noch auf die Kaiserlichen Schan-
zen sturmlaufen. Mir war's schon nicht mehr so bange,
wie anfangs, obgleich die Feldschlangen Mannschaft
zu beyden Seiten neben mir wegraffeten, und der Wall-
platz bereits mit Todten und Verwundeten übersäet
war – als mit Eins ungefehr um 12. Uhr die Ordre
kam, unser Regiment, nebst zwey andern (ich glaube
Bevern und Kalkstein,) müßten zurückmarschieren.
Nun dachten wir, es gehe dem Lager zu, und alle
Gefahr sey vorbey. Wir eilten darum mit muntern
Schritten die gähen Weinberge hinauf, brachen unsre
Hüte voll schöne rothe Trauben, assen vor uns her
nach Herzenslust; und mir, und denen welche neben
mir stuhnden, kam nichts arges in Sinn, obgleich wir
von der Höhe herunter unsre Brüder noch in Feuer
und Rauch stehen sahen, ein fürchterlich donnerndes
Gelerm hörten, und nicht entscheiden konnten auf
welcher Seite der Sieg war. Mittlerweile trieben unsre
Anführer uns immer höher den Berg hinan, auf dessen
Gipfel ein enger Paß zwischen Felsen durchgieng, der
auf der andern Seite wieder hinunterführte. Sobald nun
unsre Avantgarde den erwähnten Gipfel erreicht hatte,
gieng ein entsetzlicher Musketenhagel an; und nun

merkten wir erst wo der Haas im Stroh lag. Etliche Tausend Kaiserliche Panduren waren nämlich auf der andern Seite den Berg hinauf beordert, um unsrer Armee in den Rücken zu fallen; dieß muß unsern Anführern verrathen worden seyn, und wir mußten ihnen darum zuvorkommen: Nur etliche Minuten späther, so hätten sie uns die Höhe abgewonnen, und wir wahrscheinlich den Kürzern gezogen. Nun setzte es ein unbeschreibliches Blutbad ab, ehe man die Panduren aus jenem Gehölz vertreiben konnte. Unsre Vordertruppen litten stark; allein die hintern drangen ebenfalls über Kopf und Hals nach, bis zuletzt alle die Höhe gewonnen hatten. Da mußten wir über Hügel von Todten und Verwundeten hinstolpern. Alsdann gieng's Hudri, Hudri, mit den Panduren die Weinberge hinunter, sprungweise über eine Mauer nach der andern herab, in die Ebene. Unsre geborne Preussen und Brandenburger packten die Panduren wie Furien. Ich selber war in Jast und Hitze wie vertaumelt, und, mir weder Furcht noch Schrecken bewußt, schoß ich Eines Schiessens fast alle meine 60. Patronen los, bis meine Flinte halb glühend war, und ich sie am Riemen nachschleppen mußte; indessen glaub' ich nicht, daß ich eine lebendige Seele traf, sondern alles gieng in die freye Luft. Auf der Ebene am Wasser vor dem Städtchen Lowositz postirten sich die Panduren wieder, und pülferten tapfer in die Weinberge hinauf, daß noch mancher vor und neben mir ins Gras biß. Preussen und Panduren lagen überall durcheinander; und wo sich einer von diesen letztern noch regte, wurde er mit der

Kolbe vor den Kopf geschlagen, oder ihm ein Bajonett
durch den Leib gestossen. Und nun gieng in der Ebene
das Gefecht von neuem an. Aber wer wird das beschreiben wollen, wo jetzt Rauch und Dampf von Lowositz
ausgieng; wo es krachte und donnerte, als ob Himmel
und Erde hätten zergehen wollen; wo das unaufhörliche
Rumpeln vieler hundert Trommeln, das herzzer-
schneidende und herzerhebende Ertönen aller Art Feldmusick, das Rufen so vieler Commandeurs und das
Brüllen ihrer Adjutanten, das Zetter- und Mordio-
geheul so vieler tausend elenden, zerquetschten, halb-
todten Opfer dieses Tages alle Sinnen betäubte! Um
diese Zeit – es mochte etwa 3. Uhr seyn – da Lowositz
schon im Feuer stand, viele hundert Panduren, auf
welche unsre Vordertruppen wieder wie wilde Löwen
einbrachen, ins Wasser sprangen, wo es dann auf das
Städtgen selber losgieng – um diese Zeit war ich freylich nicht der Vorderste sondern unter dem Nachtrapp
noch etwas im Weinberg droben, von denen indessen
mancher, wie gesagt, weit behender als ich von einer
Mauer über die andere hinuntersprang, um seinen
Brüdern zu Hülf' zu eilen. Da ich also noch ein wenig
erhöht stand, und auf die Ebene wie in ein finsteres
Donner- und Hagelwetter hineinsah – in diesem Augenblick deucht' es mich Zeit, oder vielmehr mahnte
mich mein Schutzengel, mich mit der Flucht zu retten.
Ich sah mich deswegen nach allen Seiten um. Vor mir
war alles Feuer, Rauch und Dampf; hinter mir noch
viele nachkommende auf die Feinde loseilende Truppen, zur Rechten zwey Hauptarmeen in voller Schlacht-

ordnung. Zur Linken endlich sah ich Weinberge,
Büsche, Wäldchen, nur hie und da einzelne Menschen,
Preussen, Panduren, Husaren, und von diesen mehr
Todte und Verwundete als Lebende. Da, da, auf diese
Seite, dacht' ich; sonst ist's pur lautere Unmöglichkeit!

LVI.

Das heißt – wo nicht mit Ehren gefochten – doch glücklich entronnen.

Ich schlich also zuerst mit langsamem Marsch ein
wenig auf diese linke Seite, die Reben durch. Noch
eilten etliche Preussen bey mir vorbey: «Komm',
komm', Bruder»! sagten sie: «Viktoria»! Ich rispostirte
kein Wort, that nur ein wenig blessirt, und gieng
immer noch allgemach fort, freylich mit Furcht und
Zittern. Sobald ich mich indessen so weit entfernt hatte,
daß mich niemand mehr sehen mochte, verdoppelte-
verdrey- vier- fünf- sechsfachte ich meine Schritte,
blickte rechts und links wie ein Jäger, sah noch von
Weitem – zum letzten Mal in meinem Leben – morden
und todtschlagen; strich dann in vollem Galopp ein
Gehölze vorbey, das voll todter Husaren, Panduren
und Pferde lag; rannte Eines Rennens gerade dem
Fluß nach herunter, und stand jetzt an einem Tobel.
Jenseits desselben kamen so eben auch etliche Kaiserliche Soldaten angestochen, die sich gleichfalls aus der
Schlacht weggestohlen hatten, und schlugen, als sie
mich so daherlaufen sahen, zum drittenmal auf mich

an, ungeachtet ich immer das Gewehr streckte, und
ihnen mit dem Hut den gewohnten Wink gab. Doch
brannten sie niemals los. Ich faßte also den Entschluß,
gerad' auf sie zuzulaufen. Hätt' ich einen andern Weg genommen, würden sie, wie ich nachwerts erfuhr, unfehlbar auf mich gefeuert haben. Ihr H . . . dacht' ich,
hättet ihr euer Courage bey Lowositz gezeigt! Als ich
nun zu ihnen kam, und mich als Deserteur angab, nahmen sie mir das Gewehr ab, unterm Versprechen, mir's
nachwerts schon wieder zuzustellen. Aber der, welcher
sich dessen impatronirt hatte, verlor sich bald darauf,
und nahm das Füsil mit sich. Nun so sey's! Alsdann
führten sie mich ins nächste Dorf, Scheniseck (es
mochte eine starke Stunde unter Lowositz seyn). Hier
war eine Fahrt über das Wasser, aber ein einziger Kahn
zum Transporte. Da gab's ein Zettermordiogeschrey
von Männern, Weibern und Kindern. Jedes wollte
zuerst in dem Teich seyn, aus Furcht vor den Preussen;
denn alles glaubte sie schon auf der Haube zu haben.
Auch ich war keiner von den letzten, der mitten unter
eine Schaar von Weibern hineinsprang. Wo nicht der
Fährmann etliche derselben hinausgeworfen, hätten
wir alle ersaufen müssen. Jenseits des Flusses stand
eine Panduren-Hauptwache. Meine Begleiter führten
mich auf dieselbe zu, und diese rothen Schnurrbärte
begegneten mir auf's manierlichste; gaben mir, ungeachtet ich sie und sie mich kein Wort verstuhnden,
noch Toback und Branntwein, und Geleit bis auf
Leutmeritz, glaub' ich, wo ich, unter lauter Stock-
böhmen übernachtete, und freylich nicht wußte ob ich

da mein Haupt sicher zur Ruhe legen konnte – aber
– und dieß war das Beßte – von dem Tumult des Tags
noch einen so vertaumelten Kopf hatte, daß dieser Kapitalpunkt mir am allermindesten betrug. Morgens darauf (2. Okt.) gieng ich mit einem Transport ins Kaiserliche Hauptlager nach Budin ab. Hier traf ich bey
200. andrer Preußischer Deserteurs an, von denen so
zu reden jeder seinen eigenen Weg, und sein Tempo
in Obacht genommen hatte; neben andern auch unsern
Bachmann. Wie sprangen wir beyde hoch auf vor Entzücken, uns so unerwartet wieder in Freyheit zu sehn!
Da gieng's an ein Erzählen und Jubilieren, als wenn wir
schon zu Haus hinterm Ofen sässen. Einzig hieß es bisweilen: Ach! wäre nur auch der Schärer von Weil bey
uns! Wo mag der doch geblieben seyn? Wir hatten die
Erlaubniß, alles im Lager zu besichtigen. Offiziers
und Soldaten stuhnden dann bey Haufen um uns her,
denen wir mehr erzählen sollten, als uns bekannt war.
Etliche indessen wußten Winds genug zu machen, und,
ihren dießmaligen Wirthen zu schmeicheln, zur Ver-
kleinerung der Preussen hundert Lügen auszuhecken.
Da gab's denn auch unter den Kaiserlichen manchen
Erzprahler; und der kleinste Zwerge rühmte sich, wer
weiß wie manchen Brandenburger – auf seiner eignen
Flucht in die Flucht geschlagen zu haben. Drauf führte
man uns zu etwa 50. Mann Gefangener von der Preussischen Cavallerie; ein erbärmlich Specktackel! Da war
kaum einer von Wunden oder Beulen lär ausgegangen;
etliche über's ganze Gesicht heruntergehauen, andre
ins Genick, andre über die Ohren, über die Schultern,

die Schenkel u. s. f. Da war alles ein Aechzen und Wehklagen! Wie priesen uns diese armen Wichte selig, einem ähnlichen Schicksal so glücklich entronnen zu
seyn; und wie dankten wir selber Gott dafür! Wir
mußten im Lager übernachten, und bekamen jeder seinen Duckaten Reisgeld. Dann schickte man uns mit
einem Cavallerietransport, es waren unser an die 200.,
auf ein Böhmisches Dorf, wo wir, nach einem kurzen
Schlummer, folgenden Tags auf Prag abgiengen. Dort
vertheilten wir uns, und bekamen Pässe, je zu 6. 10.
bis 12. hoch welche einen Weg giengen; denn wir
waren ein wunderseltsames Gemengsel von Schweit-
zern, Schwaben, Saxen, Bayern, Tyrolern, Welschen,
Franzosen, Polacken und Türken. Einen solchen Paß
bekamen unser 6. zusammen bis Regenspurg. In Prag
selber war indessen ebenfalls ein Zittern und Beben
vor den Preussen, ohne seinesgleichen. Man hatte dort
den Ausgang der Schlacht bey Lowositz bereits vernommen, und glaubte nun den Sieger schon vor den
Thoren zu sehn. Auch da stuhnden ganze Truppen
Soldaten und Bürger um uns her, denen wir sagen sollten, was der Preuß' im Sinn habe? Einige von uns trö-
steten diese neugierigen Haasen; andre hingegen hatten noch ihre Freude daran, sie dapfer zu schrecken,
und sagten ihnen: Der Feind werde späthstens in vier
Tagen anlangen, und sey ergrimmt wie der Teufel.
Dann schlugen viele die Händ' überm Kopf zusammen;
Weiber und Kinder wälzten sich gar heulend im Koth
herum.

LVII

ᚻeim! ᚻeim! Nichts als ᚻeim!

Den 5. Okt. traten wir nun unsre wirkliche Heimreise
an. Es war schon Abends, als wir von Prag ausmar-
schierten. Es gieng bald über eine Anhöhe, von welcher
wir eine unvergleichliche Aussicht über das ganze
schöne königliche Prag hatten. Die liebe Sonne ver-
güldete seine mit Blech bedeckten zahllosen Thurm-
spitzen zum Entzücken. Wir stuhnden eine Weile dort
still, unter allerhand Gesprächen und mannigfaltigen
Empfindungen dieses herrlichen Anblicks zu geniessen.
Einige bedauerten den prächtigen Ort, wenn er sollte
bombardiert werden; andre hätten mögen dabey seyn,
wenigstens währendem Plündern. Ich konnte mich
kaum satt sehn; sonst aber war mein einziges Sehnen
wieder nach Haus, zu den Meinigen, zum Anneli. Wir
kamen noch bis auf Schibrack; den 6. bis Pilsen. Dort
hatte der Wirth eine Tochter, das schönste Mädchen,
das ich in meinem Leben gesehn. Mein Herr Bachmann
wollte mit ihr hübsch thun, und fast einzig ihr zu lieb
hielten wir da Rasttag. Aber der Wirth verdeutete
ihm: Sein Kind sey keine Berlinerin! Den 8. bis 12.
gieng's über Stab, Lensch, Kätz, Kien u. s. f. auf Regenspurg, wo wir zum zweytenmal rasteten. Bisher
hatten wir nur kurze Tagreisen von zwey bis drey
Meilen gemacht, aber desto längere Zechen. Mein
Dukaten Reisgeld war schon dünn wie ein Laub worden, sonst hatt' ich keinen Heller in der Fiecke, und

ward also genöthigt auf den Dörfern zu fechten. Da
bekam ich oft beyde Taschen voll Brodt, aber nie
keinen Heller baar. Bachmann hingegen hatte noch
von seinem Handgeld übrig, gieng in die Schenke,
und ließ sich's wohl schmecken; nur etwa zu vor-
nehmen Häusern, Pfarrhöfen und Klöstern, kam er
auch mit. Da mußten wir oft halbe Stunden dastehn,
und den Herren alle Hergangenheit erzählen; deß
wurde besonders Bachmann meist überdrüßig, sonderlich wo denn für die Geschichte einer ganzen Schlacht,
deren er nicht beygewohnt, nur ein Paar Pfenninge
flogen. Er gab immer für, daß er bey Lowositz auch dabey gewesen, und ich mußt' ihm diese Lüge noch frisiren helfen; dafür hätt' er mir die ganze Reis' über
nur keinen Krug Bier bezahlt. In den Klöstern indessen
gab's Suppen, oft auch Fleisch. Zu Regenspurg, oder
vielmehr im Bayerschen Hof vertheilten wir uns wieder. Bachmann und ich erhielten dort einen Paß nach
der Schweitz. Die andern, ein Bayer, zween Schwaben
und ein Franzose, von denen ich nichts weiter zu sagen
weiß, als daß sie alle vier rüstige Kerls, und uns Töl-
peln weit überlegen waren, nahmen jeder auch seine
Strasse. Die unsrige gieng den 14. bis 24. Okt. der
kleinern Orte nicht zu gedenken, über Ingolstadt,
Donauwerth, Dillingen, Buxheim, Wangen, Hohen-
twiel, Bregenz, Rheineck, Roschach (40 Meilen). Oberhalb Rheineck begegnete mir bald ein trauriger Spaß.
Bisher waren wir unter lauter muntern Gesprächen
über unsre glückliche Flucht, über unsre ältern und
neuern Schicksale und unsre Aussichten vor die Zu-

kunft, ganz brüderlich gereist. Bachmann, dem, von vorigen Zeiten her, fast alle Tag Hünd' und Hasen wieder in den Sinn stiegen, hatte sich, sobald wir von Prag weg waren, eine Jagdflinte gekauft, die er nun mit sich trug. Ich war seiner ewigen Discurse von Hetzen und Treiben schon längst müde geworden, als wir, wie gesagt, oberhalb Rheineck in den Weinbergen Hunde jagen hörten. Hier machte mein Urian vor Entzücken ordentliche Purzelsprünge, und behauptete, es wären, beym Himmel! seine alten Bekannten; er kenne sie noch am Bellen! Ich lachte ihn aus. Hierüber ward er böse, befahl mir stillzustehn, und der schönen Musick zuzuhorchen. Jetzt spottete ich vollends seiner, und stampfte mit den Füssen. Das hätt' ich freylich sollen bleiben lassen. Er war rasend, stand ganz schäumend mit aufgehaltener Flinte vor mich hin, und setzte sie mir zähnknirschend vor den Kopf, als wenn er mich den Augenblick tödten wollte. Ich erschrack; Er war bewaffnet, ich nicht; und auch dieß und seine Wuth ungerechnet, glaub' ich kaum, daß ich dem ohnehin verzweifelt wilden, handfesten Kerl, der beynahe zwey Zoll höher als ich war, hätte gewachsen seyn können. Doch, ich weiß nicht ob aus Muth oder Furcht, stand ich ihm bockstill, und guckte indessen auf alle Seite herum, ob ich niemand zu Hülf rufen konnte? Aber – es war an einem einsamen Ort, auf einer Allmend – ich sah' kein Mäusgen. «Sey kein Narr»! sagt' ich zu ihm: Wirst wohl auch Spaß verstehn». Damit legte sich seine Wuth schon um ein ziemliches. Wir giengen stillschweigend weiters, und ich war froh.

als wir so unvermerkt ins Städtgen Rheineck traten.
Jetzt flattirte er mich wieder, eines Thalers wegen, den
ich auf dem Weg von ihm geborgt hatte; und ich
dachte oft, dieß Lumpenstück Geld hab' mir das Leben
gerettet. Aber von diesem Augenblick an schwand
auch alles Vertrauen unter uns. Doch hab' ich mich nie
gerochen, obgleich's der Anlässen viele gab; und mein
Vater zahlte ihm den Thaler willig, als er wenig Tage
nach meiner Heimkunft in unser Haus kam. Wir kamen
noch bis Roschach, und des folgenden Tags (25. Okt.)
auf Herisau; denn mein Herr Bachmann mochte nicht
eilen, und ich merkte wohl, daß er sich nicht recht
nach Haus getraute, bis er sich erkundigt hätte, wie,
seiner vorigen Frevel wegen, der Wind blies.

LVIII.

O des geliebten füssen Vaterlands!

Länger konnt' ich dem Burschen nicht abpassen; denn
so nahe bey meiner Heimath, brannt' ich vor Begierde,
dieselbe völlig zu erreichen. Also den 26. Okt. Morgens früh' nahm ich den Weg zum letztenmal unter
die Füsse, rannte wie ein Reh über Stock und Stein',
und die lebhafte Vorstellung des Wiedersehns von
Eltern, Geschwisterten, und meinem Liebchen, gieng
mir einstweilig für Essen und Trinken. Als ich nun
dergestalt meinem geliebten Wattweil immer näher
und näher, und endlich auf die schöne Anhöhe kam,
von welcher ich seinen Kirchthurm ganz nahe unter

mir erblickte, bewegte sich alles in mir, und grosse
Thränen rollten haufenweis über meine Wangen herab. O du erwünschter, gesegneter Ort! so hab' ich dich
wieder, und niemand wird mich weiter von dir nehmen, dacht' ich so ihm Heruntertrollen wohl hundertmal; und dankte dabey immer Gottes Vorsehung, die
mich aus so vielen Gefahren, wo nicht wunderbar doch
höchtsgütig gerettet hat. Auf der Brücke zu Wattweil,
redte mich ein alter Bekannter, Gämperle, an, der vor
meinem Weggehn um meine Liebesgeschichte gewußt hatte; und dessen erstes Wort war: «Je gelt!
deine Anne ist auch verplempert; dein Vetter Michel
war so glückselig, und sie hat schon ein Kind». – Das
fuhr mir ja durch Mark und Bein; indessen ließ ich's
den argen Unglückboten nicht merken: «Eh' nun»
sagt' ich, «hin ist hin»! Und in der That, zu meinem
größten Erstaunen faßt' ich mich sehr bald, und dachte
wirklich: «Nun freylich, das hätt' ich nicht hinter ihr
gesucht! Aber, wenn's so seyn muß, so sey's, und hab'
sie eben ihren Michel»! Dann eilt' ich unserm Wohnort zu. Es war ein schöner Herbstabend. Als ich in die
Stube trat, (Vater und Mutter waren nicht zu Hause)
merkt' ich bald, daß auch nicht eines von meinen Geschwisterten mich erkannte, und sie über dem un-
gewohnten Specktackel eines Preußischen Soldaten
nicht wenig erschracken, der so in seiner vollen Montirung, den Dornister auf dem Rücken, mit 'runter
gelaßnem Zottenhut und einem tüchtigen Schnurrbart
sie anredte. Die Kleinen zitterten; der größte griff
nach einer Heugabel, und – lief davon. Hinwieder wollt'

auch ich mich nicht zu erkennen geben, bis meine
Eltern da wären. Endlich kam die Mutter. Ich sprach
sie um Nachtherberg an. Sie hatte viele Bedenklichkeiten; der Mann sey nicht da, u.d.gl. Länger konnt'
ich mich nicht halten, ergriff ihre Hand, und sagte:
«Mutter, Mutter! kennst mich nicht mehr»? O da
gieng's zuerst an ein lermendes, von Zeit zu Zeit mit
Thränen vermengtes Freudengeschrey von Kleinen
und Grossen, dann an ein Bewillkommen, Betasten und
Begucken, Fragen und Antworten, daß es eine Tausendslust war. Jedes sagte, was es gethan und gerathen,
um mich wieder bey ihnen zu haben. So wollte z.
E. meine älteste Schwester ihr Sonntagskleid verkaufen, und mich daraus heimholen lassen. Mittlerweile langte auch der Vater an, den man ziemlich aus
der Ferne rufen mußte. Dem guten Mann rannten auch
Tropfen die Backen herunter: «Ach! Willkomm, willkomm, mein Sohn! Gottlob, daß du gesund da bist,
und ich einmal alle meine Zehne wieder beysammen habe. Obschon wir arm sind, giebt's doch alleweil Arbeit
und Brodt». Jetzt brannte mein Herz lichterloh, und
fühlte tief die selige Wonne, so viele Menschen auf einmal – und zwar die Meinigen – zu erfreuen. Dann erzählt'
ich ihnen noch denselben, und etlich folgende Abende
haarklein meine ganze Geschichte. Da war's mir wieder so ungewohnt herzlich wohl! Nach ein Paar Tagen kam Bachmann, holte wie gesagt seinen Thaler,
und bestäthigte alle meine Aussagen. Sonntags frühe
putzt' ich meine Montur, wie in Berlin zur Kirchenparade. Alle Bekannten bewillkommten mich; die an-

dern gafften mich an wie einen Türken. Auch nicht
mehr meine, sondern Vetter Michels Anne that es, und
zwar ziemlich frech, ohne zu erröthen. Ich hinwieder
dankte ihr hohnlächelnd und trocken. Dennoch besucht' ich sie eine Weile hernach, als sie mir sagen ließ,
sie wünschte allein mit mir zu reden: Da machte sie
freylich allerley kahle Entschuldigungen: Z. E. Sie
hab' mich auf immer verloren geglaubt, der Michel
hab' sie übertölpelt, u. d. gl. Dann wollte sie gar meine
Kupplerinn abgeben. Aber ich bedankte mich schön-
stens, und gieng.

LIX.

Und nun, was anfangen.

Graben mag ich nicht; doch schäm' ich mich zu betteln. – Nein! vor mein Brodt war ich nie besorgt, und
itzt am allerwenigsten. Denn, dacht' ich: Nun bist du
wieder an deines Vaters Kost; und arbeiten willst du
nun auch wieder lernen. Doch merkt' ich, daß mein
Vater meinetwegen ein Bißchen verlegen war, und
vielleicht obige Textesworte auf mich anwandte, obschon er nichts davon sagte. In der That war mir auch
die schwarze und gefährliche Kunst eines Pulvermacher
höchst zuwider; denn dergleichen Spezerey hatt' ich
nun genug gerochen. Itzt sollt' ich auch wieder Kleider haben, und der gute Aeti strengte alles an, mir
solche zu verschaffen. Den Winter über konnt' ich Holz
zügeln, und Baumwollen kämmen. Allein im Frühjahr

1757.

beorderte mich mein Vater zum Salpetersieden; da
gab's schmutzige und zum Theil auch strenge Arbeit.
Doch blieb mir immer so viel Zeit übrig, meinen Geist
wieder in die weite Welt fliegen zu lassen. Da dacht'
ich dann: «Warst doch als Soldat nicht so ein Schweins-
kerl, und hattest bey aller deiner Angst und Noth
manch lustiges Tägel»! Ha! wie veränderlich ist das
Herz des Menschen. Denn itzt gieng ich wirklich
manche Stunde mit mir zu Rath, ob ich nicht aufs
neue den Weg unter die Füsse nehmen wollte; stuhnden doch Frankreich, Holland, Piemont, die ganze
Welt – ausser Brandenburg, vor mir offen. Mittlerweile wurde mir ein Herrndienst im Johanniterhaus
Bubickheim, Zürcher-Gebiets, angetragen. Ich gieng
zwar hin mich zu erkundigen. Allein, ich gefiel, oder,
was weiß ich, man gefiel mir nicht; und so blieb ich
wieder bey meinem Salpeter, war ein armer Tropf,
hatte kein Geld, und mochte gleichwohl auch gern mit
andern Burschen laichen. Mein Vater gab mir zwar
bisweilen, wenn ein Trinktag, oder andrer Ehrenanlaß
einfiel, etliche Batzen in den Sack; allein die waren
bald über die Hand geblasen. Der ehrliche Kreutz-
trager hatte eben sonst immer mehr auszugeben als
einzunehmen, und Kummer und Sorgen machten ihn
lange vor der Zeit grau. Denn, die Wahrheit zu sagen:
Keins von allen seinen zehn Kindern wollten ihm recht
ans Rad stehn. Jedes sah vor sich, und doch mochte keines was vor sich bringen. Die einten waren zu jung.
Von den zwey Brüdern, die nächst auf mich folgten,

gab sich der ältere mit Baumwollen-Kämmen ab, und zahlte dem Aeti das Tischgeld; der andere half ihm zwar in der Pulvermühle: Ueberhaupt aber ließ der liebe Mann jedes, so zu sagen, machen was es wollte, ertheilte uns viel guter Lehren und Ermahnungen, und las uns aus gottseligen Büchern allerley vor; aber dabey ließ er's dann bewenden, und brauchte kurz keinen Ernst. Die Mutter mit den Töchtern machte es eben so, und war gar zu gut; so gerade davon, was 's giebt, so giebt's. O! wie wenig Eltern verstehen die rechte Erziehungskunst – und wie unbesonnen ist die Jugend! Wie späth kömmt der Verstand! Bey mir sollte er damals schon längst gekommen, und ich meines Vaters beßte Stütze geworden seyn. Ja! Ja! wenn das sinnliche Vergnügen nicht so anziehend wäre. An guten Vorsätzen fehlte es nie. Aber da hieß es:

> *Zwar billig' ich nicht mehr das Böse das ich thue –*
> *Doch thu' ich nicht das Gute das ich will.*

Und so stolpert' ich immer meinem wahren Glück vorbey.

LX.

Heurathsgedanken.

(1758.)

Schon im vorigen Jahre gerieth ich bey meinem Herumpatrouilliren hie und da an eine sogenannte Schöne; und es gab deren nicht wenig die mir herzlich gut waren, aber meist ohne Vermögen. Ich nichts, Sie

nichts, dacht' ich dann, ist doch auch zu wenig; denn
so unbedachtsam war ich doch nicht mehr, wie im
zwanzigsten. Auch sprach der Vater immer zu uns:
«Buben! seyt doch nicht so wohlfeil. Seht Euch wohl
für. Ich will's Euch zwar nicht wehren; aber werft den
Bengel nur ein Bißlin hoch, er fällt schon von selbst
wieder tief; in diesem Punkt darf sich einer alleweil was
rechtes einbilden». Nun, das war schön und gut; aber
es muß einer denn doch durch wo's ihm geschaufelt
ist. Gleichwohl dacht' ich etwas zu erhaschen, und
glaubte mich eigentlich zum Ehestand bestimmt, sonst
wär' ich um diese Zeit sicher in die weite Welt gegangen. Inzwischen war, aller meiner obenbelobten
Bedächtlichkeit ungeachtet, der Geitz wirklich nicht
meine Sache. Ein Mädchen, ganz nach meinem Herzen,
hätt' ich nackend genommen. Aber da leuchtete mir
eben keine vollkommen recht ein, wie weiland mein
Aennchen. Mit einem gewissen Lisgen von K. war ich
ein Paarmal auf dem Sprung. Erst machte das Ding
Bedenklichkeiten; nachwerts bot es sich selber an.
Aber meine Neigung zu ihr war zu schwach; und doch
glaub' ich nicht, daß ich unglücklich mit ihr gefahren
wäre. Aber zu stockig, ist zu stockig. Bald darauf kam
ich fast ohne mein Wissen und Willen mit der Tochter
einer catholischen Witwe in einen Handel, welcher
ziemliches Aufsehen machte, obschon ich nur ein Paarmal mit ihr spaziren gegangen, ein Glas Wein mit ihr
getrunken, u. d. gl. alles ohne sonderliche Absicht,
und vornehmlich ohne sonderliche Liebe. Aber da blies
man meinem Vater ein, ich wolle catholisch, und

Marianchens Mutter, sie wolle reformirt werden; und doch hatte keins von uns nur nicht an den Glauben, geschweige an eine Aenderung desselben gedacht. Das arme Ding kam wirklich darüber in eine Art geheimer Inquisition von Geist- und Weltlichen; erzählte mir dann alles haarklein, und ihr ward himmelangst. Ich hingegen lachte im Herzen des dummen Lerms; um so viel mehr da mein Vater solider zu Werk gieng, mich zwar freundernstlich examinierte, aber mir dann auch auf mein Wort glaubte, da ich ihm sagte, daß ich so steif und fest auf meinem Bekenntniß leben und sterben wollte als Lutherus, oder unsre Landskraft, Zwinglin. Inzwischen wurde die Sach doch auf Marianchens Seite ernsthafter als ich glaubte. Das gute Kind ward so verarrt in mich wie ein Kätzgen, und befeuchtete mich oft mit seinen Thränen. Ich glaube, daß Närrchen wär' mit mir ans End der Welt gelaufen; und wenn ihm schon sein mütterlicher Glaube sehr ans Herz gewachsen war, meint' ich doch fast, ich hätt' in der Waagschal' überwogen. Auch setzte mir itzt das Mitleid fast mehr zu, als je zuvor die Liebe. Und doch mußt' ich, wenn ich alles und alles überdachte, durchaus allmählich abbrechen; und that es wirklich. Hier falle eine mitleidige Thräne auf das Grab dieses armen Töchtergens! Es zehrte sich nach und nach ab, und starb nach wenig Monathen im Frühling seines zarten Lebens. Gott verzeihe mir meine grosse schwere Sünde, wenn ich je an diesem Tod einige Schuld trug. Und wie sollt' ich mir dieß verbergen wollen?

Jtzt wird's wohl Ernst gelten.

Indem ich so hin und wieder meinen Salpeter brannte, sah' ich eines Tags ein Mädchen so mit einem Amazonengesicht vorbeygehn, das mir als einem alten Preussen nicht übel gefiel, und das ich bald nachher auch in der Kirche bemerkte. Dieser fragte ich erst nur ganz verstohlen nach; und was ich von ihr vernahm, behagte mir ziemlich; Einen Kapitalpunkt ausgenommen, daß es hieß, sie sey verzweifelt böse – doch im bessern Sinn; und dann glaubten einiche, sie habe schon einen Liebhaber. Nun, mit alle dem, dacht' ich: 's muß doch einmal gewagt seyn! Ich sucht' ihr also näher zu kommen, und mit ihr bekannt zu werden. Zu dem End kauft' ich im Eggberg, wo meine Dulcinee daheim war, etwas Salpetererde, und zugleich ihres Vaters Gaden – ihr zu lieb viel zu theuer; denn es war fast verloren Geld; und schon bey diesem Handel merkt' ich, daß sie gern den Herr und Meister spiele; aber der Verstand, womit sie's that, war mir denn doch nicht zuwider. Nun hatt' ich alle Tag' Gelegenheit, sie zu sehen; doch ließ ich ihr lange meine Absichten unentdeckt, und dachte: Du mußt sie erst recht ausstudieren. Die Böse, wovon man mir so viel Wesens gemacht, konnt' ich eben nicht an ihr finden. Aber der Henker hol' ein lediges Mädchen aus! Meine Besuche wurden indessen immer häufiger. Endlich lärt ich den Kram aus, und gewahrte bald, daß ihr mein

Antrag nicht unerwartet fiel. Dennoch hatte sie viele
Bedenken, und ihr Ziel gieng offenbar dahin, mich
auf eine lange Probe zu setzen. Setz' du nur! dacht' ich,
wanderte unterdessen mit meinem Salpeterplunder
von einem Ort zum andern, und machte noch mit verschiedenen andern Mädchen Bekanntschaft, welche
mir, die Wahrheit zu gestehen, vielleicht besser gefielen, von denen aber denn doch keine so gut für
mich zu taugen schien als sie – begriff' aber endlich,
oder vielmehr gab mir's mein guter Genius ein, daß
ich nicht bloß meiner Sinnlichkeit folgen sollte. Inzwischen setzte es itzt schon bald allemal, wenn ich
meine Schöne sah, irgend einen Strauß oder Wortwechsel ab, aus denen ich leicht wahrnehmen konnte,
daß unsre Seelen eben nicht gleichgestimmt waren;
aber selbst diese Disharmonie war mir nicht zuwider,
und ich bestärkte mich immer mehr in einer gewissen
Ueberzeugung: Diese Person wird dein Nutzen seyn –
wie die Arztney dem Kranken. Einst ließ sie sich gegen
mir heraus, daß ihr meine dreckeligte Handthierung
mit dem Salpetersieden gar nicht gefalle; und mir war's
selber so. Sie rieth mir darum, ein kleines Händelchen
mit Baumwollengarn anzufangen, wie's ihr Schwager
W. gethan, dem's auch nicht übel gelungen. Das leuchtete mir so ziemlich ein. Aber, wo's Geld hernehmen?
war meine erste und letzte Frage. Sie gab mir wohl
etwas an; aber das kleckte nicht. Nun gieng' ich mit
meinem Vater zu Rath; der hatte ebenfalls nichts da-
wider, und verschafte mir 100. fl. die er noch von der
Mutter zu beziehen hatte.

Um diese Zeit hatt' ich eine gefährliche Krankheit, da mir nämlich ein solches Geschwür tief im Schlund wuchs, das mich beynahe das Leben gekostet hätte. Endlich schnitten's mir die Herren Doktors Mettler Vater und Sohn, mit einem krummen Instrumente so glücklich auf, daß ich gleichsam in einem Nu wieder schlucken und reden konnte.

1759.

Im Merz des folgenden Jahrs fieng ich nun wirklich an, Baumwollengarn zu kaufen. Damals' mußt' ich noch den Spinnern auf ihr Wort glauben, und also den Lehrbletz theuer genug bezahlen. Indessen gieng ich den 5. Aprill das erstemal mit meinem Garn auf St. Gallen, und konnt' es so mit ziemlichem Nutzen absetzen. Dann schafte ich mir von Herrn Heinrich Hartmann 76. Pfund Baumwollen, das Pfund zu 2. fl. an, ward nun in aller Form ein Garnjuwelier, und bildete mir schon mehr ein, als der Pfifferling werth war. Ungefehr ein Jahr lang trieb ich nebenbey noch mein Salpetersieden fort; und da meine Baarschaft eben gering war, mußt' ich sie um so viel öftrer umzusetzen suchen, wanderte deswegen einmal übers andere auf St. Gallen, und befand mich dabey nicht übel: Doch betrug mein Vorschlag in diesem Jahr nicht über 12. fl. Aber das deuchte mir damals schon ein Grosses.

Wohnungsplane.

1760.

Als ich nun so den Handelsherr spielte, dacht' ich:
Liebchen sollte nun keine Einwendung mehr gegen
meine Anträge machen können. Aber, weit gefehlt! Das
verschmitzte Geschöpf wollte meine Ergebenheit noch
auf andre Weise probiren. Nun, was ohnehin in meinen
eigenen Planen stuhnd, mochte schon hingehn. Als ich
ihr daher eines Tags mit grossem Ernst vom Heurathen
redete, hieß es: Aber wo hausen und hofen? Ich schlug
ihr verschiedene Wohnungen vor, die damals eben
zu vermiethen stuhnden: «Das will ich nicht», sagte
sie; «in meinem Leben nehm' ich keinen, der nicht
sein eigen Haus hat»! «Ganz recht»! erwiedert' ich –
Aber hätt's nicht auch in meinem Kopf gelegen, ich
wollt's probiert haben. Von der Zeit an also fragt' ich
jedem feilgebotenen Häusgen nach; aber es wollte sich
nirgends fügen. Endlich entschloß ich mich, selber eins
zu bauen, und sagte es meiner Schönen. Sie war's zufrieden, und bot mir wieder Geld dazu an. Dann eröffnete ich meine Absicht auch meinem Vater; der
versprach ebenfalls, mir mit Rath und That beyzu-
stehn, wie er's denn auch redlich hielt. Nun erst sah'
ich mich nach einem Platz um, und kaufte einen Boden um ungefehr 100. Thaler; dann hie und da Holz.
Einiche Tännchen bekam ich zum Geschenke. Nun
bot ich allen meinen Kräften auf, fällte das Holz, das

meist in einem Bachtobel stuhnd, und zügelte es (der gute Aeti half mir wacker) nach der Säge; dann auf den Zimmerplatz. Aber Sagen und Zimmern kostete Geld. Alle Tag' mußt ich dem Seckel die Riemen ziehn, und das war dann doch nur der Schmerzen ein Anfang. Doch bisher gieng alles noch gut von statten; der Garnhandel ersetzte die Lücken. Meiner Dulcinee rapportirt' ich alles fleissig, und sie trug an meinem Thun und Lassen meist ein gnädiges Belieben.

Den Sommer, Herbst und Winter durch macht' ich alle nöthige Zubereitungen mit Holz, Stein, Kalk, Ziegel und s. f. um im künftigen Frühjahr mit meinem Bau zeitig genug anfangen, und je eher je lieber mit meiner jungen Hausehre einziehen zu können. Nebst meinem kleinen Handel pfuscht' ich, zumal im Winter, allerley Mobilien, Werkgeschirr, u. d. gl. Denn ich dachte, in ein Haus würde auch Hausrath gehören; von meiner Liebste werd' ich nicht viel zu erwarten haben, und von meinem Vater, dem ich itzt ein, freylich geringes, Kostgeld bezahlen mußte, noch minder. Ueberhaupt war also wohl nichts unüberlegter, als dergestalt, blos einem Weibsbild, und – ich will es gern gestehen – dann auch meiner Eitelkeit zu lieb, um eine eigene Hofstätte zu haben, mich in ein Labyrinth zu vertiefen, aus welchem nur Gott und Glück mich wieder herausführen konnten. Auch lächelten mich ein Paar meiner Nachbarn immer schalkhaft an, so oft ich nur bey ihnen vorübergieng. Andre waren offenherziger, und sagten mir's rund ins Gesicht: «Ulrich, Ulrich! du wirst's schwerlich aushalten können.» Einige indessen hatten vollends die Gutheit, mir nach dem Maaß ihrer Kräfte, bloß auf mein und des Aetis Ehrenwort, thätlich unter die Arme zu greifen.

Uebrigens war dieß Tausend Siebenhundert und Sechzig ein vom Himmel ausserordentlich gesegnetes rechtes Wunderjahr, durch ein seltenes Gedeihen der Erdfrüchte, und namhaften Verdienst, bey äusserst geringem Preiß aller Arten von Lebensmitteln. Ein Pfund Brodt galt 10. Pf. ein Pfund Butter 10. Kr. Das Viertel Apfel, Birn und Erdäpfel konnt' ich beym Haus um 12. Kr. haben, die Maaß Wein um 6. Kr. und die Maaß Branz um 7. Bz. Alles, Reich und Arm, hatte vollauf. Mit meinem Bauelgewerb wär's mir um diese Zeit gewiß recht gut gegangen, wenn ich ihn nur besser verstanden, und mehr Geld und Zeit darein zu setzen gehabt hätte. – So floß mir dieses Jahr ziemlich schnell dahin. Mit meiner Schönen gab's wohl manchmal ein Zerwürfnis, wenn sie etwa meine Lebensart tadelte, mir Verhaltungsbefehle vorschreiben wollte, und ich mich dann – wie noch heut zu Tag – rebellisch stellte; aber der Faden war allemal bald wieder angesponnen – und bald wieder zerbrochen. Kurz wir waren schon dazumal miteinander zufrieden, bald unzufrieden – wie itzt.

LXIII.

Das allerwichtigste Jahr.
(1761.)

Nachdem ich nun, wie gesagt, den Winter über alle
nur mögliche Anstalten zu meinem Bauen gemacht,
das Holz auf den Platz geschleift, und der Frühling
nun herbeyrückte, langten auch meine Zimmerleuthe
an, auf den Tag, wie sie mir's versprochen hatten.
Es waren, ausser meinem Bruder Georg, den ich ebenfalls dazu gedinget, und darum meinem Vater itzt für
ihn das Kostgeld entrichten mußte, 7. Mann, deren
jedem ich alle Tag vor Speis und Lohn 7. Bz. dem Meister aber, Hans Jörg Brunner von Krynau, 9. Bz. bezahlte; und darüber hinaus täglich ein halbe Maaß
Branz, Sell- Beschluß- und Firstwein noch aparte. Es
war den 27. Merz, da die Selle zu meiner Hütte gelegt
wurde, bey sehr schönem Wetter, das auch bis Mitte
Aprills dauerte, da die Arbeit durch eingefallnen grossen
Schnee einige Tage unterbrochen ward. Indessen kam
doch, Mitte May, also in circa 7. Wochen, alles unter
Tach. Noch vorher aber, End Aprills, spielte mir das
Schicksal etliche so fatale Streiche, die mir, so unbedachtsam ich sonst alles dem Himmel anheimstellen
wollte – der doch nirgends für den Leichtsinn zu sorgen versprochen hat, beynahe allen meinen Muth zu
Boden warf. Es hatten sich nämlich drey oder vier
Unsterne mit einander vereinigt, meinen Bau zu hin-
tertreiben. Der einte war, daß ich noch viel zu wenig

Holz hatte, ungeachtet Mstr. Brunner mir gesagt, es sey genug, und es erst itzt einsah, als er an die oberste oder Firstkammer kam. Also mußt' ich von neuem in den Wald, Bäum' kaufen, fällen, und sie in die Säge und auf den Zimmerplatz führen. Der zweyte Unstern war, daß, als bey dem ebengedachten Geschäfte mein Fuhrmann mit einem schweren Stück zwischen zwey Felsen durch, und ich nebenein galoppiren wollte, mir der Baum im Renken den rechten Fuß erwischte, Schuh' und Strümpf' zerriß, und mir Haut, Fleisch und Bein zerquetschte, so daß ich ziemlich miserabel auf dem einten Roß heimreiten, und unter grossem Schmerzen viele Tag' inliegen mußte, bis ich nun wieder zu meinen Leuthen hinken konnte. Nebendem vereinigten sich, während dieser meiner Niederlage noch zwey andre Fatalitäten mit den erstern. Die eine: Einer meiner Landsmänner, dem ich 120 fl. schuldig war, schickte mir ganz unversehens den Boten, daß er zur Stund wolle bezahlt seyn. Ich kannte meinen Mann und wußte, daß da Bitten und Beten umsonst sey. Also dacht ich hin und her, was denn sonst anzufangen wäre. Endlich entschloß ich mich, meinen Vorath an Garn aus allen Winkeln zusammenzulesen, nach St. Gallen zu schicken, und fast um jeden Preis loszuschlagen, Aber, o Weh! das vierte Ungeheuer! Mein Abgesandter kam statt mit Baarschaft, mit der entsetzlichen Nachricht, mein Garn liege im Arrest wegen allzukurzen Häspeln; ich müsse selber auf St. Gallen gehn, und mich vor den Herren Zunftmeistern stellen. Was sollt' ich nun anfangen? Itzt hatt' ich weder Garn noch Geld;

so zu sagen keinen Schilling mehr meine Arbeiter zu bezahlen, die indessen drauf loszimmerten, als ob sie Salomonis Tempel bauen müßten. Und dann mein unerbittlicher Gläubiger! Aufs neue zu Borgen? Gut! Aber wer wird mir armen Buben trauen? – Mein Vater sah meine Angst – und mein Vater im Himmel sah sie noch besser. Sonst fanden der Aeti und ich noch immer Credit. Aber sollten wir den mißbrauchen? – Ach! – Kurz er rannte in seinem und meinem Namen, und fand endlich Menschen die sich unser erbarmten – Menschen und keine Wucherer! Gott Vergelt' es ihnen in Ewigkeit!

Sobald ich wieder aushoppen, und meinen Sachen nachgehen konnte, war meine Noth – vielleicht nur zu bald vergessen. Mein Schatz besuchte mich während meiner Krankheit oft. Aber von allen jenen Unsternen ließ ich ihr nur keinen Schein sehn; und mein guter Engel verhütete, daß sie auch nichts davon erfuhr; denn ich merkte wohl, daß sie, noch unschlüßig, nur mein Verhalten, und den Ausgang vieler ungewisser Dinge erwarten wollte. Unser Umgang war daher nie recht vertraut. – Zu St. Gallen kam ich mit 15. fl. Buß davon. – Als die Zimmerleuth' fertig waren, giengs ans Mauern. Dann kam der Hafner, Glaser, Schlosser, Schreiner, einer nach dem andern. Dem letzten zumal half ich aus allen Kräften, so daß ich dieß Handwerk so ziemlich gelernt, und mir mit meiner Selbstarbeit manchen hübschen Schilling erspart. Mit meinem Fuß war's indessen noch lange nicht recht, und ich mußte bey Jahren daran bayern; sonst wäre alles noch viel hurtiger vonstatten gegangen. Endlich konnt' ich doch den 17. Jun. mit dem Bruder in mein neues Haus ein- ziehn, der nun einzig, nebst mir, unsern kleinen Rauch führte; so daß wir Herr, Frau, Knecht und Magd, Koch und Keller, alles an einem Stiel vorstellten. Aber es fehlte mir eben noch an Vielem. Wo ich herumsah, erblickt' ich meist heitre und sonnenreiche, aber läre Winkel. Immer mußt' ich die Hand in Beutel stecken; und der war klein und dünn; so daß es mich itzt noch Wunder nimmt, wie die Kreutzer, Batzen und Gulden alle heraus, oder vielmehr hereingekrochen. Aber frey- lich am End erklärte sich manches – durch einen Schuldenlast von beynahe 1000. fl. Tausend Gulden! und die machten mir keinen Kummer? O du liebe, heilige Sorglosigkeit meiner Jugendzeit!

Inzwischen war ich nun schon beynahe vier Jahre lang einem stettigen Mädchen nachgelaufen; und sie mir, doch etwas minder. Und wenn wir uns nicht sehen konnten, mußten bald alle Tage gebundene und un- gebundene Briefe gewechselt seyn, wie mich denn über diesen Punkt meine verschmitzte Dulcinee mei- sterlich zu betriegen wußte. Sie schrieb mir nämlich ihre Briefe meist in Versen, so nett, daß sie mich darinn weit übertraf. Ich hatte darum eine grosse Freude mit dem gelehrten Ding, und glaubte bald eine vortreffliche Dichterinn an ihr zu haben. Aber am End kams heraus, daß sie weder schreiben noch Geschriebenes lesen konnte, sondern alles durch einen vertrauten Nach- bar verrichten ließ. «Nun Schatz»! sagt' ich eines Tags: «Itzt ist unser Haus fertig, und ich muß doch einmal wissen woran ich bin». Sie brachte noch einen ganzen Plunder von Entschuldigungen herfür. Zuletzt wurden wir darüber einig: Ich müß' ihr noch Zeit lassen, bis im Herbst. Endlich ward im Oktober unsre Hochzeit öffentlich verkündet. Itzt (so schwer war's kaum Rom zu bauen) spielte mir ein niederträchtiger Kerl noch den Streich, daß er im Namen seines Bruders, der in piemontesischen Diensten stand, Ansprachen auf meine Braut machte, die aber bald vor ungültig erkannt wurden. An Aller Seelen Tag (3. Nov.) wurden wir copulirt. Herr Pfarrer Seelmatter hielt uns eine schöne Sermon, und knüpfte uns zusammen. So nahm meine Freyheit ein Ende, und das Zanken gleich den ersten Tag seinen Anfang – und währt noch bis auf den heutigen. Ich sollte mich unterwerfen, und wollte nicht, und will's noch itzt nicht. Sie sollt' es auch, und will's noch viel minder. Auch darf ich noch einmal nicht verhehlen, daß mich eigentlich bloß politische Absichten zu meiner Heurath bewogen haben; und ich nie jene zärtliche Neigung zu ihr verspürt, die man Liebe zu nennen gewohnt ist. Aber das erkannt' ich wohl, und war davon überzeugt, und bin es noch in der gegenwärtigen Stunde, daß sie für meine Umstände, unter allen die ich bekommen hätte, weit weit die tauglichste war; meine Vernunft sieht es ein, daß mir keine nützlicher seyn konnte, so sehr sich auch ein gewisser Muthwill gegen diese ernste Hofmeisterinn sträuben will; und kurz, so sehr mir die einte Seite meiner treue Hälfte itzt noch bisweilen widrig ist, so aufrichtig ehr' ich ihre andre schöne Seite im Stillen. Wenn also meine Ehe schon nicht unter die glücklichsten gehört, so gehört sie doch gewiß auch nicht unter die unglücklichen, sondern wenigstens unter die halbglücklichen, und sie wird mich niemals gereuen. Mein Bruder Jakob hatte ein Jahr vor mir, und meine älteste Schwester ein Jahr nach mir sich verheurathet; und keins von beyden traf's noch so gut wie ich. Nicht zu gedenken, daß die Familie meiner Frau weit besser war, als die worein gedachte meine beyde Geschwisterte sich hinein gemannet und geweibet – sind die andern auch immer ärmer geblieben. Bruder Jakob zumal mußte in den theuern Siebenziger-Jahren vollends von Weib und Kindern weg, in den Krieg laufen.

LXIV.

Tod und Leben.

Das Jahr 1762. war mir besonders um des 26. Merzens und 10. Sept. willen merkwürdig. An dem erstern starb nämlich mein geliebter Vater eines schnellen und gewaltsamen Todes, den ich lange nicht verschmerzen konnte. Er gieng am Morgen in den Wald, etwas Holz zu suchen. Gegen Abend kam Schwester Anne Marie mit Thränen in den Augen zu mir, und sagte: Der Aeti sey in aller Frühe fort, und noch nicht heimgekommen; sie fürchten alle, es sey ihm was Böses begegnet; ich soll doch fort, und ihn suchen. Sein Hündlein sey etlichemal heimgekommen, und dann wieder weggelaufen. Mir gieng ein Stich durch Mark und Bein. Ich

rannte in aller Eil dem Gehölze zu; das Hündlein trabte
vor mir her, und führte mich gerade zu dem vermißten
Vater. Er saß neben seinem Schlitten, an ein Tännchen
gelehnt, die Lederkappe auf der Schooß, und die Augen sperroffen. Ich glaubte, er sehe mich starr an. Ich
rief: Vater, Vater! Aber keine Antwort. Seine Seele war
ausgefahren; gestabet und kalt waren seine lieben Hände, und ein Ermel hieng von seinem Futterhemd herunter, den er mag ausgerissen haben, als er mit dem
Tode rang. Voll Angst und Verwirrung fieng ich ein
Zettergeschrey an, welches in Kurzem meine Geschwister herbeybrachte. Eins nach dem andern legte
sich auf den erblaßten Leichnam. Unser Geheul er-
tönte durch den ganzen Wald. Man zog ihn auf seinem
Schlitten nach Haus, wo noch die Mutter samt den
Kleinen ihr Wehklagen mit dem unsrigen vereinten.
Ein armer Bube aß die Suppe, die auf den guten Her-
zensvater gewartet hatte. Zehn Tage vorher hatt' ich
das letztemal (o hätt' ich's gewußt, daß es das letztemal wäre!) mit ihm gesprochen, und sagte er mir unter
anderm: Er möchte sich die Augen ausweinen, wenn
er bedenke, wie oft er den lieben Gott erzörnt. O welch
einen guten Vater hatten wir, welch einen zärtlichen
Ehemann unsre Mutter, welch eine redliche Seele und
braven Biedermann alle die ihn kannten, an ihm verloren. Gott tröste seine Seele in alle Ewigkeit! Er hatte
eine mühsame Pilgrimmschaft. Kummer und Sorgen
aller Art, Krankheiten, drückende Schuldenlast u.s.f.
folgten ihm kehrum stets auf der Ferse nach. Sonntags
den 28. Merz, wurde er unter einem zahlreichen Ge-

folge zu seiner Ruhestatt begleitet, und in unser aller
Mutter Schooß hingelegt. Herr Pfarrherr Bösch ab dem
Ebnet hielt ihm die Leichenrede, die für seine betrübten
Hinterlaßnen ungemein tröstlich ausfiel, und von den
verborgnen Absichten Gottes handelte. Der Selige
mag sein Alter auf 54–55. Jahre gebracht haben. O
wie oft besucht' ich seither das Plätzgen, wo er den
letzten Athem ausgehaucht. Die sicherste Vermuthung
über seine eigentliche Todesart, gab mir der Ort selbst
an die Hand. Es war gähe hinab, wo er mit seinem Fü-
derchen Holz hinunterfuhr. Der Schnee trug den Schlitten; aber mit den Füssen mußte er an einer lockern
Stelle, die ich noch gar wohl wahrnehmen konnte, unter den letztern gekommen, und derselbe mit ihm gegen
eine Tann geschossen seyn, die ihm den Herzstoß gab.
Doch muß er noch eine Weile gelebt, sich frey machen
wollen, und eben über dieser Bemühung sein Futterhemd zerrissen haben.

Nach diesem traurigen Hinschied fiel eine schwere
Last auf mich. Da waren noch vier unerzogene Kinder,
bey welchen ich Vaterstelle vertreten sollte. Unsre
Mutter war so immer geradezu, und sagte zu Allem:
Ja, ja! Ich that was ich konnte, wenn ich gleich mit mir
selbst schon genug zu schaffen hatte. Bruder Georg
nahm den eigentlichen Haushalt über sich. Aus den
100 fl. die mir der Selige gegeben hatte, tilgte ich seine
Schulden. In meinem eigenen Häusgen machte ich einen Webkeller zurecht, lernte selbst weben, und lehrte
es nach und nach meine Brüder, so daß zuletzt alle damit ihr Brot verdienen konnten. Die Schwestern hin-

wieder verstuhnden gut, Löthligarn zu spinnen; die Jüngste lernte nähen.

Der 10. Sept. war wieder der erste frohe Tag für mich, an welchem meine Frau mir einen Sohn zur Welt brachte, den ich nach meinem und meines Schwehers Namen Uli nannte. Seine Taufpathen waren Herr Pfarrer Seelmatter, und Frau Hartmännin. Ich hatte eine solche Freude mit diesem Jungen, daß ich ihn nicht nur allen Leuthen zeigte die ins Haus kamen, sondern auch jedem vorübergehnden Bekannten zurief: Ich hab' einen Buben; obgleich ich schon zum voraus wußte, daß mich mancher darüber auslachen, und denken werde: Wart' nur! Du wirst noch des Dings genug bekommen; wie's denn auch wirklich geschah. – Inzwischen kam mein gutes Weib dieß erstemal wahrlich nicht leicht davon, und mußte viele Wochen das Beth hüten. Das Kind hingegen wuchs, und nahm recht wunderbar zu.

Bald nachher erzeugten die Angelegenheiten der Meinigen manchen kleinern und grössern Ehestreit zwischen mir und meiner Hausehre. Die letztre mochte nämlich nach Gewohnheit die erstern nie recht leiden, und meinte immer, ich dächt' und gäb' ihnen zu viel. Freylich waren meine Brüder ziemlich ungezogene Bursche – aber immer meine Brüder, und ich also verbunden, mich ihrer anzunehmen. Endlich kamen sie einer nach dem andern unter die Fremden, Georg ausgenommen, der ein ziemlich lüderliches Weib heurathete; die andern alle verdienten, meines Wissens, ihr Brod mit Gott und mit Ehren.

LXV.

Wieder drey Jahre.
(1763.–1765.)

Die Flitterwochen meines Ehestands waren nun läng-
stens vorbey, obgleich ich eben wenig von ihrem Honig
zu sagen weiß. Mein Weib wollte immer gar zu scharfe
Mannszucht halten; und wo viel Gebote sind, da
giebt's auch mehr Uebertretung. Wenn ich nur ein
Bischen ausschweifte, so waren alle T.. los. Das machte
mich dann bitter und launigt, und verführte mich zu
allerley eiteln Projekten. Mein Handel gieng inzwischen
bald gut, bald schlecht. Bald kam mir ein Nachbar in
die Quere, und verstümmelte mir meinen schönen Gewerb; bald betrogen mich arge Buben um Baumwolle
und Geld, denn ich war gar zu leichtgläubig. Ich hatte
mir eines der herrlichsten Luftschlösser gemacht, meine
Schulden in wenig Jahren zu tilgen; aber die Ausgaben
mehrten sich auch von Jahr zu Jahre. Im Winter 63.
gebar mir meine Frau eine Tochter, und Ao. 65. noch
eine. Ich bekam wieder das Heimweh nach Geißen; auf
der Stelle mußten deren etliche herbeygeschaft seyn.
Die Milch stuhnd mir und meinen drey Jungens treflich
an; aber die Thiere gaben mir viel zu schaffen. Andremal hielt ich eine Kuh; oft gar zwey und drey. Ich
pflanzte Erdapfel und Gemüse, und probirte alles, wie
ich am leichtesten zurechtkommen möchte. Aber ich
blieb immer so auf auf dem alten Fleck stehn, ohne weit
vor – doch auch nicht hinterwerts zu rücken.

LXVI

Zwey Jahre.

(1766. u. 1767.)

Ueberhaupt vertrödelte ich diese Sechzigerjahre, daß ich nicht recht sagen kann, wie? und so, daß sie meinem Gedächtniß weit entfernter sind, als die entferntesten Jugendjahre. Nur etwas Weniges also von meiner damaligen Herzens- und Gemüthslage. Schon mehrmals hab' ich bemerkt, wie ich in meiner Bubenhaut ein lustiger, leichtsinniger, kummer- und sorgenloser Junge war, der dann aber doch von Zeit zu Zeit manche gute Regungen zur Busse, und manche angenehme Empfindung, wenn er in der Besserung auch nur einen halben Fortschritt that, bey sich verspürte. Nun war die Zeit längst da, einmal mit Ernst ein ganz anderes Leben anzufangen. Gerade von meiner Verheurathung an wollt' ich mit nichts geringerm beginnen, als – der Welt völlig abzusagen, und das Fleisch mit allen seinen Gelüsten zu kreutzigen. Aber o ich einfältiger Mensch! Was es da für ein Gewirre und für Widersprüche in meinem Innwendigen absetzte. Vor meinem Ehstand bildete ich mir ein, wenn ich nur erst meine Frau und eigen Haus und Heimath hätte, würden alle andern Begierden und Leidenschaften, wie Schuppen, von meinem Herzen fallen. Aber, Potz Tausend! welch' eine Rebellion gab's nicht da. Lange Zeit wendete ich jeden Augenblick, den ich nur immer entbehren – aber eben bald auch manchen den ich nicht entbehren

konnte, auf's Lesen an; schnappte jedes Buch auf, das
mir nur zu erhaschen stuhnd; hatte itzt wirklich 8.
Foliobände von der Berlenburger-Bibel vollendet;
nahm dann, wie es sich gebührt, eine scharfe Kinderzucht vor, gieng dann und wann in die Versammlung
etlicher Heiligen und Frommen – und ward darüber,
wie es mir itzt vorkömmt, ein unerträglicher, eher gott-
loser Mann, der alle andern Menschen um ihn her für
bös, sich selber allein für gut hielt, und darum jene –
kurz jedes Bein nach seiner Pfeife wollte tanzen lehren.
Jede, auch noch so schuldlose Freude des Lebens machte
mir Scrupel über Scrupel; ich wollte mir bald sogar die
Befriedigung eigentlich unentbehrlicher Bedürfnisse
des Lebens versagen; und doch steckte mein Busen
noch voll schnöder Lust, und tausend abentheuerlicher
Begierden, die ich so oft ertappte, als ich nur hinein-
zugucken Muths genug hatte – und dann freylich fast
zur Verzweiflung gerieth, doch allemal von neuem wieder Posto faßte, und meine Sachen mit Beten, Lesen –
und – o ich abscheulicher Kerl! – hauptsächlich damit
wieder zu verbessern suchte, daß ich meiner Frau und
Geschwisterten, wie ein Pfarrer, zusprach, und ihnen
die Höll' bis zum Verspringen heiß machte. Oft fiel's
mir gar ein, ich sollte, gleich den Herrnhutern und
Inspirirten, in der weiten Welt herumziehn, und Buß'
predigen. Wenn ich dann aber so nur einem meiner
Brüder oder Schwestern eine Sermon hielt, und schon
im Text stockte, dann dacht' ich wieder: Du Narr!
Hast ja keine Gaben zu einem Apostel, und also auch
keinen Beruf dazu. Dann fiel ich darauf, ich könnte

vielleicht besser mit der Feder zurechte kommen, und
flugs entschloß ich mich ein Büchlin zum Trost und
Heil wo nicht ganz Tockenburgs, wenigstens meiner
Gemeinde zu schreiben, oder es zuletzt auch nur meiner Nachkommenschaft – statt des Erbguts zu hinterlassen.

LXVII.

Unb abermals zwey Jahre.

(1768. u. 1769.)

Das vorige Jahr 67. hatte mir wieder einen Buben bescheert. Ich nannte ihn nach meinem Vater sel. Johannes. Um die nämliche Zeit fiel mein Bruder Samson
im Laubergaden ab einem Kirschbaum zu Tod. Ao. 68.
fieng ich obbelobtes Büchlein, und zugleich ein Tagebuch an, das ich bis zu dieser Stunde fortsetze, anfangs aber voll Schwärmereyen stack, und nur bisweilen ein guter Gedanke, in hundert lären Worten er-
säuft war, mit denen N. B. meine Handlungen nie über-
einstimmten. Doch mögen meine Nachkommen daraus
nehmen, was ihnen Nutz und Heil bringen mag.

Sonst ward ich in diesen frommen Jahren des Garn-
handels bald überdrüßig, weil ich dabey, wie ich
wähnte, mit gar zu viel rohen und gewissenlosen Menschen umzugehen hätte. Aber, o des Tuckes! warum
überließ ich ihn denn meiner Frau, und beschäftigte
mich nun selbst mit der Baumwollentüchlerey? Ich
glaubte halt, vor meine Haut und mein Temperament

mit den Webern besser als mit den Spinnern auskom-
men zu können. Aber es war für meine Oekonomie ein
thörigter Schritt, oder wenigstens fiel er übel aus. Im
Anfang kostete mich das Webgeschirr viel, und mußt'
ich überhaupt ein hübsches Lehrgeld geben; und als
ich itzt die Sachen ein wenig im Gang hatte – schlug
die Waar' ab. Doch, ich dachte: Es wird schon wieder
anders kommen.

Das Jahr 69. bescheerte mir den dritten Sohn. «Ha»!
überlegt' ich itzt eines Tags: «Nun mußt du doch
einmal mit Ernst ans Sparen denken; bist immer noch
so viel schuldig, wie im Anfang, und dein Haushalt
wird je länger je stärker. Frisch! die Händ' aus den
Hosen gethan, und die Bären abbezahlt. Itzt kann's
seyn. Bisher hattest du noch stets an deiner Hütte zu
flicken, und fehlte immer hie und da noch ein Stück;
andrer Ausgaben in deinem Gewerb u. s. f. u. f. zu ge-
schweigen. Dann hast du unvernünftig viel Zeit mit
Lesen, Schreiben, u. d. gl. zugebracht. Nein, nein! Itzt
willst anders dahinter. Zwar das Reichwerdenwollen
soll von heut an aufgegeben seyn. Der Faule stirbt über
seinen Wünschen, sagt Salomon. Aber jenes ewige Studiren zumal, was nützt es dir? Bist ja immer der alte
Mensch, und kein Haar besser als vor 10. Jahren, da
du kaum lesen und schreiben konntest. – Etwas Geld
mußt' freylich noch aufnehmen; aber dann desto wacke-
rer gearbeitet, und zwar alles, wie's dir vor die Hand
kömmt. Verstehst ja, neben deinem eigentlichen Berufe, noch das Zimmern, Tischlern u. s. f. wie ein Meister; hast schon Webstühl, Trög' und Kästen, und

Särg' bey Dutzenden gemacht. Freylich ist schlechter
Lohn dabey, und: Neun Handwerk', zehn Bettler, lau-
tet das Sprüchwort. Doch wenig ist besser als Nichts».
So dacht' ich. Aber es liegt nicht an jemands Wollen
oder Laufen, sondern an Gottes Verhängniß, an Zeit
und Glück!

LXVIII.

Mein erstes Hungerjahr.
(1770.)

Während diesem meinem neuen Planmachen und Pro-
jeckteschmieden, rückten die heißhungrigen Sieben-
zigerjahre heran, und das erste brach ein, ganz unerwartet, wie ein Dieb in der Nacht, da jedermann
auf ganz andre Zeiten hoffete. Freylich gab's seit dem
Jahre 1760. in unsern Gegenden kein recht volles Jahr
mehr. Die J. 68. und 69. fehlten gar und gänzlich; hatten nasse Sommer, kalte und lange Winter, grossen
Schnee, so daß viel Frucht darunter verfaulte, und man
im Frühling aufs neue pflugen mußte. Das mögen nun
politische Kornjuden wohl gemerkt, und der nach-
folgenden Theurung vollends den Schwung gegeben
haben. Dieß konnte man daraus schliessen, daß um's
Geld immer Brodt genug vorhanden war; aber eben
jenes fehlte, und zwar nicht bloß bey dem Armen,
sondern auch bey dem Mittelmann. Also war diese
Epoche für Händler, Becken und Müller eine göldene
Zeit, wo sich viele eigentlich bereicherten, oder wenig-

stens ein Hübsches auf die Seite schaffen konnten. Hinwieder fiel der Baumwollen-Gewerb fast gänzlich ins
Koth, und aller dießfällige Verdienst war äusserst klein;
so daß man freylich Arbeiter genug ums blosse Essen
haben konnte. Ohne dieß wäre der Preiß der Lebensmittel noch viel höher gestiegen, und hätte die theure
Zeit wohl bald gar kein End' genommen. Doch, alles
spezificirlich herzusetzen wäre um eben so viel über-
flüßiger, da ich es in meinem, wie ich höre, einst auch
vor dem Publikum erscheinenden Tagebuch bereits
hinlänglich gethan, und nämlich dort pünktlich, in aller
Einfalt erzählt habe, was diesem Zeitpunkt vorgegan-
gen (als z. E. Kometen, Röthen am Himmel, Erdbeben,
Hochgewitter); und eben so, was auf denselben ge-
folgt (schwere Krankheiten, ein ziemlicher Sterbent
u. s. f.). Hier bleibt mir also nichts übrig, als meiner
eignen ökonomischen sowohl als Gemüthslage in erwähnten bedenklichen Jahren, kurze und wahrhafte
Erwähnung zu thun. Denn freylich findet sich auch
darüber ein Weites und Breites in gedachtem Diario;
aber eben nicht allemal gar zu ächt: Da ich nämlich an
mancher Stelle viel Lermens von meinem sonderbaren
Vertrauen auf die göttliche Vorsehung gemacht – und
zwar meist gerade wo ich am kleingläubigsten war. So
viel darf ich freylich noch itzt sagen, daß dieß Zutrauen, ob es gleich zuweilen wankte, dennoch nie ganz
zu Trümmern gieng, und ich fast immer fand, daß mein
eigenes Verschulden mir die größten Leiden verur-
sachte, und Gottes Güte viel selbst gemachtes Uebel
noch oft zu meinem Beßten wandte. Schon Ao. 68. und

69. da mir der Hagel zwey Jahre nacheinander alles in meinem Garten zu Boden schlug, und ich und die Meinigen so mit grosser Wehmuth zuschauten – konnt' ich doch den Erbarmenden loben, daß er unsers Lebens geschont. Und seither bey allen solchen und ähnlichen Unfällen, bey allem Aufschlag der Nahrung, bey allem Jammern und Klagen der Leuthe, war immer mein erst- und letztes Wort: «Es wird so bös nicht seyn», oder: «Es wird schon besser kommen». Denn allemal das Beßte zu glauben und zu hoffen, war stets so meine Art, und, wenn man will, eine Folge meines angebohrenen Leichtsinns. Ich konnte darum das ängstliche Kräbeln, Kummern und Sorgen andrer um mich her nie leiden; noch begreifen, was einer für einen Nutzen davon hat, wenn er sich immer das Aergste vorstellt. – Doch, so käm' ich allgemach ganz von meiner Geschichte ab.

Das gedachte Siebenzigerjahr neigte sich schon im Frühling zum Aufschlagen. Der Schnee lag auf der Saat bis im Mayen, so daß gar viel darunter erstickte. Indessen tröstete man sich doch noch den ganzen Sommer auf eine leidentliche Erndte – dann auf das Ausdreschen; aber leider alles umsonst. Ich hatte eine gute Portion Erdapfel im Boden; es wurden mir aber leider viel davon gestohlen. Den Sommer über hatte ich zwo Kühe auf fremder Weide, und ein Paar Geißen, welche mein erstgeborner Junge hütete; im Herbst aber mußt' ich aus Mangel Gelds und Futter alle diese Schwänze verkaufen. Denn der Handel nahm ab, so wie die Fruchtpreise stiegen; und bey den armen Spinnern und Webern war nichts als Borgen und Borgen. Nun

tröstete ich freylich die Meinigen und mich selbst mit
meinem: «Es wird schon besser kommen»! so gut ich
konnte; mußte dann aber auch dafür manche bittre
Pille verschlucken, die meine Bettesgenoßin wegen
meinem vorigen Verhalten, meiner Sorglosigkeit und
Leichtsinn mir auftischte, und die ich dann nicht allemal geduldig und gleichgültig ertragen mochte. Gleichwohl sagte mir mein Gewissen meist: Sie hat recht ...
Wenn sie's nur nicht so herb' präparirt hätte.

LXIX.

Und abermals zwey Jahre!
(1771. u. 1772.)

Nun brach der grosse Winter ein, der schauervollste
den ich erlebt habe. Ich hatte itzt fünf Kinder und keinen Verdienst, ein Bischen Gespunst ausgenommen.
Bey meinem Händelchen büßt' ich von Woche zu
Woche immer mehr ein. Ich hatte ziemlich viel vor-
räthig Garn, das ich in hohem Preiß eingekauft, und an
dem ich verlieren mußte, ich mocht' es nun wieder roh
verkaufen oder zu Tüchern machen. Doch that ich das
letztre, und hielt mit dem Losschlagen derselben zurücke, mich immer meines Waidspruchs getröstend:
«Es wird schon besser werden»! Aber es ward immer
schlimmer, den ganzen Winter durch. Inzwischen dacht'
ich so: «Dein kleiner Gewerb hat dich bisher genährt,
wenn du damit gleich nichts beyseite legen konntest.
Du magst und kannst's also nicht aufgeben. Thätest

du's, müßtest du gleich deine Schulden bezahlen; und das wär' dir itzt pur unmöglich». Auch in andern Punkten gieng's mir nicht besser. Mein kleiner Vorrath von Erdapfeln und anderm Gemüß aus meinem Gärtchen, was mir die Dieben übriggelassen, war aufgezehrt; ich mußte mich also Tag für Tag aus der Mühle verproviantiren; das kostete mich am End der Woche eine hübsche Handvoll Münze, nur vor Rothmähl und Rauchbrodt. Dennoch war ich noch immer guter Hoffnung; hatte auch nicht Eine schlaflose Nacht, und sagte alleweil: «Der Himmel wird schon sorgen, und noch alles zum Beßten lenken»! «Ja»! rispostirte dann meine Jöbin: «Wie du's verdient; Ich bin unschuldig. Hätt'st du die gute Zeit in Obacht genommen, du Schlingel! und deine Hände mehr in den Teig gesteckt, als deine Nase in die Bücher». – «Sie hat Recht»! dacht' ich dann; «aber der Himmel wird doch sorgen, – und schwieg. Freylich konnt' ich meine schuldlosen Kinder unmöglich hungerleiden sehn, so lang ich noch Kredit fand. Die Noth stieg um diese Zeit so hoch, daß viele eigentlich blutarme Leuthe kaum den Frühling erwarten mochten, wo sie Wurzeln und Kräuter finden konnten. Auch ich kochte allerhand dergleichen, und hätte meine jungen Vögel noch immer lieber mit frischem Laub genährt, als es einem meiner erbarmenswürdigen Landsmänner nachgemacht, dem ich mit eignen Augen zusah, wie er mit seinen Kindern von einem verreckten Pferd einen ganzen Sack voll Fleisch abgehackt, woran sich schon mehrere Tage Hunde und Vögel satt gefressen. Noch itzt, wenn ich des Anblicks gedenke, durchfährt Schauder und Entsetzen alle meine Glieder. – Bey alledem gieng mir mein eigener Zustand nicht so sehr zu nahe, als die Noth meiner Mutter und Geschwister, welche alle noch ärmer waren als ich, und denen ich doch so wenig helfen konnte. Indessen half ich über Vermögen, da ich stets noch einichen Credit fand, und sie gar keinen. Im May Ao. 71. verhalf mir ein gutmüthiger Mann wieder zu einer Kuh und ein Paar Geißen, da er mir Geld dazu bis auf den Herbst lieh; so daß ich nunmehr wenigstens ein Bischen Milch für meine Jungen hatte. Aber verdienen konnt' ich nichts. Was mir noch etwa von meinem Gewerb ein-gieng, mußt' ich auf die Atzung von Menschen und Thieren verwenden. Meine Schuldner bezahlten mich nicht; ich konnte also hinwieder auch meine Gläubiger nicht befriedigen, und mußte durch Geld und Baum-wolle auf Borg nehmen, wo ich's fand. Endlich aber gieng dem Faß vollends der Boden aus. Zwar kam mir mein gewöhnliches: «Gott lebt noch! 's wird schon besser werden»! noch immer in den Sinn; aber meine Gläubiger fiengen nichts desto weniger an, mich zu mahnen, und zu drohen. Von Zeit zu Zeit mußt' ich hören, wie dieser und jener bankerott machte. Es gab hartherzige Kerls, die alle Tag mit den Schätzern im Feld waren, ihre Schulden einzutreiben. Neben andern traf die Reihe auch meinen Schwager; ich hatte eben-falls eine Anfoderung an ihn, und war selber bey dem Auffallsact gegenwärtig; freylich mehr ihm zum Bey-stande, als um meiner Schuld willen. O! was das vor ein erbärmliches Specktackel ist, wenn einer so, wie ein

armer Delinquent, dastehn – sein Schulden- und Sün-
denregister vorlesen hören – so viele bittre, theils laute,
theils leise Vorwürfe in sich fressen – sein Haus, seine
Mobilien, alles, bis auf ein armseliges Bett und Gewand,
um einen Spottpreiß verganten sehn – das Geheul von
Weib und Kindern hören, und zu allem schweigen muß,
wie eine Maus. O! wie fuhr's mir da durch Mark und
Bein! Und doch konnt' ich weder rathen noch helfen
– nichts thun, als für meiner Schwester Kind zu beten
– und dazu im Herzen denken: «Auch du, auch du
steckst eben so tief im Koth! Heut oder Morgens kann
es, muß es dir eben so gehn, wenn's nicht bald anders
wird. Und wie sollt' es anders werden? Oder, darf ich
Thor auf ein Wunder hoffen? Nach dem natürlichen
Gang der Dinge kann ich mich unmöglich erholen.
Vielleicht harren deine Gläubiger noch eine Weile;
aber alle Augenblick' kann die Geduld ihnen ausgehn.
– Doch, wer weiß? Der alte Gott lebt noch! Es wird
nicht immer so währen. – Aber ach! Und wenn's auch
besser würde, so braucht' es Jahre lang, bis ich mich
wieder erholen könnte. Und so lang werden meine
Schuldherren mir gewiß nicht Zeit lassen. Ach mein
Gott! Was soll ich anfangen? Keiner Seele darf ich mich
vertrauen – muß ich doch vor meinem eigenen Weib
meinen Kummer verbergen». Mit solchen Gedanken
wälzt' ich mich ein Paar lange Nächte auf meinem Lager
herum; dann faßt' ich, wie mit Eins, wieder Muth; tröstete mich aufs neue mit der Hilfe von oben herab, befahl dem Himmel meine Sachen – und gieng meine
Wege, wie zuvor. Zwar prüft' ich mich selbst unter-

weilen, ob und in wie fern' ich an meinen gegenwärtigen Umständen selbst Schuld trage. Aber, ach! wie geneigt ist man in solcher Lage, sich selbst zu rechtfertigen. Freylich konnt' ich mir wirklich keine eigentliche Verschwendung oder Lüderlichkeit vorwerfen; aber doch ein gewisses gleichgültiges, leichtgläubiges, ungeschicktes Wesen, u. s. f. Denn erstlich hatt' ich nie gelernt, recht mit dem Geld umzugehn; auch hatte es nie keine Reitze für mich, als in wie fern' ichs alle Tag' zu brauchen wußte. Hiernächst traut' ich jedem Halunken, wenn er mir nur ein gut Wort gab; und noch itzt könnte mich ein ehrlich Gesicht um den letzten Heller im Sack betriegen. Endlich und vornämlich verstuhnden lange weder ich noch mein Weib den Handel recht, und kauften und verkauften immer zur verkehrten Zeit.

Mittlerweile ward meine Frau schwanger, und den ganzen Sommer (1772.) über kränklich, und schämte sich vor allen Wänden, daß sie bey diesen betrübten Zeitläufen ein Kind haben sollte. Ja sie hätte selbst mir bald eine ähnliche Empfindung eingepredigt. Im Herbstmonathe, da die rothe Ruhr allethalben graßirte, kehrte sie auch bey mir ein, und traf zuerst meinen lieben Erstgebohrenen. Von der ersten Stund' an, da er sich legte, wollt' er, ausser lauterm Brunnenwasser, nichts, weder Speis noch Trank mehr zu sich nehmen; und in acht Tagen war er eine Leiche. Nur Gott weiß, was ich bey diesem Unfall empfunden: Ein so gutartiges Kind, das ich wie meine Seele liebte, unter einer so schmerzhaften Krankheit geduldig wie ein Lamm

Tag und Nacht – denn es genoß auch nicht eine Minute Ruh' – leiden zu sehn! Noch in der letzten Todes-
stunde, riß es mich mit seinen schon kalten Händchen
auf sein Gesicht herunter, küßte mich noch mit seinem
erstorbnen Mündchen, und sagte unter leisem Wim-
mern, mit stammelndem Zünglin: «Lieber Aeti! es
ist genug. Komm auch bald nach. Ich will itzt im Himmel ein Engelin werden»; rang dann mit dem Tod',
und verschied. Mir war, mein Herz wollte mir in tausend Stücke zerspringen. Mein bittres Klaglied über
diesen ersten Raub des großen Würgers in meinem
Hause, liegt in meinem Tagebuch. – Noch war mein
Söhnlein nicht begraben, so griff die wüthende Seuche
mein ältestes Töchtergen, und zwar noch viel heftiger
an; es wäre denn, daß dieß gute Kind seine Leiden
nicht so standhaft ertrug als sein Bruder. Und kurz, es
war, aller Sorgfalt der Aerzte ungeachtet, noch schnel-
ler hingeraft, in seinem achten, das Knäblin im neunten
Jahr. Diese Krankheit kam mir so ekelhaft vor, daß
ich's sogar bey meinen Kindern nie recht ohne Grausen
aushalten konnte. Als nun das Mädchen kaum todt,
und ich von Wachen, Sorgen und Wehmuth wie vertaumelt war, fing's auch mir an im Leibe zu zerren;
und hätt' ich in diesen Tagen tausendmal gewünscht
zu sterben, und mit meinen Lieben hinzufahren. Doch
gieng ich, auf dringendes Bitten meiner Frau, noch
selbst zu Herrn Doktor Wirth hin. Er verordnete mir
Rhabarber und sonst was. So bald ich nach Haus kam,
mußt' ich zu Beth liegen. Ein Grimmen und Durchfall
fieng mit aller Wuth an, und die Arzeney schien noch

die Schmerzen zu verdoppeln. Der Doktor kam selber zu mir, sah' meine Schwäche – aber nicht meine Angst. Gott, Zeit und Ewigkeit, meine geist- und leiblichen Schulden stuhnden fürchterlich vor mir und hinter meinem Beth. Keine Minute Schlaf – Tod und Grab – Sterben, und nicht mit Ehren – welche Pein! Ich wälzte mich Tag und Nacht in meinem Bett herum, krümmte mich wie ein Wurm, und durfte, nach meiner alten Leyer, meinen Zustand doch keiner Seele entdecken. Ich flehte zum Himmel; aber der Zweifel, ob der mich auch hören wollte, gieng itzt zum erstenmal mir durch Mark und Bein; und die Unmöglichkeit, daß mir bey meinem allfälligen Wiederaufkommen noch gründlich zu helfen sey, stellte sich mir lebhafter als noch nie vor. Indessen ward mein Töchtergen begraben, und in wenig Tagen lagen meine drey noch übrigen Kinder, nebst mir, an der nämlichen Krankheit darnieder. Nur mein ehrliches Weib war bisdahin ganz frey ausgegangen. Da sie nicht allem abwarten konnte, kam ihre ledige Schwester ihr zu Hülf'; sonst übertraf sie mich an Muth und Standhaftigkeit weit. Ich hingegen stuhnd, theils meiner leiblichen Schmerzen, theils meiner schrecklichen Vorstellungen wegen, noch ein paar Tage Höllenangst aus, bis es mir endlich in einer glücklichen Stunde gelang: Mich und meine Sachen gar und ganz dem lieben Gott auf Gnad und Ungnad zu übergeben. Bisher war ich ein ziemlich mürrischer Patient. Nun ließ ich mit mir machen, was jeder gern wollte. Meine Frau, ihre Schwester, und Herr Doktor Wirth, gaben sich alle ersinnliche Sorge um mich. Der Höchste segnete ihre Mühe, so daß ich innert acht Tagen wieder aufkam, und auch meine drey Kleinen sich allmählig erholten. Als ich noch darniederlag, kam eines Abends meine Schwägerin, und eröffnete mir: Meine zwey Geissen seyen auf und davon. «Ey so fahre denn alles hin»! sagt' ich, «wenn's so seyn muß». Allein des folgenden Morgens raft' ich mich so schwach und blöd ich noch war, auf, meine Thiere zu suchen, und fand sie wieder zu mein und meiner Kinder grosser Freude.

Sonst war der Jammer, Hunger und Kummer, damals im Land allgemein. Alle Tag' trug man Leichen zu Grabe, oft 3. 4. bis 11. miteinander. Nun dankt' ich dem L. Gott, daß er mir wieder so geholfen; und eben so sehr, daß Er meine zwey Lieben versorgt hatte, denen ich nicht helfen konnte. Aber sehr lange schwebten mir die anmuthigen Dinger, ihr gutartiges kindliches Wesen immer wie leibhaftig vor Augen. «O ihr geliebten Kinder»! stöhnt' ich dann des Tages wohl hundertmal: «Wenn werd' ich wohl einst zu Euch hinfahren? Denn ach! zu mir kömmt Ihr nicht wieder». Viele Wochen lang gieng ich überall umher wie der Schatten an der Wand, – staunte Himmel und Erde an – that zwar was ich konnte – konnte aber nicht viel. Zu Bezahlung meiner Gläubiger wurden die Aussichten immer enger und kürzer. Aus einem Sack in den andern zu schleufen, und mich so lange zu wehren wie möglich, mußt' itzt mein einziges Dichten und Trachten seyn.

LXX.

Nun gar fünf Jahre.
(1773. – 1777.)

Diese Zeit kroch ich so immer, zwischen Furcht und
Hofnung unter meiner Schuldenlast fort, trieb mein
Händelchen, und arbeitete daneben was mir vor die
Hand kam. Zu Anfang dieser Epoche gieng's vollends
immer den Krebsgang. So viel unnütze Mäuler (denn
die Fünfezahl meiner Kinder war itzt wieder complet),
die Ausgaben für Essen, Kleider, Holz u. s. f. und dann
die leidigen Zinse, frassen meinen kleinen Gewinnst
noch etwas mehr als auf. Meine schönste Hoffnung
erstreckte sich erst auf Jahre hinaus, wo meine Jungens
mir zur Hülfe gewachsen seyn würden. Aber wenn
meine Gläubiger bös' gewesen, sie hätten mich lange
vorher überrumpelt. Nein! sie trugen Geduld mit mir;
freylich bestrebt' ich mich auch aus allen Kräften Wort
zu halten so gut wie möglich; aber das bestuhnd meist
in – neuem Schuldenmachen, um die alten zu tilgen.
Und da waren mir allemal die nächsten Wochen vor der
Zurzacher-Messe sehr schwarze Tag' im Kalender, wo
ich viele dutzend Stunden verlaufen mußte, um wieder
Credit zu finden. O, wie mir doch manch liebes Mal
das Herz klopfte, wenn ich so an drey, vier Orten ein
christliches Helf dir Gott! bekam. Wie rang' ich dann
oft meine Hände gen Himmel, und betete zu dem der
die Herzen wendet wohin er will, auch eines zu meinem Beystand zu lenken. Und allemal ward's mir von

Stund an leichter um das meinige, und fand sich zuletzt, freylich nach unermüdetem Suchen und Anklop-
fen, noch irgend eine gutmüthige Seele, meist in einem
unverhoften Winkel. Ich hatte ein Paar Bekannte, die
mir wohl schon hundertmal aus der Noth geholfen;
aber die Furcht, sie endlich zu ermüden, machte daß
ich bald immer zuletzt zu ihnen kehrte; und dann,
hätt' ich ihnen ein einzigmal nicht Wort gehalten, so
wäre mir auch diese Hülfsquelle auf immer versiegt;
ich trug darum zu ihr wie zu meinem Leben Sorg'.
Uebrigens trauten's mir nur wenige von meinen Nachbarn und nächsten Gefreundten zu, daß ich so gar bis
an die Ohren in Schulden stecke; vielmehr wußt' ich
das Ding so ziemlich geheim zu halten, meinen Kummer und Unmuth zu verbergen, und mich bey den
Leuthen allzeit aufgeräumt und wohlauf zu stellen.
Auch glaub' ich, ohne diesen ehrlichen Kunstgriff wär'
es längst mit mir aus gewesen. Freylich hatt' ich –
wer sollte es glauben? – auch meine Neider, von denen
ich gar wohl wußte, daß sie allen Personen die mit mir
zu thun hatten, fleißig ins Ohr zischten – was sie doch
unmöglich mit Sicherheit wissen konnten. Da hieß es
dann z. E. «Er steckt verzweifelt im Dreck. – Lange
hält' er's nicht mehr aus. – Wenn er nur nicht ein-
packt, oder Weib und Kinder im Stich läßt. – Ich
fürcht' ich fürcht'. – Will aber nichts gesagt haben;
wenn er's nur nicht inne wird,» u. s. f. Zu mir kamen
dann diese Kerls als die beßten Freunde, förschelten
und frägelten mich aus, und thaten so mitleidig, als
wenn sie mir mit Gut und Blut helfen wollten, wenn

ich nur auch Zutrauen zu ihnen hätte; jammerten über
die bösen Zeiten, über die Stümpler u. d. gl. Wie ich's
doch bey meinem kleinen verderbten Händelchen mit
meiner grossen Haushaltung mache? u. s. f. u. f. Einst
(ich weiß nicht mehr recht, ob aus Schalkheit oder
Noth?) sprach ich einen dieser Uriane um ein halb-
dutzend Duplonen nur auf einen Monath an. Mein
Heer hatte hundert Ausflüchte, schlug mir's am End'
rund ab, und raunt' es dann doch in jedes Ohr das ihn
hören wollte: Der B ** hat gestern Geld von mir lehnen
wollen. Der machte dann freylich einige meiner Creditoren ziemlich mißtrauisch. Andre hingegen sagten:
«Ha! Er hat doch noch immer Wort gehalten; und
so lang er das thut, soll er immer offene Thür bey mir
finden. Er ist ein ehrlicher Mann». Also eben jene vielen falschen Freunde waren es, welche mir die meiste
Mühe machten, denen ich mich nicht entdecken durfte,
wenn ich nicht völlig capput seyn wollte. Ich hatte
schon A. 71 oder 72. meine Weberey, obgleich mit
ziemlichem Verlust ab mir geladen; das brachte mir
eben auch nicht den beßten Ruf; denn mein Baum-
wollenbrauch wurde dadurch geringer – also mein
Baumwollenherr unzufrieden und mürrisch. Desto eher
sollt' ich die alten Baumwollenschulden bezahlen, und
konnt' es doch desto weniger. So verstrich ein Jahr
nach dem andern. Bald flößte mir mein guter Geist
frischen Muth und neue Hoffnung ein, daß mir doch
noch einst durch die Zeit zu helfen seyn werde: Nur
allzuoft aber verfiel ich wieder in düstere Schwermuth;
und zwar, die Wahrheit zu gestehen, meist wenn ich

zahlen sollte, und doch weder aus noch ein wußte. Und
da ich mich, wie schon oft gesagt, keiner Seele glaubte
entdecken zu dürfen, nahm ich in diesen muthlosen
Stunden meine Zuflucht zum Lesen und Schreiben;
lehnte und durchstänkerte jedes Buch das ich kriegen
konnte, in der Hoffnung etwas zu finden das auf meinen Zustand paßte; fieng halbe Nächte durch weisse
und schwarze Grillen, und fand allemal Erleichterung,
wenn ich meine gedrängte Brust aufs Papier ausschütten konnte; klagte da meine Lage schriftlich meinem
Vater im Himmel, befahl ihm alle meine Sachen, fest
überzeugt, Er meine es doch am beßten mit mir; Er
kenne am genauesten meine ganze Lage, und werde
noch alles zum Guten lenken. Dann ward der Entschluß fest bey mir, die Dinge, die da kommen sollten, ruhig abzuwarten wie sie kommen würden; und
in solcher Gemüthsstimmung gieng ich allemal zufrieden zu Bette, und schlief wie ein König.

LXXI.

Das Saamenkorn meiner Authorschaft.

Um diese Zeit kam einst ein Mitglied der moralischen
Gesellschaft zu L. in mein Haus, da ich eben die Geschichte von Brand und Struensee durchblätterte, und
etwas von meinen Schreibereyen auf dem Tisch lag.
«Das hätt' ich bey dir nicht gesucht», sagte er, und
fragte: Ob ich denn gern so etwas lese, und oft dergleichen Sächelgen schreibe? «Ja»! sagt' ich: «Das ist

237

neben meinen Geschäften mein einziges Wohlleben». Von da an wurden wir Freunde, und besuchten einander zum öftersten. Er anerbot mir seine kleine Büchersammlung; ließ sich aber übrigens in ökonomischen Sachen noch lieber von mir helfen, als daß er mir hätte beyspringen können, obschon ich ihm so von Weitem meine Umstände merken ließ. In einem dieser Jahre schrieb die erwähnte Gesellschaft über verschiedene Gegenstände Preißfragen aus, welche jeder Landmann beantworten könnte. Mein Freund munterte mich auch zu einer solchen Arbeit auf; ich hatte grosse Lust dazu, machte ihm aber die Einwendung: Man würde mich armen Tropfen nur auslachen. «Was thut das»? sagte er: «Schreib du nur zu, in aller Einfalt, wie's kommt und dich dünkt». Nun, da schrieb ich denn eben *über den Baumwollengewerb und den Credit*, sandte mein Geschmiere zur bestimmten Zeit neben vielen andern ein; und die Herren waren so gut, mir den Preiß von einer Dukate zuzukennen: Ob zum Gespötte? Nein, wahrlich nicht. Oder vielleicht in Betrachtung meiner dürftigen Umstände? Kurz, ich konnt' es nicht begreifen, und noch viel minder, daß man mich itzt gar von ein paar Orten her einlud, ein förmliches Mitglied der Gesellschaft zu werden. «O behüte Gott»! dacht' ich und sagt' ich Anfangs: «Das darf ich mir nur nicht träumen lassen. Ich würde gewiß einen Korb bekommen. Und wenn auch nicht – ich mag so geehrten Herren keine Schande machen. Ueber kurz oder lang würden sie mich gewiß wieder ausmustern». Endlich aber, nach vielem hin und her wanken, und besonders aufgemuntert durch einen der Vorsteher, Herrn G. bey dem ich sehr wohl gelitten war, wagt' ich's doch, mich zu melden; und kann übrigens versichern, daß mich weniger die Eitelkeit als die Begierde reitzte, an der schönen Lesecommun der Gesellschaft um ein geringes Geldlein Antheil zu nehmen. Indessen gieng' es wie ich vermuthet hatte, und gab's nämlich allerley Schwierigkeiten. Einige Mitglieder widersetzten sich, und bemerkten mit allem Recht: Ich sey von armer Familie – dazu ein ausgerißner Soldat – ein Mann von dem man nicht wisse wie er stehe – von dem wenig ersprießliches zu erwarten sey, u. s. f. Gleichwohl ward ich durch Mehrheit der Stimmen angenommen. Aber erst itzt reute mich mein unbesonnener Schritt, als ich bedachte: Jene Herren sagten ja nichts als die pur lautere Wahrheit, und könnten noch einst wohl damit triumphiren. Inzwischen mußt' ich's itzt gelten lassen, und tröstete mich bisweilen mit dem eben auch nicht ganz uneigennützigen Gedanken: Das eint' und andre Mitglied könnte mir im Verfolg, zu manchen wichtigen Dingen nützlich seyn.

LXXII.

Und da.

– Hatt' ich ja itzt freylich eine erstaunliche kindische Freud, mit der grossen Anzahl Bücher, deren ich in meinem Leben nie so viele beysammen gesehn, und an

welchen allen ich nun Antheil hatte. Hingegen errö-
tete ich noch immerfort bey dem blossen Gedanken,
ein eigentliches Mitglied einer gelehrten Gesellschaft
zu heissen und zu seyn, und besuchte sie darum selten,
und nur wie verstohlen. Aber da half alles nichts; es
gieng mir doch wie dem Raben, der mit den Enten
fliegen wollte. Meine Nachbarn, und andre alte
Freunde und Bekannten, kurz Meinesgleichen, sahen
mich, wo ich stuhnd und gieng, überzwerch an. Hier
hört' ich ein höhnisches Gezisch'; dort erblickt' ich ein
verachtendes Lächeln. Denn es gieng unsrer moralischen Gesellschaft im Tockenburg Anfangs wie allen
solchen Instituten in noch rohen Ländern. Man nannte
ihre Mitglieder Neuherren, Bücherfresser, Jesuiten,
u. d. gl. Du kannst leicht denken, mein Sohn! wie's
mir armen einfältigen Tropfen dabey zu Muthe war.
Meine Frau vollends speyte Feuer und Flammen über
mich aus, wollte sich viele Wochen nicht besänftigen
lassen, und gewann nun gar Eckel und Widerwillen
gegen jedes Buch, wenn's zumal aus unsrer Bibliothek
kam. Einmal hatt' ich den Argwohn, sie selbst habe um
diese Zeit meinen Creditoren eingeblasen, daß sie mich
nur brav ängstigen sollten. Sie läugnet's zwar noch auf
den heutigen Tag; und Gott verzeih' mir's! wenn ich
falsch gemuthmaaßt habe; aber damals hätt' ich mir's
nicht ausnehmen lassen. Genug, meine Treiber setzten
itzt stärker in mich als sonst noch nie. Da hieß es:
Hast du Geld, dich in die Büchergesellschaft einzu-
kaufen, so zahl' auch mich. Wollt' ich etwas borgen,
so wies man mich an meine Herren Collegen. «O

du armer Mann»! dacht' ich, «was du da aber vor
einen hundsdummen Streich gemacht, der dir vollends
den Rest geben muß. Hätt'st du dich doch mit deinem Morgen- und Abendseegen begnügt, wie so viele
andre deiner redlichen Mitlandsleuthe. Jezt hast du
deine alten Freund' verloren – von den neuen darfst
und magst du keinen um einen Kreuzer ansprechen.
Deine Frau hagelt auch auf dich zu. Du Narr! was nützt
dir itzt all' dein Lesen und Schreiben? Kaum wirst du
noch dir und deinen Kindern den Betelstab daraus kaufen
können», u. s. f. So macht ich mir selber die bittersten
Vorwürfe, und rang oft beynahe mit der Verzweiflung.
Dann sucht' ich freylich von Zeit zu Zeit aus einem
andern Sack auch meine Entschuldigungen hervor;
die hiessen: «Ha! das Lesen kostet mich doch nur ein
geringes; und das hab' ich an Kleidern und anderm
mehr als erspart. Auch bracht' ich nur die müßigen
Stunden damit zu, wo andre ebenfalls nicht arbeiten;
meist nur bey nächtlicher Weile. Wahr ist's, meine
Gedanken beschäftigten sich auch in der übrigen Zeit
nur allzuviel mit dem Gelesenen, und waren hingegen
zu meinem Hauptberuf selten bey Hause. Doch hab'
ich nichts verludert; trank höchstens bisweilen eine
Bouteille Wein, meinen Unmuth zu ersäufen – das hätt'
ich freylich auch sollen bleiben lassen – Aber, was ist
ein Leben ohne Wein, und zumal ein Leben wie meines»?
– Denn kam's wieder einmal an's Anklagen: «Aber,
wie nachläßig und ungeschickt warst du nicht in allem
was Handel und Wandel heißt. Mit deiner unzeitigen
Güte nahmst du alles, wie man's dir gab – gabst du

jedem, was er dich bat, ohne zu bedenken, daß du nur
andrer Leuthe Geld im Seckel hattest, oder daß dich
ein redlich scheinendes Gesicht betriegen könnte.
Deine Waare vertrautest du dem ersten Beßten, und
glaubtest ihm auf sein Wort, wenn er dir vorlog, er
könne dir auf sein Gewissen nur so und so viel bezahlen. O könnt'st du nur noch einmal wieder von
Vornen anfangen. Aber, vergeblicher Wunsch! – Nun,
so willst du doch alles versuchen – willst denen, die
dir schuldig sind, eben auch drohen wie man dir droht»,
u. s. f. So dacht' ich elenderTropf, und setzte auch wirklich zween meiner Debitoren den Tag an; freylich mehr
um sie und andre zu schrecken, als daß es Ernst gegol-
ten hätte. Aber sie verstuhnden's nicht so. Ich gieng
also auf die bestimmte Zeit mit den Schätzern zu ihren
Häusern; und, Gott weiß! mir war's viel bänger als
ihnen. Denn in dem ersten Augenblick, da ich in des
einen Wohnung trat, dacht' ich: Wer kann das thun?
– Die Frau bat, und wies' mit den Fingern auf das zer-
fetzte Bett, und die wenigen Scherben in der Küche;
die Kinder in ihren Lumpen heulten. O, wenn ich nur
wieder weg wäre! dacht' ich, bezahlte Schätzer und
Weibel, und strich mich unverrichteter Sachen fort,
nachdem man mir in bestimmten Terminen Bezahlung
versprochen, die noch auf den heutigen Tag aussteht.
Auch erfuhr ich nachwerts, daß diese Leuthe, einige
Stunden vorher, eh' ich in ihr Haus kam, die beßten
Habseligkeiten geflöchnet, und ihre Kinder expreß so
zerlöchert angezogen hätten. «Meinetwegen», sagt'
ich da zu mir selbst: «Das will ich in meinem Leben

nicht mehr thun. Meine Gläubiger mögen eines Tages
solche Barbaren gegen mir, ich will's darum nicht gegen
andre seyn. Nein! es geh' mir wie es geh', diese Schulden müssen zuletzt doch auch zu meinem Vermögen
gerechnet werden». Aber jene fragten eben nichts darnach, und diesen jagte eine solche Denkens- und Ver-
fahrungsart gerade auch keinen Scheuen ein. Die erstern trieben mich immer stärker und unerbittlicher.
Dieß, und meine überspannte Einbildung gebahren
dann.

LXXIII.

Freylich manche harte Verſuchung.

Und von dieser muß ich dir auch noch ein Bischen erzählen, mein Sohn! dir zur Warnung, damit du sehest,
welch' ein entsetzlich Ding vor einen ehrliebenden
Mann es ist: Sich in Schulden zu vertiefen, die man
nicht tilgen kann; sieben ganzer Jahre unter dieser
zentnerschweren Last zu seufzen; sich mit tausend
vergeblichen Wünschen zu quälen; in süssen Träumen
spanische Schlösser zu bauen, und allemal mit Schrek-
ken zu erwachen; eine lange lange Zeit auf Hülfe
welche nur seine Fantasie gebrütet, und zuletzt verstohlner Weise gar auf – eigentliche Wunder zu hoffen.
Denk' dir da den armen Erdensohn, welcher dergestalt
todtmüde von all' dem vergebenen Dichten und Trachten, Sinnen und Sorgen, endlich an allem verzweifeln,
und gewiß glauben muß: Gottes Vorsehung selbst
habe nun einmal beschlossen, denselben ins Koth zu

treten; ihn vor aller Welt zu Spott und Schande zu machen, und die Folgen seiner Unvorsichtigkeit vor den Augen aller seiner Feinde büssen zu lassen. Wenn denn unterweilen gar der Gedanke in ihm aufsteigt: Gott wisse nichts von ihm, u. d. gl. – Da denke, denke mein Sohn! Der Verführer feyert bey solchen Gelegenheiten gewiß nicht; und mir war's oft ich fühlte seine Eingebungen, wenn ich etwa den ganzen Tag umhergelaufen und Menschenhülfe vergeblich gesucht hatte – dann schwermüthig, oder vielmehr halb verrückt, der Thur nach schlich – mit starrem Blick in den Strom hinuntersah, wo er am tiefsten ist – O dann deucht' es mir, der schwarze Engel hauche mich an: «Thor! stürz! dich hinein – du haltst's doch nicht mehr aus. Sieh' wie sanft das Wasser rollte! Ein Augenblick, und dein ganzes Seyn wird eben so sanft dahinwogen. Dann wirst du so ruhig schlafen – o so wohl, so wohl! Da wird für dich kein Leid und kein Geschrey mehr seyn, und dein Geist und dein Herz ewig in süssem Vergessen schlummern». – «Himmel! Wenn ich dürfte»! dacht' ich dann. «Aber, welch ein Schauer – Gott! welch' ein Grausen durchfährt alle meine Glieder. Sollt' ich dein Wort – sollte meine Ueberzeugung vergessen? – Nein! packe dich, Satan! – Ich will ausharren, ich hab's verdient – hab' alles verdient». Ein andermal stellte mir der Bösewicht des jungen Werthers Mordgewehr auf einer sehr vortheilhaften Seite vor. «Du hast zehnfach mehr Ursach' als dieser – und er war doch auch kein Narr, und hat sich noch Lob und Ruhm damit erworben, und wiegt sich nun im milden Todes-

schlummer? – Doch wie? – Pfui eines solchen Ruhms»!
Noch ein andermal sollt' ich meinen Bündel aufpacken,
und davon laufen. Mit meiner noch übrigen Baarschaft
könnt' ich denn in irgend einem entfernten Lande
schon wieder etwas neues anfangen; und zu Hause würden Weib und Kinder gewiß auch gutherzige Seelen
finden. «Was? Ich, davon laufen? – Mein zwar un-
sanftes, aber getreues Weib, und meine unschuldigen
kleinen Kinder im Stich lassen – meinen Feinden ihre
Winkelprophezeyungen zu ihrer größten Freude wahr
machen? – Ich, ich sollte das thun? In welcher Ecke
der Erde könnt' ich eine Stunde Ruhe geniessen –
wo mich verbergen, daß der Wurm in meinem Busen,
daß die Rache des Höchsten mich nicht finden könnte»?
– «Nein! Nein! nicht so»; hob dann wieder eine andre
Stimm' in meinem Innwendigen an; «aber Weib und
Kinder mitnehmen, und irgend einen Ort aussuchen,
wo der Baumwollengewerb noch nicht florirt, und wo
man ihn doch gern einrichten möchte – da könntest
du dein Glück bauen; verstehst ja die rohe Frucht sowohl als das Garn – kannst jene selber karten, kämmen, spinnen, und dieses sieden, spuhlen, zetteln –
bist sogar im Stand, ein Spinnrad, eine Kunkel zu
machen – und also die Leuthe vollends alles zu lehren.
Dann kehrst du nach einigen Jahren geehrt und reich
zurück in dein Vaterland, zahlst deine Schulden –
Kapital und Zinse»! – Aber dann bedacht' ich mich
wieder eines Bessern: «Wie, was? O du Lügengeist!
Schon vor dreyßig Jahren hast du mir, so wie heute,
von lauter guten Tagen vorgeschwatzt, mir einen

güldnen Berg nach dem andern gezeigt – und mich immer betrogen, immer in tiefere Labyrinthe verwickelt – mich zum Narren gemacht – und itzt möchtest du mich gar zum Schelmen machen? Wie? Ich sollte auch noch meinem Geburtsland schaden, seinen Brodkorb verschleicken? Nein, nein! in deinem Schooß will ich leben und sterben, da alles erwarten, thun was ich kann, und für das übrige weiter den Himmel walten lassen. Stell' ich mir nicht meine Sachen vielleicht gar zu schrecklich vor? Gott! wenn mich meine Sünden so quälten wie meine Schulden! Aber, ich weiß daß du nicht so streng' bist wie die Menschen. Doch, laß sie machen, ich hab's verdient. Nur bitt' ich, ewige Güte! von jenem argen Feind laß mich nicht länger quälen, nicht über mein Vermögen versucht werden»! So bekam ich von Zeit zu Zeit wieder guten und festen Muth. Aber das währte dann nicht länger, bis sich ein neuer Fall ereignete, wo ich mich abermals des Gedankens nicht erwehren konnte: Itzt ist's aus! Da ist kein Kraut mehr für ein unheilbares Uebel gewachsen. Aber auch dann bestuhnd's mehr in der Einbildung als in der Wirklichkeit.

Eines Tags da ich eben auch etliche Gulden zu borgen vergebens herumgelaufen, einer meiner Gläubiger mich mit entsetzlicher Rohheit anfuhr, und mir sonst alles fatal und überzwerch gieng – und ich dann ganz melancholisch nach Haus kam – meiner Frau nach Gewohnheit nichts sagen noch klagen durfte, wenn ich nicht hundert bittere Vorwürf' in mich schlüken wollte – gedacht' ich, wie sonst schon oft, meine Zuflucht

zum Schreiben zu nehmen – konnt' aber nichts hervor-
bringen, als verworrene Klaglieder, welche beynahe
an Lästerungen gränzten. Dann wollt' ich mich mit
Lesen eines guten Buchs beruhigen; und auch das gelang mir nicht. Ich gieng also zu Bette, wälzte mich
bis um Mitternacht auf meinem Küssen herum, und
ließ meine Gedanken weit und breit durch die ganze
Welt gehn. Bald kam mir da auch der Sinn an meinen
lieben seligen Vater: «Auch dein Leben, du guter
Mann», dacht' ich, «gieng, so wie das meine, unter
lauter Kummer und Sorgen hin, die ich, Ach! dir nicht
wenig vergrösserte, da ich so wenig Antheil an deiner
Last genommen. – Vielleicht ruht gar dein geheimer
Fluch auf mir? – O entsetzlich! – Nun, wie es immer
sey, einmal muß ein Entschluß genommen seyn: Entweder meinem elenden Leben – Nein! Gott! Nein
Das steht in deiner Hand. – – Oder mich meinen
Gläubigern auf Gnad' und Ungnad' hin zu Füssen zu
werfen. Aber Nein! o wie hart! Das kann ich unmöglich. – Oder ja mich entfernen, davonlaufen so weit der
Himmel blau ist. Ach! meine Kinder! Da würd' mir
das Herz brechen». – Während diesen Fantasien fiel
mir der menschenfreundliche Lavater ein; augenblicklich entschloß ich mich an ihn zu schreiben, stuhnd sofort auf, und entwarf folgenden Brief, den ich zum
Denkmal meiner damaligen Lage hier beyrücke.

LXXIV.

Wohlehrwürdiger, Hoch= und Wohlgelehrter Herr Pfarrer Johann Cafpar Lavater!

Mitten in einer entsetzlich bangen Nacht unterwind'
ich mich, an Sie zu schreiben. Keine Seel' in der Welt
weißt es; und keine Seel' weißt meine Noth. Ich kenne
Sie aus Ihren Schriften und vom Gerüchte. Wüßt' ich
nun freylich nicht von diesem, daß Sie einer der beßten,
edelsten Menschen wären, dürft' ich von Ihnen wohl
keine andre Antwort erwarten, als wie etwa von einem
Grossen der Erde. Z. E. Pack dich, Schurke! Was gehn
mich deine Lumpereyen an. – Aber nein! ich kenne
Sie als einen Mann voll Großmuth und Menschenliebe,
welchen die Vorsehung zum Lehrer und Arzt der itzigen Menschheit ordentlich scheint bestimmt zu haben.
Allein Sie kennen mich nicht. Geschwind will ich also
sagen, wer ich bin. O werfen Sie doch den Brief eines
elenden Tockenburgers nicht ungesehn auf die Seite,
eines armen gequälten Mannes, der sich mit zitternder
Hand an Sie wendet, und es wagt, sein Herz gegen
einen Herrn auszuschütten, gegen den er ein so inniges
Zutrauen fühlt. O hören Sie mich, daß Gott Sie auch
höre! Er weiß, daß ich nicht im Sinn habe, ihnen weiter
beschwerlich zu fallen, als nur Sie zu bitten, diese Zeilen zu lesen, und mir dann ihren väterlichen Rath zu
ertheilen. Also. Ich bin der älteste Sohn eines blut-
armen Vaters von 11. Kindern, der in einem wilden
Schneeberg unsers Lands erzogen ward, und bis in sein

sechszehntes Jahr fast ohne allen Unterricht blieb, da
ich zum H. Nachtmahl unterwiesen wurde, auch von
selbst ein wenig schreiben lernte, weil ich grosse Lust
dazu hatte. Mein sel. Vater mußte unter seiner Schuldenlast erliegen, Haus und Heimath verlassen, und
mit seiner zahlreichen Familie unterzukommen suchen,
wo er konnte und mochte, und Arbeit und ein kümmer-
liches Brodt für uns zu finden war. Die Hälfte von uns
war damals noch unerzogen. Bis in mein neunzehntes
Jahr blieb mir die Welt ganz unbekannt, als ein
schlauer Betrüger mich auf Schaffhausen führte, um,
wie er sagte, mir einen Herrendienst zu verschaffen.
Mein Vater war's zufrieden – und ich wurde, ohne mein
Wissen, an einen preußischen Werber verkauft, der
mich freylich so lange als seinen Bedienten hielt, bis ich
nach Berlin kam, wo man mich unter die Soldaten
steckte – und noch itzt nicht begreifen wollte, wie man
mich so habe betriegen können. Es gieng eben ins Feld.
O wie mußt' ich da meine vorigen in Leichtsinn voll-
brachten guten Tage so theuer büssen! Doch ich flehte
zu Gott, und er half mir ins Vaterland. In der ersten
Schlacht bey Lowositz nämlich, kam ich wieder auf
freyen Fuß, und kehrte sofort nach Hause. In dem
Städtgen Rheineck küßt' ich zum erstenmal wieder
die Schweitzer-Erde, und schätzte mich für den glücklichsten Mann, ob ich schon nichts als ein Paar Bran-
denburgische Dreyer, und einen armseligen Soldaten-
rock auf dem Leib in meine Heimath brachte. Nun
mußt' ich wieder als Taglöhner mein Brot suchen; das
kam mich freylich sauer genug an. In meinem sechs

und zwanzigsten heurathete ich ein Mädchen mit hundert Thalern. Damit glaubt' ich schon ein reicher Mann zu seyn, dachte itzt an leichtere Arbeit mit aufrechtem Rücken, und fieng, auf Anrathen meiner Braut, einen Baumwollen und Garngewerb an, ohne daß ich das geringste von diesem Handwerk verstuhnd. Anfangs fand ich Credit, baute ein eigenes Häuschen, und vertiefte mich unvermerkt in Schulden. Indessen verschaffte mir doch mein kleines Händelchen einen etwelchen Unterhalt; aber bösartige Leuthe betrogen mich immer um Waare und Geld, und die Haushaltung mehrte sich von Jahr zu Jahre, so daß Einnahm' und Ausgabe sich immer wettauf frassen. Dann dacht' ich: Wenn einst meine Jungen grösser sind, wird's schon besser kommen! Aber ich betrog mich in dieser Hoffnung. Mittlerweile überfielen mich die hungrigen Siebenziger-Jahre, als ich ohnedem schon in Schulden steckte. Ich hatte itzt fünf Kinder, und wehrte mich wie die Katz' am Strick. Das Herz brach mir, wenn ich so meine Jungen nach Brodt schreyen hörte. Dann noch meine arme Mutter und Geschwister! Von meinen Debitoren nahm hie und da einer den Reißaus; andre starben, und liessen mich die Glocken zahlen; Ich hingegen wurde von etlichen meiner Gläubiger scharf gespornt; mit meinem Handel gieng's täglich schlechter. Itzt wurden wir noch alle gar an der Ruhr krank; meine zwey Aeltst gebohrnen starben, wir übrigen erholten uns wieder. Inzwischen harrt' ich auf Gott und günstigere Zeiten. Aber umsonst! Und war ich nicht ein Thor, und bin ich's nicht itzt noch, wenn ich auch nur ein wenig zurückdenke, auf mein sorgloses in den Tag hinein leben? Bin ich denn nicht selbst schuld an allem meinem Elend? Meine Unbesonnenheit, meine Leichtgläubigkeit, mein unwiderstehlicher Hang zum Lesen und Schreiben, haben nicht die mich dahin gebracht? Wenn mein Weib, wenn ich selbst, mir solche nur zu wohl verdiente Vorwürfe machen, dann kämpf' ich oft mit der Verzweiflung; wälze mich halbe Nächte im Bett herum, rufe den Tod herbey, und bald jede Art mein Leben zu endigen scheint mir erträglicher, als die äusserste Noth der ich alle Tage entgegensehe. Voll Schwermuth schleich' ich dann langsam unsrer Thur nach, und blicke vom Felsen herab scharf in die Tiefe. Gott! wenn nur meine Seele in diesen Fluthen auch untergehen könnte! Das eintemal lispelte mir der Teufel des Neides – freylich eine grosse Wahrheit ein: Wie viele Schätze werden nicht auf dieser Erde verschwendet! Wie manches Tausend auf Karten und Würfel gesetzt, wo dir ein einziges aus dem Labyrinth helfen könnte! Ein andermal heißt mich dieser böse Feind gar, zusammenpacken, und alles im Stich lassen. Aber nein! da bewahre mich Gott dafür! Ja, im blossen Hemd wollt' ich auf und davon, mich an die Algier zu verkaufen, wenn dann nur meine Ehre gerettet, und Weib und Kindern damit geholfen wäre. Noch ein andermal raunt mir, wie ich wenigstens wähne, ein beßrer Geist ins Ohr: Armer Narr! der Himmel wird deinetwegen kein Wunder thun! Gott hat die Erde gemacht, und so viel Gutes darauf ausgeschüttet. Und das Beßte davon, goß er's nicht ins weiche Herz des Menschen?

Also hinaus in die Welt, und spüre diesen edlen Seelen nach; Sie werden Dich nicht aufsuchen. Gesteh' ihnen deine Noth und deine Thorheit, schäm' dich deines Elends nicht, und schütte deinen Kummer in ihren Schooß aus. Schon manchem weit Unglücklichern ist geholfen worden. Aber o wie blöd' bin ich, und wie zweifelhaft, ob auch dieses gute oder schlimme Eingebungen seyn! – Beßter Menschenfreund! O um Gotteswillen rathen Sie mir; sagen Sie es mir, ob das ebenbemerkte Mittel nicht noch das thunlichste wäre, mich von einem gänzlichen Verderben zu retten. – Ach! wär' es nur um mich allein zu thun! – Aber meine Frau, meine armen unschuldigen Kinder, sollten auch diese die Schuld und Schand' ihres Mannes und Vaters tragen; und die hiesige Moralische Gesellschaft, in die ich mich erst neuerlich, freylich eben auch unüberlegt genug, habe aufnehmen lassen, sollte auch diese frühe, und zum erstenmal, durch eins ihrer Mitglieder, gegen welches man ohnehin so manche begründete Einwendungen machte, so schrecklich beschimpft werden? O noch einmal, um aller Erbärmden Gottes willen, Herr Lavater! Nur um einen väterlichen Rath! verziehen Sie mir diese Kühnheit. Noth macht frech. Und in meiner Heimath dürft' ich um aller Welt Gut willen mich keiner Seele entdecken. Freunde die mich zu retten wißten, hab' ich keine; wohl ein Paar die noch eher von mir Hülf' erwarten könnten; dem Spott aber von Halbfreunden oder Unbekannten mich auszusetzen – Nein! da will ich tausendmal lieber das Alleräusserste erwarten. – Und nun mit sehnlicher Ungeduld und kindlichem Zutrauen, erwartet, auch zuletzt nur eine Zeile Antwort von dem Mann, auf den noch einzig meine Seele hoffet,

Der in den letzten Zügen des Elends liegende,
arme, geplagte Tockenburger

H**, bey L***,   U. B.
    den 12. Herbstm. 1777.

LXXV.

Dießmal vier Jahre.

(1778–1781.)

Diesen Brief, mein Sohn! den ich in jener angstvollen Nacht schrieb, gedacht' ich gleich Morgens darauf an seine Behörde zu senden; allein bey mehrmaligem Lesen und Ueberlesen desselben, wollt' er mir nie recht, und immer minder gefallen; als ich zumal mittlerweil' erfuhr, wie der theure Menschenfreund Lavater von Kollektanten, Betlern und Betlerbriefen so bestürmt werde, daß ich auch den blossen Schein, die Zahl dieser Unverschämten zu mehren, vermeiden wollte. Also – unterdrückt' ich mein Geschreibsel, und nahm von dieser Stund' an meine Zuflucht einzig zu Gott, als meinem mächtigsten Freund und sichersten Erretter, klagte demselben meine Noth, befahl ihm alle meine Sachen, und betete innbrünstig – nicht um ein Wunder zum meinem Beßten, sondern um Gelassenheit, alles abzuwarten wie es kommen möchte. Freylich

wandelten auch im Verfolge mich noch öftre Anfälle
von meinem eingewurzelten Kummerfieber an; aber
dann eräugnete sich auch wieder manches, das meine
Hoffnung stärkte. Ich wandte nämlich alle meine
Leibs- und Seelenkräfte an, meine kleinen Geschäfte zu
vermehren; sah' überall selber zu meinen Sachen;
stellte mich gegen jedermann nichts weniger als muth-
los, sondern that immer lustig und guter Dingen. Meinen Gläubigern gab ich die beßten Worte, zahlte die
ältern, und borgte wieder bey andern. In der benachbarten Gemeinde Ganterschweil sah ich mich nach
neuen Spinnern um, so viel ich derselben aufzutreiben
wußte. Das Jahr 1778. gab mir ganz besondern Muth
und Zuversicht; mein Händelchen gieng damals vortrefflich von statten, und bald konnt' ich glauben, daß
ich mit Zeit und Weile mich vollkommen wieder erholen und von meinem ganzen Schuldenlast entledigen
würde. Aber die Angst will ich doch mein Tage nicht
vergessen, die mich auch itzt noch zum öftern quälte,
wenn ich so den Geschäften nach traurig meine Strasse
gieng, und mich dem Comptoir eines überlegenen
Handelsmanns oder der Thür eines harten Gläubigers
nahte, wie es mir da zu Muthe war; wie oft ich meine
Hände gen Himmel rang: «Herr! Du weissest alle
Dinge! Alle Herzen sind in deiner Hand; du leitest
sie wie Wasserbäche, wohin du willst! Ach! gebiete
auch diesem Laban, daß er nicht anders mit Jakob rede
als freundlich»! Und der Allgütige erhörte meine
Bitte; und ich bekam mildere Antwort, als ich's nie
hätte erwarten dürfen. O wie ein köstlich Ding ist's,

auf den Herrn hoffen, und ihm alle seine Anliegen mit Vertrauen klagen. Dieß hab' ich so manchmal, und so deutlich erfahren, daß mir itzt die felsenfeste Ueberzeugung davon nichts in der Welt mehr rauben kann.

Zu Anfang des Jahrs 1779. ward mir ohne mein Bewerben und Bemühen der Antrag gemacht, einem auswertigen Fabrikanten, von Glarus, Johannes Zwicki, Baumwollen-Tücher weben zu lassen. Anfangs lehnt' ich den Antrag aus dem Grund ab, weil vor mir her ein gewisser Grob bey der nämlichen Commißion Bankerott gemacht. Da man mich aber versichert, daß die Ursache seines Unfalls eine ganz andre gewesen, ließ ich mich endlich bereden, und traf den Accord vollkommen auf den Fuß wie jener. Sofort hob' ich diesen Verkehr an. Man lieferte mir das Garn; und zwar zuerst sehr schlechtes; aber nach und nach gieng's besser. Auch hatt' ich Anfangs viele Mühe, genug Spuhler und Weber zu kriegen. Doch merkt' ich bald, daß zwar mit diesem Geschäft viel Verdruß und Arbeit verbunden, aber auch etwas dabey zu gewinnen wäre. Ao. 80. erweitert' ich daher meine Anstalt um ein merkliches, fieng nun auch an, vor eigene Rechnung Tücher zu machen, und befand mich recht gut dabey. Mein Credit wuchs wieder von Tag zu Tage. Meine Gläubiger merkten bald, daß die Sachen eine ganz andre Wendung genommen; ich bekam Geld und Waare so viel ich wollte, und zählte nun steif und fest darauf, itzt hätt' ich mich für ein- und allemal erschwungen.

Auch Ao. 81. gieng's wieder im Ganzen wenigstens passabel, und bey der Jahrrechnung zeigte sich ein

ziemlicher Profit. Ich hüpfte daher nicht selten in meiner Waarenkammer vor Freuden hoch auf; betrachtete
mein Schicksal als recht sonderbar, und meine Erret-
tung wenigstens als ein Beynahe-Wunder. Und doch
gieng von je her, und noch itzt, alles seinen ordent-
lichen natürlichen Lauf; und Glück und Unglück richteten sich immer theils nach meinem Verhalten, das
in meiner Macht stuhnd, theils nach den Zeitumstän-
den, die ich nicht ändern konnte.

LXXVI.

Wieder vier Jahre.

1782.–1785.

Allgemeine Uebersicht.

Wollt' ich wie ich's ehedem etwa in meinen Tagebüchern gethan alle Begegnisse meines Lebens, die im
Ganzen alle Erdenbürger mit einander gemein haben,
auch nur diese vier Jahre über erzählen, ich könnte
ganze Bände damit füllen: Bald in einer heitern Laune
meinen Wohlstand schildern, und mich und andre in
einen solchen Enthusiasmus setzen, daß man glauben
sollte, ich wäre der glücklichste Mensch auf Gottes
Erdboden; dann aber hinwieder in einer trüben Stunde,
wo ein halbduzend widrige Begegnisse auf meinem
Pfad zusammentreffen, lamentiren wie eine Eule, und
mein Schicksal so jämmerlich vorstellen, daß ich mich
bald selbst könnte glauben machen, ich sey das elen-

deste Geschöpf unter der Sonne. Aber meine Umstände haben sich nun seit ein paar Jahren merklich geändert; und damit auch meine Denkart, über diesen Punkt nämlich; sonst bin ich freylich noch der alte Wilibald. Aber der närrische Schreibhang hat sich um ein gut Theil bey mir verloren. Ursache. Erstlich geben mir meine Geschäft, je länger je mehr zu denken und zu thun. Die Haushaltung verwirrt mir oft beynahe den Kopf, und zertrümmert das ganze schöne Spinngeweb meiner Authorsconcepte. Denn sind mir meine Jungens ohnehin schon beynahe über die Hand gewachsen, und es braucht nicht wenig Zeit und Kopfbrechens, dieselben auch nur noch in einem etwelchen Gleise zu behalten. Drittens macht mir die Gefährtin meines Lebens, ihrer alten Art gemäß, noch immerfort die Herrschaft streitig, und dies bisweilen mit einer solchen Kraft, daß ich zum Retiriren meine Zuflucht nehmen muß, und oft in meinem kleinen Häuschen kein einziges Winkelgen finde, wo mich auch nur auf etliche Minute die Muse ungestört besuchen könnte. Gelingt es mir aber jede Woche etwa einmal, daß ich mich auf ein paar Stunden entfernen kann, so – ich will es nur gestehen – geh' ich dann lieber sonst irgend einem unschuldigen Vergnügen nach, das mir den Kopf aufräumt, anstatt ihn, mitten unter allem Hausgelerm, an meinem Pulte noch mehr zu erhitzen. Einzig wird es mir von Zeit zu Zeit, etwa an einem Sonntag oder Feyerabend, noch zu gut, ein schönes Büchelgen zu überschnappen, das ich aber, eh' ich's recht ausgelesen, weiter bestellen muß. Inzwischen giebt's denn wieder

so ein herziges Ding, dem ich ebenfalls nicht widerstehen kann. Und so bleibt mir vollends oft wochenlang
zum Schreiben nicht ein Augenblick übrig, so sehr
ich auch den Lust und Willen hätte, diese und jene
zufälligen Gedanken und Empfindungen aufs Papier zu
werfen; bis etwa nach der Hand sich eine schickliche
Viertelstunde darbietet, wo aber dann das Beßte gu-
tentheils wieder verraucht, und auf immer verloren
ist. Dann denk' ich (freylich vielleicht wie der Fuchs
in der Fabel): «Und wozu am End alle dieß Dinten verderben? Wirst doch dein Lebtag kein eigentlicher
Autor werden»! Und wirklich daran kam mir oft
Jahre lang nur der Sinn nie – Wenn ich zumal in irgend
einem guten Schriftsteller las, mocht' ich mein Ge-
schmier vollends nicht mehr anseh'n, und bin zugleich
überzeugt, daß ich in meinen alten Tagen, es besser
zu machen kaum mehr lernen, sondern halt so fortfahren werde, ohne Kopf und Schwanz, bisweilen auch
ohne Punkt und Comma, Schwarz auf Weiß zu kleck-
sen, so lang meine Augen noch einen Stich sehen können. Aus allen diesen Gründen will ich so kurz seyn wie
möglich; und bemerke zu allererst: Daß sich in jenem
Zeitraum meine Umstände überhaupt von Jahr zu Jahr
gebessert haben, und ich, wenn ich schon damals Waaren und Schulden zu Geld gemacht – alle meine Gläubiger vollkommen hätte befriedigen können, und mir
meine kleine Residenz, Haus und Garten, ganz frey,
ledig und eigen geblieben wäre. Nur im Sommer des
letzten der genannten Jahre (1785.) erlitt' ich freylich
mit so vielen andern grössern und kleinern Leuthen

einen ziemlich harten Stoß. Nach dem bekannten Königlich Französischen Edikt nämlich gab es einen so plötzlich und starken Abschlag der Waare, daß ich bey meinem kleinen und einfältigen Händelchen gewiß über 200. fl. einbüssen mußte. Und seither ist kein Anschein vorhanden, daß der Baumwollentücher-Verkehr in unserm Land jemals wieder zu seinem ehevorigen Flor gelangen werde. Einige Grosse mögen wol noch ihren schönen Schnitt machen; aber so ein armer Zumpel, wie unser einer, dem alle Waaren abgedruckt werden, gewiß nicht. Indessen gieng's auch mir immer noch ziemlich passabel; und so, daß wenn ich mich, selbst damals noch, zur Kargheit, selbst nur zu einer ängstlichen Sparsamkeit hätte bekehren wollen, ich vielleicht auf den heutigen Tag ein so genannter bemittelter Mann heissen und seyn könnte. Aber dieser Talent (mit dem ich wahrscheinlich auch nicht in jene Schuldenlast gerathen wäre, unter welcher ich zehn bis zwölf Jahre so bitter seufzen mußte, und die ich endlich, unter Gottes Beystand, mit so vieler Mühe und Arbeit ab meinen Schultern gewälzt) dieser Talent, sag' ich, ward mir eben nie zu Theil, und wird es wohl nimmer werden, so lang ich in dieser Zeitlichkeit walle. Nicht daß es nicht von Zeit zu Zeit Augenblicke gebe, wo ich mich über eine unnöthige Ausgabe, oder einen meist durch Nachgiebigkeit versäumten Gewinnst quälen und grämen, wo mich, sonderlich bey Hause, ein Kreutzer – ein Pfenning reuen kann. Aber, sobald ich in Gesellschaft komme, wo man mir gute Worte giebt, einen Dienst erweist – oder wo

mein Vergnügen in Anschlag kömmt – da spiel' ich
meist die Rolle eines Mannes der nicht auf den Schilling oder Gulden zu sehen hat, und nicht bey Hunder-
ten sondern bey Tausenden besitzt. Dieß geschah besonders während dem ersten Entzücken über meine
Befreyung von jedem nachjagenden Herrn. Da war
mir wie einem der aus einer vermeinten ewigen Ge-
fangenschaft, oder gar schon auf dem Schaffot, mit
Eins auf ledigen Fuß gestellt wird, und nun über Stauden und Stöcke rennt. Da würd' ich bald hundert und
hundertmal gestrauchelt, und vielleicht in Schwel-
gerey und andre Laster – kurz vor lauter Freuden bald
in neue noch ärgere Abgründe versunken seyn, wäre
mir nicht mein guter Engel mit dem blossen Schwerdt,
wie einst dem Esel Bileams, in den Weg gestanden.

LXXVII.

Und nun, was weiters?

Das weiß ich wahrlich selber nicht. Je mehr ich das
Gickel Gackel meiner bisher erzählten Geschichte über-
lese und überdenke, desto mehr eckelt mir's davor.
Ich war daher schon entschlossen, sie wieder von neuem
anzufangen; ganz anders einzukleiden; vieles wegzu-
lassen das mir itzt recht pudelnärrisch vorkömmt; anderes wichtigeres hingegen, worüber ich weggestol-
pert, oder das mir bey dem ersten Concepte nicht zu
Sinn gekommen, einzuschalten, u.s.f. Da sich aber, wie
schon oben gesagt, mein Schreibehang, gut um drey

Also?

Quart vermindert – da ich hiernächst die Zeit dazu
extra auskaufen müßte, und besonders – am End es
nicht viel besser machen würde, will ich's lieber grad
bleiben lassen wie es ist – als ein zwar unschädliches,
aber, ich denke, auch unnützes Ding, wenigstens für
andre. Damit ich aber mein bisheriges Wirrwar einigermaassen verbeßre, will ich wenigstens das eint- und
andre nachholen; mich noch, ehe es fremde Richter
thun, selbst critisiren, und dann mit Beschreibung meiner gegenwärtigen Lage beschliessen.

LXXVIII.

Alfo?

Was anders, als ich, nicht Ich? Denn ich hab' erst seit
einiger Zeit wahrgenommen, daß man sich selbst –
mit einem kleinen i schreibt. Doch, was ist das gegen
andre Fehler? Freylich muß ich zu meiner etwelchen
Entschuldigung sagen, daß ich mein Bißchen Schreiben
ganz aus mir selbst, ohne andern Unterricht gelernt,
dafür aber auch erst in meinem dreyßigsten Jahr etwas
Leserliches, doch nie nichts recht orthographisches,
auch unlinirt bis auf den heutigen Tag nie eine ganz
gerade Zeile herausbringen konnte. Hingegen hatte
für mich die sogenannte Frakturschrift, und zierlich
geschweifte Buchstaben aller Art sehr viele Reitze, obschon ich's auch hierinn nie weit gebracht. Nun denn,
so geh' es auch hierinn eben weiter im Alten fort.

Als ich dieß Büchel zu schrieben anfieng, dacht' ich

Wunder, welch eine herrliche Geschicht' voll der seltsamsten Abentheuer es absetzen würde. Ich Thor!
Und doch – bey besserem Nachdenken – was soll ich
mich selbst tadeln? Wäre das nicht Narrheit auf Narrheit gehäuft? Mir ist's als wenn mir jemand die Hand
zurückzöge. Das Selbsttadeln muß also etwas unnatür-
liches, das Entschuldigen und sich selbst alles zum
Beßten deuten etwas ganz natürliches seyn. Ich will
mich also herzlich gern' entschuldigen, daß ich Anfangs so verliebt in meine Geschichte war, wie es jeder
Fürst und – jeder Betelmann in die seinige ist. Oder,
wer hörte nicht schon manches alte, eisgraue Bäur-
lein von seinen Schicksalen, Jugendstreichen u. s. f.
ganze Stunden lang mit selbstzufriedenem Lächeln so
geläufig und beredt daherschwatzen, wie ein Procura-
tor, und wenn er sonst der größte Stockfisch war.
Freylich kömmt's denn meist ein Bißel langweilig für
andre heraus. Aber was jeder thut, muß auch jeder
leiden. Freylich hätt' ich, wie gesagt, mein Geschreibe
ganz anders gewünscht; und kaum war ich damit zur
Hälfte fertig, sah' ich das kuderwelsche Ding schon
schief an; alles schien mir unschicklich, am unrechten
Orte zu stehn, ohne daß ich mir denn doch getraut
hätte, zu bestimmen, wie es eigentlich seyn sollte;
sonst hätt' ich's flugs auf diesen Fuß, z. B. nach dem
Modell eines Heinrich Stillings umgegossen. «Aber,
Himmel! welch ein Contrast! Stilling und: ich»! dacht'
ich. «Nein, daran ist nicht zu gedenken. Ich dürfte
nicht in Stillings Schatten stehn». Freylich hätt' ich
mich oft gerne so gut und fromm schildern mögen, wie

dieser edle Mann es war. Aber konnt' ich es, ohne zu lügen? Und das wollt' ich nicht, und hätte mir auch wenig geholfen. Nein! Das kann ich vor Gott bezeugen, daß ich die pur lautere Wahrheit schrieb; entweder Sachen die ich selbst gesehen und erfahren, oder von andern glaubwürdigen Menschen als Wahrheit erzählen gehört. Freylich Geständnisse, wie Roußeau's seine, enthält meine Geschichte auch nicht, und sollte auch keine solchen enthalten. Mag es seyn, daß einige mich so für besser halten, als ich nach meinem eigenen Bewußtseyn nicht bin. Aber aller meiner Beichte ungeachtet, hätten denn doch hinwieder andre mich noch für schlimmer geachtet, als ich, unter dem Beystand des Höchsten mein Lebtag nicht seyn werde. Und mein einzig unpartheyischer Richter kennt mich ja durch und durch, ohne meine Beschreibung.

LXXIX.

Meine Geständnisse.

Um indessen doch einigermaaßen ein solches Geständniß abzulegen, und Euch, meine Nachkommen, einen Blick wenigstens auf die Oberfläche meines Herzens zu öffnen, so will ich Euch sagen: Daß ich ein Mensch bin, der alle seine Tage mit heftigen Leidenschaften zu kämpfen hatte. In meinen Jugendjahren erwachten nur allzufrühe gewisse Naturtriebe in mir; etliche Geißbuben, und ein Paar alte Narren von Nachbarn sagten mir Dinge vor, die einen unauslöschlichen

Eindruck auf mein Gemüth machten, und es mit tausend romantischen Bildern und Fantaseyen erfüllten, denen ich, trotz alles Kämpfens und Widerstrebens, oft bis zum unsinnig werden nachhängen mußte, und dabey wahre Höllenangst ausstuhnd. Denn um die nämliche Zeit hatte ich von meinem Vater, und aus ein Paar seiner Lieblingsbücher, allerley, nach meinen itzigen Begriffen übertriebene, Vorstellungen von dem, was eigentlich fromm und reinen Herzens sey, eingesogen. Da wurde mir nur das allerstrengste Gesetz eingepredigt; da schwebten mir immer unübersteigliche Berge, und die schwersten Stellen aus dem Neuen Testament von Händ' und Füß' abhauen, Augausreißen u.s.f. vor. Mein Herz war von jeher äusserst empfindlich; ich erstaunte daher sehr oft, wenn ich weit bessere Menschen als ich, bey diesem oder jenem Zufall, bey Erzählung irgend eines Unglücks, bey Anhörung einer rührenden Predigt, u. d. gl. wie ich wähnte ganz frostig bleiben sah. Man denke sich also meine damalige Lage in einem rohen einsamen Schneegebürg': Ohne Gesellschaft, ausser jenen schmutzigen Buben und unfläthigen Alten auf der einen – auf der andern Seite jenen schwärmerischen Unterricht, den mein junger feuerfangender Busen so begierig aufnahm; dann mein von Natur tobendes Temperament, und eine Einbildungskraft, welche mir nicht nur den ganzen Tag über keine Minute Ruhe ließ, sondern mich auch des Naehts verfolgte, und mir oft Träume bildete, daß mir noch beym Erwachen der Schweiß über alle Finger lief. Damals war (wie man schon zum

Theil aus meiner obigen Geschichte wird ersehen haben) meine größte Lust, an einem schönen Morgen
oder stillen Abend, währendem Hüten meiner Geißen,
mich auf irgend einem hohen Berge in einen Dorn-
busch zu setzen – dann jenes Büchelgen hervorzulan-
gen das ich viele Zeit überall und immer bey mir trug,
und daraus mich über meine Pflichten gegen Gott, gegen meine Eltern, gegen alle Menschen und gegen
mich selbst, so lang zu erbauen, bis ich in eine Art wilder Empfindung gerieth, und (ich entsinne mich noch
vollkommen) allemal mit einer Ermahnung an Kinder
geendet, deren Anfang lautete: «Kommt Kinder! Wir
wollen uns vor dem Thron des himmlischen Vater nie-
derwerfen». Dann richtete ich meine Augen starr in
die Höhe, und häufige Thränen flossen die Wangen
herab. Dann hätt' ich mich auf ewig und durch tausend
Eyde verbunden, Allem Allem abzusagen, und nur
Jesu nachzufolgen. Voll unnennbarer, halb süsser, halb
bittrer Empfindungen stieg ich dann mit meiner Heerde
weiter von einem Hügel zum andern auf und nieder,
und hieng immer dem beängstigenden Gedanken nach:
Was ich denn nun allererst thun müsse, um selig zu
werden? «Darf ich also», hob ich dann halb laut halb
leise an, «meine Geißen nicht mehr lieben? Muß ich
meinem Distelfink Abschied geben? – Muß ich wirklich gar Vater und Mutter verlassen»? u. s. f. Dann
fiel ich vollends in eine düstre Schwermuth, in Zweifel, in Höllenangst; wußte nicht mehr was ich treiben,
was ich lassen, woran ich mich halten sollte. Das dauerte dann so etliche Tage lang. Dann hieng ich wieder

für etwas Zeit Grillen von ganz andrer Natur – und
auch diesen bis zur Wuth nach; baute mir ein, zwey,
drey Dutzend spanischer Schlösser auf, riß alle Abend
die alten nieder, und schuf ein Paar neue. – So dauerte
es bis ungefehr in mein achtzehntes Jahr, da mein Vater seinen Wohnort veränderte, und ich so zu sagen in
eine ganz neue Welt trat, wo ich mehr Gesellschaft,
Zeitvertreib, und minder Anlaß zum Phantasiren hatte.
Hier fiengen sich dann auch, besonders Eine Art der
Kinderei meiner Einbildungskraft – und zwar leider eben
die schönste von allen – an, sich in Wirklichkeit um-
zuschaffen, und kamen mir eben nahe an Leib. Aber
zu meinem Glücke hielt mich meine anerbohrene
Schüchternheit, Schaamhaftigkeit – oder wie man das
Ding nennen will – noch Jahre lang zurück, eh' ich nur
ein einziges dieser Geschöpfe mit einem Finger be-
rührte. Da fieng sich endlich jene Liebesgeschichte mit
Aenchen an, die ich oben, wie ich denke, nur mit allzu-
süsser Rückerinnerung, beschrieben habe – und doch
noch einmal beschreiben, jene Honigstunden mir noch
einmal zurückrufen möchte – um mehr zu geniessen
als ich wirklich genossen habe. Allein ich fürchte –
nicht Sünde, aber Aergerniß; und eine geheime Stimme
ruft mir zu: «Grauer Geck! Bestelle dein Haus; denn
du mußt sterben». – Noch lebt diese Person, so gesund
und munter wie ich; und mir steigt eine kleine Freude
ins Herz so oft ich sie sehe, obgleich ich mit Wahrheit
bezeugen kann, daß sie alle eigentliche Reitze für mich
verloren hat. Also kurz und gut, wir gehen weiters. –
Nun von jenem Zeitpunkt an war ich unstät und

flüchtig, wie Cain. Bald bestuhnd meine Arbeit im Taglöhnen; bald zügelte ich für meinen Vater das Salpetergeschirr von einem Fleck zum andern. Da traf ich freylich allerhand Leuthe, immer neue Gesellschaft, und mir bisdahin unbekannte Gegenden an; und diese und jene waren mir bald widrig, bald angenehm. Im Umgang war ich eckel. Zwar bemühete ich mich, freundlich mit allen Menschen zu thun. Aber zu beständigen Gespannen stuhnden mir die wenigsten an; sie mußten von einer ganz eigenen Art seyn, die ich, wenn ich ein Mahler wäre, eher zeichnen, als mit Worten beschreiben könnte. Hie und da gerieth ich auch an ein Mädchen; aber da stuhnd mir keine an wie mein Aenchen. Nur eines gewissen Cäthchens und Marichens erinnr' ich mich noch mit Vergnügen, obschon unsre Bekanntschaft nur eine kleine Zeit währte. Wenn ein Weibsbild, sonst noch so hübsch, da stuhnd oder saß wie ein Stück Fleisch – mir auf halbem Weg entgegen kam, oder mich gar noch an Frechheit übertreffen wollte, so hatte sie's schon bey mir verdorben; und wenn ich dann auch etwa in der Vertraulichkeit mit ihr ein Bißchen zu weit gieng, war's gewiß das erste und letzte Mal. Nie hab' ich mir auf meine Bildung und Gesicht viel zu gut gethan, obschon ich bey den artigen Närrchen sehr wohl gelitten war, und einiche aus ihnen gar die Schwachheit hatten mir zu sagen, ich sey einer der hübschesten Buben. Wenn gleich meine Kleidung nur aus drey Stücken bestuhnd – einer Lederkappe, einem schmutzigen Hembd, und ein Paar Zwilchhosen – so schämte sich doch auch das niedlichst geputzte Mädchen nicht, ganze Stunden mit mir zu schäckern. In Geheim war ich denn freylich stolz auf solche Eroberungen, ohne recht zu wissen warum? Andremal nagte mir, wie gesagt, wirklich die Liebe ein Weilchen am Herzen: Dann sucht' ich mich des lästigen Gastes durch Zerstreuungen zu entledigen; jauchzte, pfiff, und trillerte einen Gassenhauer, deren ich in kurzer Zeit viele von meinen Kameraden gelernt hatte; oder brütete an abgelegenen Orten wieder etliche Fantaseyen aus, und träumte von lauter Glück und guten Tagen, ohne daß ich mir einfallen ließ, mich auch zu fragen: Wenn und woher sie auch kommen sollten? das ich mir auch sicher nicht hätte beantworten können. Denn die Wahrheit zu gestehn, ich war ein Erzlappe und Stockfisch, und besaß zumal keine Unze Klugheit, oder gründliches Wissen, wenn ich schon über alles ganz artlich zu reden wußte. Daß ich bey jedermann, und bey jenen schönen Dingern insonderheit wohl gelitten war, kam einzig daher, weil ich so ziemlich gut an jedem Ort augenblicklich den für dasselbe schicklichsten Ton zu treffen wußte, und mir, wie meine Nymphen behaupteten, alles ziemlich nett anstuhnd. – Und nun abermals ein neuer Akt meines Lebens. Als mich nämlich bald hernach das Verhängniß in Kriegsdienste führte, und vorzüglich in den sechs Monathen, da ich noch auf der Werbung herumstreifte, ja da geht's über alle Beschreibung, wie ich mich nun fast gänzlich im Getümmel der Welt verlor. Zwar unterließ ich auch während meinen wildesten Schwärmereyen nie, Gott täglich

mein Morgen- und Abendopfer zu bringen, und meinen
Geschwisterten gute Lehren nach Haus zu schreiben.
Aber damit war's dann auch gethan; und ob der Himmel daran grosse Freude hatte, muß ich zweifeln?
Doch, wer weißt's? Selbst die flüchtige Andacht un-
terhielt vielleicht manche gute Gesinnung in mir, die
sonst auch noch zu Trümmern gegangen wäre, und
behütete mich vor groben Ausschweifungen, deren ich
mir, Gott Lob! keiner einzigen bewußt bin. So z. B.
wenn ich schon mit hübschen Mädchens für mein Leben gern umgehen mochte, hätt' ich's doch auf allen
meinen Reisen und Kriegszügen nie über's Herz gebracht, nur ein eineinziges zu übertölpeln, wenn ich
auch dazu noch so viel Reitzung gehabt. Wahrlich,
mein Gewissen war so zart über diesen Punkt, daß ich
mir vielmehr oft nachwerts ruchlose Vorwürfe über
meine eigne Feigheit gemacht; mir den und diesen
guten Anlaß wieder zurückgewünscht, u. s. f. Aber
wenn sich denn wirklich die Gelegenheit von neuem
eräugnete, und alles bis zum Genusse fix und fertig
war, so fuhr ein zitternder Schauer mir durch Mark
und Beine, daß ich zurückbebte, meinen Gegenstand
mit guten Worten abfertigte, oder leise davon schliech.
Auf dem ganzen Transport bis nach Berlin bin ich,
bis auf ein einziges Nestchen, vollends ganz rein davon gekommen. In dieser großen Stadt hätt' ich an
gemeinen Weibsleuthen keinen Schuh' gewischt. Hingegen will ich's nicht verbergen, daß meine zügellose
Einbildungskraft ein Paarmal über glänzende Damen
und Mamselles brütete. Aber es stellten sich immer

noch zu rechter Zeit genugsame Hindernisse in den Weg; die Anfechtungen verschwanden, und besserer Sinn und Denken erwachten wieder. Während meiner Campagne und auf der Heinreise hab' ich abermals keinen weiblichen Finger berührt. Was meine Desertion betrift, so machte mir mein Gewissen darüber nie die mindesten Vorwürfe. Gezwungner Eyd, ist Gott leid! dacht' ich; und die Ceremonie, die ich da mitmachte, wähnt' ich wenigstens, könne kaum ein Schwören heissen. – Nach meiner Rückkehr ins Vaterland ergriff ich wieder meine vorige Lebensart. Auch Buhlschaften spannen sich bald von neuem an. Meine herzliebe Anne war freylich verplempert; aber es fanden sich in kurzem andere Mädels mehr als eines, denen ich zu behagen schien. Mein Aeusseres hatte sich ziemlich verschönert. Ich gieng nicht mehr so läppisch daher, sondern hübsch gerade. Die Uniform die mein ganzes Vermögen war, und eine schöne Frisur, die ich recht gut zu machen wußte, gaben meiner Bildung ein Ansehn, daß dürftige Dirnen wenigstens die Augen aufsperrten. Bemittelte Jungfern dann – Ja, o bewahre! – die warfen freylich auf einen armen ausgerißnen Soldat keinen Blick. Die Mütter würden ihnen fein ausgemistet haben. Und doch wenn ich's nur ein wenig pfiffiger und politischer angefangen, hätt' es mir mit einer ziemlich reichen Rosina geglückt, wie ich nachwerts zu späth erfuhr. Inzwischen erhob selbst dieser mißlungene Versuch meinen Muth und meine Einbildung nicht um ein geringes – und der geschossene Bock wäre mir nicht um tausend Gulden feil gewesen. Ich sah darum von erwähnter Zeit an alle meine bisherigen Liebschaften so ziemlich über die Achsel an, und warf den Bengel höher auf. Aber meine sorglose lüderliche Lebensart verderbte immer alles wieder. Mit Kindern meines Standes war mein Umgang freylich, Gott verzeih' mir's! oft nur allzufrey; in Absicht auf solche hingegen, die über mir stuhnden, verließ mich meine Feigheit nie; und das war mir am meisten hinderlich. Denn wer weiß nicht, wie oft der dümmste Labetsch, bloß mit einem beherzten angriffigen Wesen zuerst sein Glück macht. Aber mir so viele Mühe geben – kriechen, bitten, seufzen und verzweifeln – konnt' ich eben nicht. Eines Tags gieng ich nach Herisau an eine Landsgemeinde. Mutter steckte mir all' ihr kleines Spaargeldlin von etwa 6. fl. bey. Einer meiner Bekannten im Appenzeller-Land trachtete mir zu Trogen, in einer grossen Gesellschaft, eine gewisse Ursel aufzusalzen, die mir aber durchaus nicht behagen wollte. Ich suchte also ihr je eher je lieber wieder los zu werden. Es glückte mir auf dem Rückweg nach Herisau, wo sie sich – oder vielmehr ich mich unter dem grossen Haufen verlor. Es war eine grosse Menge jungen Volkes. Bey einbrechender Abenddämmerung näherte man sich einander, und formirte Paar und Paar – als ich mit eins ein wunderschönes Mädel, sauber wie Milch und Blut, erblickte, das mit zwey andern solchen Dingen davon schlenterte. Ich streckt' ihm die Hand entgegen, es ergriff sie mit den beyden seinigen, und wir marschirten bald Arm an Arm in dulci Jubilo unter Singen und Schäckern unsre Strasse. Als wir zu Herisau ankamen, wollt' ich sie nach Haus begleiten. «Das bey Leib nicht»! sagte sie; «Ich dörft's um alles in der Welt nicht. Nach dem Nachtessen vielleicht, kann ich denn eher noch ein Weilchen zum Schwanen kommen». Mit einem solchen Ersatz war ich natürlich sehr zufrieden. Damals wußt' ich noch nicht, wer mein Schätzgen war, und erfuhr erst itzt im Wirtshaus: Daß sie ein Töchtergen aus einem guten Kaufmannshaus, und ungefehr sechszehn Jahr alt sey. Ungefehr nach einer Stunde kam das liebe Geschöpf – Cäthchen hieß es – mit einem artigen jungen Kind auf dem Arm, das sein Schwesterchen war – denn anders hätt' es nicht entrinnen können – als eben auch die verwünschte Ur-sel in die Stube trat, mich gleichfalls aufsuchen wollte – bald aber Unrath merkte, mir bittere Vorwürfe machte – und davon gieng. Alsdann gab uns der Wirth ein eigen Zimmer – Cäthchen hinein, und ich nachgeschwind wie der Wind. Ich hatte ein artiges Essen bestellt. Nun waren ich und das herrliche Mädchen allein, allein. O was dieses einzige Wort in sich faßt! Tage hätt' es währen sollen, und nicht zwey oder drey wie Augenblicke verflossene Stunden. Und doch – die Wände unsers Stübchens – das Kind auf Cäthchens Schooß – die Sternen am Himmel sollen Zeugen seyn unsrer süssen, zärtlichen, aber schuldlosen Vertraulichkeit. Ich blieb noch die halbe Woche dort. Mein Engel kam alle Tage mit ihrem Schwesterchen vier bis fünfmal zu mir. Endlich aber gieng mir die Baarschaft aus – ich mußte mich losreissen. Cäthchen gab mir, immer mit dem Kind auf dem Arm, trotz aller

Furcht vor seinen Eltern, das Geleit noch weit vor den
Flecken hinaus. Wie der Abschied war, läßt sich denken. Thränen von Liebchen trug ich auf meinen Wangen genug nach Haus. Wir winkten einander mit
Schürze und Schnupftüchern unser Lebewohl mehr als
hundertmal, und so weit wir uns sehen konnten. O
man verzeihe mir meine Thorheit! Gehören doch diese
Tage zu den allerglücklichsten, und ihre Freuden zu
den allerunschuldigsten meines Lebens. Denn mein
guter Engel hatte mir gegen dieß holde Mädchen
ordentlich eben so viel Ehrfurcht als Liebe eingeflößt;
so daß ich sie, wie ein Vater sein Kind, umarmte, und
sie mich hinwieder, wie eine Tochter ihren Erzeuger,
sanft an ihren reinen Busen drückte, und mein Gesicht
mit ihren Küssen deckte. – Itzt war ich dem Leibe nach
wieder bey Haus, aber im Geiste immer mit diesem
herzigen Schätzgen beschäftigt, dem weiland Aennchen
sogar weit nachstuhnd. Indessen kam mir nur kein
Gedanke daran, daß ich jemals zu ihrem Besitz gelangen
könnte; vielmehr sucht' ich mir alles Vorgegangene
vollkommen aus dem Sinn zu schlagen, und es gelang
mir. Denn dieß war von jeher meine Art: Was einen
schnellen Eindruck auf mich machte, war auch bald
wieder vergessen, und von neuen Gegenständen ver-
drängt. Allein, wer hätte daran gedacht? An einem
schönen Abend brachte mir der Herisauer-Bot ein
Briefchen von meinem Cäthchen, worinn sie in zärtlich verliebten und dabey recht kindisch naiven Aus-
drücken mir sagte: Wie's ihr sey seit unserm Abschied; wie sie mich gern wieder sehen – noch einmal

mit mir reden möchte – und, wenn das nicht möglich
wäre, mich wenigstens zu einem schriftlichen Verkehr
auffodere. Ich küßte das Papier, las es wohl hundertmal, und trug's immer in der Tasche, bis es ganz ver-
schmutzt und zerfetzt war. Also – ich flog eilends nach
Herisau – Nein! Ich antwortete auf der Stelle. – Nein!
auch das nicht; kein Wort. Kurz ich gieng nicht, und
schrieb nicht. Warum? Daß ich gerade damals kein
Geld hatte, dessen erinnere ich mich; daß sonst noch
etwas dazwischen kam, weiß ich auch; die eigentliche
Ursach' aber ist mir aus dem Gedächtniß entfallen.
Genug, ich vergaß meinen Herisauer-Schatz, worüber
ich mir nachwerts manchen bittern Vorwurf gemacht.
Endlich, erst nach zwanzig Jahren, dacht' ich wieder
einmal dieser Begebenheit so lange und so ernsthaft
nach, und die Begierde zu erfahren, ob das liebe Kind
noch lebe, und was aus ihr geworden sey, ward so stark
in mir, daß ich eigens deswegen auf Herisau gieng, (ungeachtet ich in der Zwischenzeit manchmal mich Tage
lang dort aufhielt, ohne daß mir nur ein Sinn an sie
kam,) nach ihrer Wohnung fragte, und bald erfuhr,
daß sie schon Mutter von zehn Kindern, und auf einem
Wirthshaus sey. Ich flog dahin. Der Mann war eben
nicht zu Hause. Ich sprach sie um Nachtherberg an,
setzte mich zu Tisch, und beguckte mein – nun nicht
mehr mein Cäthchen. Himmel! wie das arme Ding
ganz verlottert war. Und doch erkannt' ich ihre ehevorigen jugendlichen Gesichtszüge mitunter noch
deutlich. Ich konnte mich der Thränen kaum erwehren.
Sie war unglücklicher Weise an einen brutalen und

274

dabey lüderlichen Mann gerathen, der nachwerts wirklich banquerout machte. Schon damals war sie in sehr
ärmlichen Umständen. Sie kannte mich nicht mehr.
Ich fragte sie alles aus, nach ihrer Herkunft, wer ihr
Mann sey, u. s. f. Und endlich auch: Ob sie sich nicht
mehr eines gewissen U. B. erinnre, den sie vor zwanzig
Jahren etliche Tag' nach einander beym Schwanen angetroffen. Hier sah sie mir starr ins Gesicht – fiel mir
an die Hand: «Ja! Er ist's, er ist's»! und grosse Tropfen rollten über ihre blassen Wangen herab. Nun ließ
sie alles stehn, setzte sich zu mir hin, erzählte mir der
Länge und Breite nach ihre Schicksale, und ich ihr die
meinigen, bis späth in die Nacht hinein. Beym Schlafen-
gehn konnten wir uns nicht erwehren, jene seligen
Stunden durch ein Paar Küße zu erneuern; aber weiter
stieg mir auch nur kein arger Gedanke auf. Im Verfolg kehrte ich noch manchmal bey ihr ein. Sie starb
etwa vier Jahre nach unserm ersten Wiedersehn – und
es thut mir so wohl, noch eine Thräne auf ihr Grab
zu weinen, wo sie itzt mit so viel andern guten Seelen
im Frieden wohnt. Und nun weiters.

· Daß ich in meiner obigen Geschichte über die aller-
ernsthaftesten Scenen meines Lebens – Wie ich an meine
Dulcinea kam – ein eigen Haus baute – einen Gewerb
anfieng, u. s. f. so kurz hinweggeschlüpft, kömmt wahrscheinlich daher, daß diese Epoche meines Daseyns mir
unendlich weniger Vergnügen als meine jüngern Jahre
gewährten, und darum auch weit früher aus meinem
Gedächtniß entwichen sind. So viel weiß ich noch gar
wohl: Daß, als ich auch im Ehestand mich betrogen

sah, und statt des Glücks, das ich darinn zu finden mir
eingebildet hatte, nur auf einen Haufen ganz neuer un-
erwarteter Widerwärtigkeiten stieß, ich mich wieder
aufs Grillenfängen legte, und meine Berufsgeschäfte nur
so maschienenmäßig, lästig und oft ganz verkehrt verrichtete, und mein Geist, wie in einer andern Welt,
immer in Lüften schwebte; sich bald die Herrschaft
über goldene Berge, bald eine Robinsonsche Insel, oder
irgend ein andres Schlauaffenland erträumte, u. s. f.
Da ich hiernächst um die nämliche Zeit anfieng, mich
aufs Lesen zu legen, und ich zuerst auf lauter mystisches Zeug – dann auf die Geschichte – dann auf die
Philosophie – und endlich gar auf die verwünschten
Romanen fiel, schickte sich zwar alle dieß vortreflich
in meine idealische Welt, machte mir aber den Kopf
nur noch verwirrter. Jeden Helden und Ebentheurer
alter und neuer Zeit macht' ich mir eigen, lebte vollkommen in ihrer Lage, und bildete mir Umstände dazu und davon wie es mir beliebte. Die Romanen hinwieder machten mich ganz unzufrieden mit meinem
eigenen Schicksal und den Geschäften meines Berufes,
und weckten mich aus meinen Träumen, aber eben nur
zu grösserm Verdruß auf. Bisweilen, wenn ich denn so
mürrisch war, sucht' ich mich durch irgend eine lustige
Lektur wieder zu ermuntern. Alsdann je lustiger, je
lieber; so daß ich darüber bald zum Freygeist geworden, und dergestalt immer von einem Extrem ins andre
fiel. In dieser Absicht bedaur' ich die Gefehrtin meines Lebens von Herzen. Denn so wenig Geschmack
ich an ihr fand, so hatte sie doch noch viel mehr

Ursache, keinen an mir zu finden. Dennoch war ihre Neigung zu mir stark, obgleich nichts weniger als zärtlich. Ein Betragen ganz nach ihrem Geschmack, meine Unterwürfigkeit und Liebe zu ihr, das alles wollte sie von dem ersten Tag' an erproben und erpoltern – und macht's heute mit mir und meinen Jungen noch eben so – und wird es so wenig lassen, als ein Mohr seine Haut ändern kann. Und doch ist dieß, wie ich's nun aus Erfahrung weiß, gewiß das ganz unrechte Mittel, einen an das Joch zu gewöhnen. Inzwischen flossen meine Tage so halb vergnügt, halb mißvergnügt dahin. Ich suchte mein Glück in der Ferne und in der Welt – mittlerweile es lange ganz nahe bey mir vergebens auf mich wartete. Und noch itzt, da ich doch überzeugt bin, daß es nirgends als in meinem eigenen Busen wohnt, vergeß ich nur allzuoft, dahin – in mich selbst zurückzukehren – flattre in einer idealischen Welt herum, oder wähle in dieser gegenwärtigen falsche, Eckel und Unlust erweckende, Scheingüter ausser mir. Was Wunder also, daß ich, nach meinem vorbeschriebenen Verhalten, mich immer selber ins Gedränge brachte, und mich zumal in eine Schuldenlast vertiefte, in der ich beynahe verzweifeln mußte. Freylich seh' ich itzt wohl ein, daß auch mein dießfälliges Elend mehr in meiner Einbildung als in der Wirklichkeit bestuhnd, und mein Falliment, da ich am tiefsten stack, doch nie beträchtlich gewesen, und nicht über 700. höchstens 800. fl. an mir wären eingebüßt worden. Und doch hab' ich vor- und nachher Banqueroute von so viel Tausenden mit kaltem Blut spielen gesehn. Zudem waren meine Gläubiger gewiß nicht von den strengsten, sondern noch vielmehr von den allerbeßten und nachsichtigsten, wenn mich gleich der eint- und andre ein Paarmal ziemlich roh anfuhr. Eben so sicher ist's freylich, daß, wenn ich meiner Frauen Grundsätze befolgt, ich nie in dieß Labyrinth gerathen wäre. Ob aber unter andern Umständen, und wenn ich eine anders organisirte Haushälfte gehabt, oder dieselbe mich anders geleitet – mir entweder freye Hände gelassen, oder doch meinen Willen und Zuneigung auf eine zärtlichere Art zu fesseln gewußt, es je so weit mit mir gekommen wäre, ist dann wieder eine andre – Frage? Einmal ganz und gar in ihre Maximen einzutreten, war mir unmöglich. Bey mehrerer Freyheit hingegen (denn mit Gewalt mocht' auch Ich meine Authorität lange nicht zeigen) hätt' ich wenigstens meiner Geschäfte mich mehr angenommen, mehr Eifer und Fleiß, und kurz alle meine Leibs- und Seelenkräfte besser auf meinen Gewerb gewandt. Da mir aber Zanken und Streit in Tod zuwider, und etwas mit dem Meisterstecken durchzusetzen, auch nicht meine Sache war – wenn's zumal den zeitlichen Plunder betraf, der mir so vieler Mühe nie werth schien – so ließ ich's eben bleiben. Schon damals hatten geistige Beschäftigungen weit mehr Reitze für mich. Und da meine Dulcinea ohnehin alles in allem seyn wollte, sie mich in allem tadelte, und ich ihr mein Tage nichts recht machen konnte, so wurd' ich um so viel verdrüßlicher, und dachte: Ey! zum **, so mach's Du! Ich kenne noch andre Arbeit, die mir unendlich wichtiger er-

scheint. Da hatt' ich nun freylich Unrecht über Unrecht; denn ich erwog nicht, daß doch zuletzt alle Last
auf den Mann fällt – ihn bey den Haaren ergreift, und
nicht das Weib. Hätt' ich nur, dacht' ich denn oft,
eine Frau, wie Freund N. Der ist sonst, ohne Ruhm
zu melden, ein Lapp wie ich, und hätte schon hundert
und aber hundert Narrenstreiche gemacht, wenn nicht
sein gescheidtes Dorchen ihn auf eine liebevolle Art
zurückgehalten – und das alles so verschmitzt, nur hinten herum, ohne ihn merken zu lassen, daß er nicht
überall Herr und Meister sey. O wie meisterlich weißt
sich die nach seinen Launen zu richten, die guten und
die bösen zu mässigen (Denn in den beßern ist er übertrieben lustig, in den übeln hingegen ächzt er wie eine
alte Vettel, oder will alles um sich her zerschmettern)
daß ich oft erstaunt bin, wie so ein Ding vor Weibchen
eine so unsichtbare Gewalt über einen Mann haben,
und, unterm Schein ganz nach seinem Gefallen zu leben, ihn ganz zu Diensten haben kann. Aber ein derley Geschöpf ist eben ein rarer Vogel auf Erde; und
selig ist der Mann, dem ein solch Kleinod bescheert ist,
wenn er's zumal gehörig zu schätzen weiß. Und
Freund N. schätzt das seinige himmelhoch, ohn' es
doch recht zu kennen. Sie lobt ihm alles; und wenn
ihr etwas auch noch so sehr mißfällt, heißt es nur mit
einem holden Lächeln: «Es mag gut seyn; aber ich
hätt's doch lieber so und so gesehn. Schatze! Mir zu
gefallen mach's auf diese Art». Nie hab' ich ein bitter
Wort oder eine böse Miene gegen ihn bemerkt, auch
nie von andern vernommen, der diese gesehen oder

jenes gehört hätte. Obgleich nun übrigens freylich ein
solcher Zeisig bisweilen mich etwas lüstern, und der
Contrast zwischen ihr und meiner Bethesgenoßin,
nicht selten ein wenig düster gemacht, war ich doch
im Grund des Herzens mit meinem Loos nie eigentlich unzufrieden, fest überzeugt, mein guter Vater im
Himmel habe auch in dieser Rücksicht – denn warum
in dieser allein nicht? – die beßte Wahl getroffen.
Ist's ja doch offenbar, daß gerade eine solche Hälfte
und keine andre es seyn mußte, die meiner Neigung
zu allen Arten von Ausschweifungen Schranken setzte.
Solch ein weiblicher Poldrianus sollte mir das Lächer-
liche und Verhaßte jeder allzuheftigen Gemüthsbewe-
gung – wie die lacedämonischen Sklaven den Buben
ihrer Herren das Laster der Trunkenheit – in Natura
zeigen, und dergestalt Ein Teufel den andern austrei-
ben. Solch eine karge Sparbüxe müßt' es seyn, die
meiner Freygebigkeit und Geldverachtung das Gleich-
gewicht hielt – mir zu Nutz' und ihr zur Strafe, nach
dem herrlichen Sprichwort: Ein Sparer muß einen
Geuder haben. Solch ein Sittenrichter und Kritikus
mußt' es seyn, der alle meine Schritt' und Tritte be-
obachtete, und mir täglich Vorwürfe machte. Das
hieß mich, auch täglich, auf meine Handlungen Achtung geben, mein Herz erforschen, meine Absichten
und Gesinnungen prüfen, was wahr oder falsch, gut
oder böse gemeint sey. Solch ein Zuchtmeister mußt'
es seyn, der alle meine Schwachheiten mit den schwär-
zesten Farben schilderte, so wie ich hingegen geneigt
war, dieselben, wo nicht für kreidenweiß, doch für

grau anzusehn. Solch einen Arzt braucht' ich, der alle meine Schaden nicht nur aufdeckte, – sondern auch vergrösserte, und bisweilen selbst die minder wichtigen für höchst gefährlich ausgab; die mir, freylich stinkende, beissende Pillen, frisch vom Stecken weg, und noch mit einem Grenadierton unter die Nase rieb, daß die Wände zitterten. Dadurch lernt' ich, zu dem einzigen Arzt meine Zuflucht nehmen, der mir dauerhaft helfen konnte, mich im Stillen vor ihm auf die Kniee werfen, und bitten: Herr! Du allein kennest alle meine Gebrechen; vergieb, und heile auch meine verborgenen Fehler! Solch eine Betmutter endlich, die beten, und mitten im Beten auffahren und eins losziehen konnte, mußt' es seyn, die mich – beten lehrte, und mir allen Hang zu frömmelnder Schwärmerey benahm. – Und nun genug, lieber Nachkömmling! Du siehst, daß ich meiner Frau alle Gerechtigkeit wiederfahren lasse, und sie ehre wie man einen geschickten Arzt zu ehren pflegt, über den man wohl bisweilen ein Bischen böse thun, aber ihm doch nie im Herzen recht ungut seyn kann. – Auch ist sie wirklich das ehrlichste, brävste Weib von der Welt, und übertrift mich in vielen Stücken weit; ein sehr nützliches, treues Weib, mit der ein Mann – der nach ihrer Pfeife tanzte, treflich wohl fahren würde. Wie gesagt, recht viele gute Eigenschaften hat sie, die ich nicht habe. So weißt sie z. E. nichts von Sinnlichkeit, da hingegen mich die meinige so viel tausend Thorheiten begehen ließ. Sie ist so fest in ihren Grundsätzen – oder Vorurtheilen wenn man will – daß kein Doktor Juris – kein Lavater –

kein Zimmermann sie davon eines Nagelsbreit ab-
bringen könnte. Ich hingegen bin so wankend wie
Espenlaub. Ihre Begriffe – wenn sie diesen Namen verdienen – von Gott und der Welt, und allen Dingen in
der Welt, dünken ihr immer die beßten, und unum-
stößlich zu seyn. Weder durch Güte noch Strenge
durch keine Folter könnt'st du ihr andre beybringen.
Ich hingegen bin immer zweifelhaft, ob die meinigen
die richtigen seyn. In ihrer Treu und Liebe zu mir
macht sie mich ebenfalls sehr beschämt. Mein zeit-
liches und ewiges Wohl liegt ihr, vollkommen wie ihr
eigenes, am Herzen; sie würde mich in den Himmel –
bey den Haaren ziehn, oder gar mit Prügeln d'rein
jagen; theils und zuerst um meines eigenen Beßten
willen – dann auch um das Vergnügen zu haben, daß
ich's ihr zu danken hätte – und um mich ewig hof-
meistern zu können. Doch im Ernst: Ihre aufrichtige
Bitte zu Gott geht gewiß dahin: «Laß doch dereinst
mich und meinen Mann einander im Himmel antref-
fen, um uns nie mehr trennen zu müssen». Ich hingegen – ich will es nur gestehen – mag wohl eher in
einer bösen Laune gebetet haben: «Beßter Vater! In
deinem Hause sind viele Wohnungen; also hast du
gewiß auch mir ein stilles Winkelgen bestimmt. Auch
meinem Weibe ordne ein artiges – nur nicht zu nahe
bey dem meinigen». Sind das nun nicht alles aufrichtige Geständnisse? Sag' an, lieber Nachkömmling! Ja!
ich gesteh' es ja noch einmal, daß meine Frau weit weit
besser ist als ich, und sie's vortreflich gut meint, wenn's
schon nicht immer jedermann für gut annehmen kann.

So ließ sie sich's z. E. nicht ausreden, daß es nicht ihre Pflicht wäre, mir des Nachts laut in die Ohren zu schrey'n – daß sie bete, und daß ich ihr nachbeten kön- ne. Und wenn ich ihr hundertmal sage, das Laut- schreyen nütze nichts, da gilt alles gleich viel; sie schreyt. – Da muß ich, denk' ich, freylich abermals nur mein allzueckles Ohr anklagen, und wieder und überall sagen und bekennen: Ja, ja! sie ist weit bräver als ich.

* * *

Barmherzigkeit – welch ein beruhigendes Wort! – Barmherzigkeit meines Gottes, dessen Güte über allen Verstand geht, dessen Gnade keine Grenzen kennt! Wenn ich so in angsthaften Stunden alle Trostsprüche deiner Offenbarung zusammenraffe, macht dieß einige Wort einen solchen Eindruck auf mein Herz, daß es der Hauptgrund meiner Beruhigung wird. Indessen bin ich, wie andre Menschen, freylich nicht weniger geneigt, auch etwas Tröstendes in mir selbst aufzu- suchen. Und das sagt mir nämlich die Stimme in mei- nem Busen: Freylich bist du ein grosser, schwerer Sünder, und kannst mit dem allergrößten um den Vor- zug streiten; aber deine Vergehen kamen meist auf deinen Kopf heraus, und die Strafen deiner Sinnlich- keit folgten ihr auf dem Fusse nach. – Wenigstens darf ich mir dieß Zeugniß geben: Daß ich von Jugend an nie boshaft war, und mit Wissen und Willen nie- mand Unrecht gethan. Wohl hab' ich manchmal meine Pflichten zumal gegen meine Eltern versäumt; und meine dießfällige Schulden seh' ich, aber leider zu späthe! erst itzt recht ein, da ich selber Vater bin, und, wahrscheinlich zur Strafe meiner Sünden, auch rohe und unbiegsame Kinder habe. Bey mir war es Unwissenheit; und ich will gerne hoffen, es ist's itzt auch bey ihnen. – Einem Mann gab ich vor dreyßig Jahren ein Paar tüchtige Ohrfeigen; und sonst noch einer oder zwoo Balgereyen bin ich mir auch bewußt. Aber ich habe mir deßwegen nie starke Vorwürfe gemacht. Zum Theil ward ich angegriffen, oder ich hatte sonst ziemlich gerechte Ursachen böse zu werden. Erwähnter Mann hatte meinen Vater wegen einem vom Wind umgewofenen Tännchen im Gemeinwald vor dem Richter verklagt; der gute Aeti wurde unschuldiger Weise gebüßt. Nun brannte freylich die Rachbegier in meinem Busen hoch auf. Eines Tages nun ertappt' ich den boshaften Ankläger, daß er selbst – Stauden stahl; da ja versetzt' ich ihm eins, zwey, oder drey, daß ihm Maul und Nase überloffen. Noch blutend rannte er zum Obervogt. Der citirte mich; aber ich gestuhnd nichts, und der andre hatte keine Zeugen. Er mußte also das Empfangene vor sich behalten. – Im Handel und Wandel betrog ich sicher niemand, sondern zog vielmehr meist den Kürzern. – Nie mocht' ich in Gesellschaften seyn, wo gezankt wurde, oder wo sonst jemand unzufrieden war; nie wo schmutzige Zotten aufs Tapet kamen, oder es sonst konterbunt – wohl aber wo es lustig in Ehren hergieng, und alles content war. Mehr als einmal hab' ich mein eigenes Geld angespannt, um andern Vergnügen zu machen. – Viel hundert Gulden hab' ich entlehnt, um andern zu helfen, die mich hernach ausgelacht, oder es mir abgeläugnet, oder die ich mir wenigstens damit, statt zu Freunden zu Feinden gemacht. – Das schöne Geschlecht war freylich von jeher meine Lieblingssache. Doch, ich hab' ja über dieß Kapitel schon gebeichtet. Gott verzeih' mir's wo ich gefehlt! – Dießmal ist's um Entschuldigungen und Trostgründe zu thun. Und da bin ich in meinem Innersten zufrieden mit mir selber, daß gewiß kein Weibsbild unter der Sonne auftreten und sagen kann, ich habe sie verführt; keine Seele auf Gottes Erdboden herumgeht, die mir ihr Daseyn vorzuwerfen hat; daß ich kein Weib ihrem Mann abspenstig gemacht, und eine einzige Jungfer gekostet – und die ist meine Frau. Diese meine Blödigkeit freute mich immer, und würde mir noch itzt anhangen. Auch das ist mir ein wahrer Trost, daß ich sogar nur nie keine Gelegenheit gesucht – höchstens bisweilen in meiner Fantasie die Narrheit hatte, einen guten Anlaß zu wünschen; aber, wenn sich denn derselbe – glücklicher oder unglücklicher Weise eräugnete – ich schon zum Voraus an allen Gliedern zitterte. – Meinem Weib hab' ich nie Unrecht gethan – es müßte denn das Unrecht heissen, daß ich mich nie ihr unterthan machen wollte. Nie hab' ich mich an ihr vergriffen; und wenn sie mich auch auf's Aeusserste brachte, so nahm ich lieber den Weiten. Herzlich gern hätt' ich ihr alles ersinnliche Vergnügen gemacht, und ihr, was sie nur immer gelüstete, zukommen lassen. Aber von meiner Hand war ihr niemals nichts recht; es fehlte immer an einem Zipfel. Ich ließ darum zuletzt das Kramen und Laufen

bleiben. Da war's wieder nicht recht. – Auch meinen
Kindern that ich nicht Unrecht; es müßte denn das
Unrecht seyn, daß ich ihnen nicht Schätze sammelte,
oder wenigstens meinem Geld nicht besser geschont
habe. In den ersten Jahren meines Ehestands nahm ich
mit ihnen eine scharfe Zucht vor die Hand. Als aber
itzt meine zwey Erstgebohrnen starben, macht' ich
mir Vorwürfe, ich sey nur zu streng mit ihnen um-
gegangen, obschon sie mir in der Seele lieb waren.
Nun verfuhr ich mit den übriggebliebenen nur zu ge-
linde, schonte ihnen mit Arbeit und Schlägen, ver-
schaffete ihnen allerhand Freuden, und ließ ihnen zukommen was nur immer in meinem Vermögen stand
– bis ich anfieng einzusehn, daß meines Weibs dießfällige Vorwürfe wirklich nicht unbegründet waren.
Denn schon waren mir meine Jungen ziemlich über die
Hand gewachsen, und ich mußte eine ganz andre Miene
annehmen, wenn ich nur noch in etwas meine Authorität behaupten wollte. Aber die Leyer meiner Frau
konnt' ich darum auch itzt noch unmöglich leyern; unmöglich stundenlang donnern und lamentiren; unmöglich viele hundert Waidsprüche und Lebensregeln,
haltbare und unhaltbare, in die Kreutz' und Queer'
ihnen vorschreiben; und wenn ich's je gekonnt hätte,
sah' ich die Folgen einer solchen Art Kinderzucht nur
allzudeutlich ein: Daß nämlich am End' gar nichts gethan und geachtet, aus Uebel immer Aerger wird
und das junge Füllen zuletzt anfängt wild und taub
hintenauszuschlagen. Ich begnügte mich also ihnen
meine Meinung immer mit wenig Worten, aber im

ernsten Tone zu sagen; und besonders nie früher als es vonnöthen war, und niemals blosse Kleinigkeiten zu ahnden. Mehrmals hatt' ich schon eine lange Predigt studirt; aber immer war ich glücklich genug, sie noch zu rechter Zeit zu verschlücken, wenn ich die Sachen bey näherer Untersuchung so schlimm nicht fand, als ich es im ersten Ingrimm vermuthet hatte. Ueberhaupt aber fand ich, daß Gelindigkeit und sanfte Güte, zwar nicht immer, aber doch die meisten Male mehr wirkt, als Strenge und Lautthun. – Doch, ich merke wohl, ich fange an meine Tugenden zu mahlen – und sollte meine Fehler erzählen. Aber noch einmal, in diesen letzten Zeilen möcht' ich mich, so gut es seyn kann, ein wenig beruhigen. Meine aufrichtigen Geständnisse findet der Liebhaber ja oben, und wird daraus meinen Charackter ziemlich genau zu bestimmen wissen. Schon seit Langem hab' ich mir viele Mühe gegeben, mich selbst zu studiren, und glaube wirklich zum Theil mich zu kennen – meine Frau war ein trefliches Hülfs-mittel dazu – zum Theil aber bin ich mir freylich noch immer ein seltsames Räthsel:

So viele richtige Empfindungen; ein so wohl wol-lendes, zur Gerechtigkeit und Güte geneigtes Herz; so viel Freude und Theilnahm' an allem physisch und moralisch Schönen in der Welt; solch betrübende Ge-fühle beym Anblick oder Anhören jedes Unrechts, Jammers und Elends; so viele redliche Wünsche end-lich, hauptsächlich für andrer Wohlergehn. Dessen alles bin ich mir, wie ich meyne, untrüglich bewußt. Aber dann daneben: Noch so viele Herzenstücke; solch einen

Wust von Spanischen Schlössern, Türkischen Paradie-
sen, kurz Hirngespinsten – die ich sogar noch in meinem alten Narrnkopf mit geheimem Wohlgefallen
nähre – wie sie vielleicht sonst noch in keines Men-
schengehirn aufgestiegen sind. – Doch itzt noch etwas

LXXX.

Von meiner gegenwärtigen Gemüthslage.
Item von meiner Kindern.

Auch darüber find' ich mich gezwungen, die reine
Wahrheit zu sagen; Zeitgenossen und Nachkömmlin-
gen mögen daraus schliessen was sie wollen. Noch
such' ich mich nämlich sogar zu bereden, jene fantastischen Hirnbruten seyen am End ganz unsündlich –
weil sie unschädlich sind. Sicher ist's, daß ich damit
keine menschliche Seele beleidige. Ob dann aber sonst
das selbstgefällige Nachhängen sonderbarer Lieblings-
ideen die schwarzen Farben verdienen, womit ohne
Zweifel strenge Orthodoxen sie anstreichen dürften,
weiß ich nicht. Ob hinwieder mein guter Vater im
Himmel meine Thorheiten so ansehe, wie's die Menschen thun würden, wenn mein ganzes Herz vor
ihren Augen offen an der Sonne läge, daran erlaube man
mir zu zweifeln. Denn Er kennet mich ja, und weißt was
für ein Gemächt ich bin. – Bemüh' ich mich doch wenigstens, immer besser – oder weniger schlimm zu werden. Wenn ich z. B. seit einiger Zeit so meine Strasse
ziehe, und noch itzt bisweilen heimlich wünsche, daß

ein Kind meiner Fantasie mir begegnen möchte – und ich mich denn dem Plätzchen nähere, wo ich darauf stossen sollte – und es ist nicht da – Wie bin ich so froh! – Und doch hatt' ich's erwartet. Wie reimt sich das? Gott weiß es; Ich weiß es nicht; nur das weiß ich, daß ich's Ihm danke, daß es mich auf sein Geheiß ausweichen mußte. – Einst stuhnd wirklich eine solche Geburth meiner Einbildungskraft – und doch gewiß ohne mein Zuthun da, gerade auf der Stelle, die ich im Geist ihm bestimmt hatte. Himmel, wie erschrack ich! Zwar näherte ich mich demselben; aber ein Fieberfrost rannte mir durch alle Adern. Zum Unglück oder Glück stuhnden zwey böse Buben nahe bey uns, kickerten und lachten sich Haut und Lenden voll; und noch auf den heutigen Tag weiß ich nicht, was ohne diesen Zufall aus mir geworden wäre. Ich schlich mich davon, wie ein gebissener Hund. Die Buben pfiffen mir nach, so weit sie mich sehen konnten. Ich brannte vor Wuth. Ueber wen? Ueber mich selbst – und übergab meine Sinnlichkeit dem T** und seiner Großmutter zum Gutenjahr. In diesem Augenblick hätt' ich mir ein Ohr vom Kopf für den verwünschten Streich abhauen lassen. Bald nachher erfuhr ich, daß, da man mich wegen meinem unschenirten Wesen im Verdacht hatte, diese Falle mir mit Fleiß gelegt worden; und daß jene Bursche ausgesagt, sie hätten mich so und so ertappt. Das Gemürmel war allgemein. Meine Feinde triumphirten. Meine Freunde erzählten's mir. Ich bat sie ganz gelassen, zu sehen, daß sie mir nur die stellten, welche so von mir reden. Aber es getraute sich niemand. Gleichwohl zeigte man mit Fingern auf mich. Diese Wunde hat mich bey Jahren geschmerzt, und ist noch auf den heutigen Tag nicht ganz zugeheilt. Aber, Gott weiß! wie dienstlich sie mir war. In der ersten Wuth meiner gekränkten Ehrliebe hätt' ich die Buben erwürgen mögen; nachwerts dankt' ich noch meinem guten Schutzgeist, der sie hergeführt hatte, sonst wär' ich vielleicht dieser Versuchung nicht widerstanden. Ein Freund (der mich wohl ebenfalls in falschem Verdacht hatte) rieth mir, könftig diese Strasse nicht mehr zu brauchen. Hierinn aber folgt' ich ihm nicht, sondern gieng gleich meiner Wegen fort, und sah denen die mir begegneten herzhaft und scharf in die Augen, als wenn ich ihre Gedanken errathen könnte. Und so hab' ich wirklich nach und nach alle die Leuthe kennen gelehrt, die sich mit jenem Gerücht befasset hatten; und wurde mir vollends einer nach dem andern genannt, von dem ersten Aussager an bis auf den letzten; wie, und mit welcher Vergrösserung man sich's ins Ohr bot, u. s. f.

Uebrigens hat sich seit der Zeit meine Denkart in so weit geändert, daß mich bey ferne nichts mehr so stark angriff wie ehmals, und jene Grillen, die mir einst so unbeschreiblich viel Angst machten, merklich ins Abnehmen geriethen, und ich wenigstens mir nur nicht mehr träumen ließ, daß die Erfüllung meiner oft so fantastischen Wünsche mir irgend woher zufliessen sollte, als aus der Hand der gütigen Vorsehung. Von jeder andern wäre das größte Glück mir fürchterlich vorgekommen. Freylich lagen dann in meiner Einbildungskraft hundert und hundert verschiedene Mit-

tel, wie ich dazu gelangen könnte. – Auch die häufigen
Vorwürfe meiner Frau griffen mich itzt nicht mehr so
stark an. Ich bin derselben gewöhnt; weiß daß diese
ihre Verfahrungsweise nun einmal ganz in ihre Natur
verwebt ist; lasse ihre immerwährende Predigten zum
einten Ohr ein und zum andern wieder aus, ohne darum minder in der Stille zu prüfen, was allenfalls daran
begründet seyn mag, und solches zu meinem Beßten
zu benutzen. – Wie gesagt, nicht daß ich mir selbst auf
den heutigen Tag meine Schlauraffen-Ländereyen total
möchte entreissen lassen; vielmehr gewähren sie mir
alten Thoren auch itzt noch vielfaches Vergnügen.
Aber ich lache mich dann doch selber wieder aus,
trachte wenigstens immermehr diese Narretheyen zu
verachten, und suche dafür mich an der Rückerinnerung meiner ersten unschuldigen Jugendjahre zu er-
götzen. Aber da steht wieder eine Klippe auszuwei-
chen: Daß mich nämlich diese Rückerinnerung nicht
unzufrieden mache mit den allmählig anrückenden Tagen, von denen man sonst spricht: Sie gefallen uns
nicht. Und das Mittel dazu ist kurz dieses: Daß ich
mich bemühe, so viel es je ohne Verletzung des Wohlstands seyn kann, auch dieselben mir so angenehm wie
möglich zu machen, und allen mir etwa widrigen Be-
gegnissen mit kaltem Blut unter die Augen zu treten.
Damit mich aber die mancherley Zufälle des Lebens
desto minder aus meiner Fassung bringen, bestreb' ich
mich freylich sorgfältiger als noch nie, so zu wandeln,
daß mir wenigstens mein Gewissen keine Vorwürfe
mache, daß durch meine Schuld etwas versäumt wor-

den – und mich gegen alle meine Nebenmenschen, besonders aber gegen die Meinigen, so zu betragen, daß
keine Seele sich mit Recht über mich zu beschweren
habe. Also laß ich z. B. im Handel und Wandel, und
überhaupt in Worten und Werken, immer lieber andern
den Längern, und ziehe selber den Kürzern, und mache
dadurch, daß jeder gern mit mir zu thun hat. Auch
genieß' ich das Glück, bey einigen Neidern ausgenommen, überall wohlgelitten zu seyn. Zu meiner Gesundheit, welche ich, dem Höchsten sey's gedankt! in hö-
herm Maaße genieße, als in jüngern Jahren nie, trag'
ich ebenfalls mehrere Sorge als ehedem. In meiner Jugend ward ich lange Zeit von Flüssen geplagt. Kopf-
und Zahnschmerzen, allerley Geschwüre, und ein schar-
fes Geblüt, waren mir, so zu sagen, wie angeerbt;
durch den Genuß hitziger Speisen und Getränke, die
ich ungemein liebte, genährt; und plagen mich noch
bis zu dieser Stunde, ob ich itzt gleich eine ziemlich
genaue Diät beobachte. Zweymal in meinem Leben
war ich gefährlich krank. Itzt ist mir die Gesundheit
ein köstlich Gut, und die edelste Gabe des Höchsten,
welche ich mit der eifersüchtigsten Sorgfalt bewahre.
Sorgen der Nahrung laß' ich mich wenig anfechten,
und meinem Brodtkorbe nachzudenken raubt mir nicht
viele Zeit. Was mich am meisten beunruhigt, sind
meine Jungen. Diese schweben mir täglich vor Augen,
und ich sehe mich in ihnen, von meiner ersten Kindheit
an, wie in einem Spiegel. Alle Vergehungen, die ich
gegen meine Eltern begangen, muß ich von ihnen
an mir gerochen sehn. Auch wie ich mich an meinen

Brüdern und Schwestern verfehlt, gewahr' ich mit Be-
trübniß, daß sie's nunmehr eben so gegen einander
üben. Freylich auch meine bessere Seite find' ich
wieder an ihnen; und alles zusammengenommen hat die
Freude an meinen Kindern mir meinen Ehestand vornämlich erträglich gemacht.

Ohne Kinder, weiß ich nicht, was aus mir geworden
wäre; und ich hab' es meiner Frau vorhergesagt, daß,
wenn wir das Unglück hätten, keine zu bekommen,
ich meiner Noth kein End' wüßte. Aber mein Wunsch
ward erfüllt. Ich bin mit sieben Kindern gesegnet
worden. Die beyden ältesten, für welche ich die größte
Zärtlichkeit hegte, wurden mir durch den Tod ent-
rissen. Dieß setzte mich Anfangs zwar in grosse Be-
trübniß; aber bey ruhigerm Nachdenken war's noch
eher ein Trost für mich, daß der gütige Vater aller
Menschen diese meine Lieben gerade in den Tagen
zu sich genommen, welche die traurigsten waren, die
ich erlebt habe, und in denen ich nicht die geringsten
Aussichten hatte, daß ich diese theuern Früchte wohl
erziehen und versorgen könnte. Damals hätt' ich
sogar auch die andern noch gern heim zu ihrem himmlischen Berather reisen gesehn, so weh' es mir gethan.
Jene waren zwey Herzensschäfchen; und wollte Gott!
daß sich ihre Gutherzigkeit auf die Zurückgebliebenen
fortgeerbt hätte. Meine Frau gebahr von allen sieben
keins hart, und kam bey allen glücklich davon. Aber
desto strenger waren allemal die Anfänge der Schwan-
gerschaft. Sonst genoß sie überhaupt in der Ehe einer
dauerhaftern Gesundheit als im ledigen Stand. Auch

brachte sie mir lauter wohlgebildete Nachkommen zur Welt. Einige indessen mögen gewisse Gebrechen von ihr geerbt haben; wie z. B. neben den zwey frühe Verbliechenen, mein Sohn Jakob, der, ob er gleich schön gerade in die Höhe wächst, dennoch nie recht gesund ist. Sie war eine sorgfältige, obgleich nicht eben zärtliche Mutter. Unsagliche Mühe, rastlose Tage und schlaflose Nächte kostete ihr die Plage der Kleinen und die Erziehung der Größern. Ich gieng ihr aber so viel möglich an die Hand, und vertrat mit Kochen und Waschen, Wasser- und Holztragen, ordentlich Kinder-magdsstelle; und zwar mit vielem Vergnügen. Manch' hundert Stunden hab' ich meine Jungen auf dem Arm getragen, geherzt, gewiegt u. s. f. und zumal die zwey Verstorbenen auf meinen Knieen mit inniger Wollust lesen und schreiben gelehrt. Da die andern viel stocki-ger waren, fieng's mir an zu verlaiden, und ich jagte sie in die Schule.

Nun, ihr meine Lieben! die ihr noch lebet, so lang der Herr will, laßt mich euch beschreiben der Reihe nach, so wie ihr mir vorkömmt, und mein, gewiß nicht hartes, Vaterherz von euch urtheilt. Die dunkele Zu-kunft sogar, wenn's in meiner Macht stühnde, möcht' ich euch prophezeyen! – So will ich euch wenigstens meine Muthmaaßungen von den Folgen euers Verhal-tens, so wie es sich aus euern Charackteren schliessen läßt, nicht verhehlen. Wollte Gott! ich könnt' euch mit Wahrheit sagen, ihr hättet die guten Eigenschaf-ten eurer Mutter und die bessere Seite euers Vaters ge-erbt. Aber ich muß mit Wehmuth sehen, daß ein Ge-

misch von ihr und mir – und leider vom schlimmern
Theil – ein Gemisch von ihrem cholerischen Blute und
meinen sinnlichen Säften, in euern Adern rollt. Ich
finde mich lebendig in euch, und das Bild eurer Mutter
nicht minder. Ich bin euer Vater. Ihr seht mir nach
den Augen, wenn eure Mutter euch etwa auf eine allzu-
ungestümme Art zu Erstattung eurer Pflicht anhalten
will; und ich muß deswegen viele Vorwürf' anhören,
als nähm' ich immer eure Parthey. Nun, ich kann nicht
helfen! – Aber Gott weiß – und ihr müßt Zeugen seyn,
daß es nicht so ist. Wohl möcht' ich die übertriebenen
Foderungen um etwas herabstimmen. Aber da läßt
sich nun nichts ändern. Ich kann sagen was ich will,
da hilft nichts. Sie ist eure Mutter – hat jedes von euch
neun Monath' unterm Herzen getragen – mit Schmerzen gebohren, und mit unbeschreiblicher Arbeit und
Sorgfalt erzogen. Bedenkt's, meine Lieben! Und dann
meint sie's gewiß am End herzlich gut mit euch –
möcht' euch gewiß alle, so gut als ich, recht glücklich
machen – obschon euch die Art und Weise wie sie's an-
stellt, nicht recht gefallen will – und mir auch nicht.
Sie irrt in Manchem – und Ich auch – und Ihr seyt
gar noch junge unwissende Tröpfe! – Ich, Ich selbst
habe nun aus fünf und zwanzig jähriger Erfahrung gefunden, daß mir eine solche Zucht, wie die ihrige, heil-
sam ist; wie viel mehr noch werdet Ihr bey reiferm
Verstand einsehen lernen, wie gut es euch war, diese
und keine andre Mutter zu haben! Betet auch dießfalls
um frühe Weisheit, und sie wird euch gegeben werden.
Beherzigt das fünfte Gebot, und sucht alle alle Sprüch'

in der Bibel auf, wo euer Vater im Himmel euch die Pflichten gegen eure irrdischen Eltern so ernsthaft einschärft! – Ich meines Theils könnt' an euch manche Unart, manche Widerspenstigkeit wohl verschmerzen – und glaubte eben nicht, wie eure Mutter, daß euer Wille sich in allen Stücken ganz dem meinigen unterwerfen müßte – wenn ihr dadurch nur glücklicher würdet. – Aber, es ist gerade das Gegentheil, und mir wahrlich allein um euer Wohl zu thun. An Euch selbst handelt ihr sehr übel. Jeder Ungehorsam muß wieder an euch gerochen werden – haarklein, in dieser oder in jener Welt. Glaubt mir's, ich weiß es aus Erfahrung. Also noch einmal, als euer zärtlicher Vater bitt' ich euch – denn befehlen würde wenig helfen – um eurer selbst, um eurer zeitlichen und ewigen Wohlfarth willen: Liebet und ehrt eure Mutter! Sie hat's an euch wohl verdient. Und wenn sie auch je nach eurer Meinung zu viel von euch fodert, denke nur ein jedes immer: «Sie darf es; ich bin ihr grosser Schuldner, und wenn ich schon unmöglich alle ihre Befehle befolgen kann, will ich doch das Mögliche thun; will ihr wenigstens nicht ins Angesicht widersprechen, nicht widerbefzgen, nie mit ihr zanken und das letzte Wort haben wollen. Lieber will ich auf die Seite gehn, mein Herz prüfen, und mich fragen: Ist's nicht itzt itzt gerade die rechte Zeit, daß ich lerne gehorchen, damit ich einst desto vernünftiger befehlen könne». Denn die Ursache, warum so viele Eltern und Herrschaften ihren Kindern und Untergebnen so läppisch befehlen, ist gewiß keine andre, als daß sie sich nicht frühe ans gehorchen gewöhnt. – Also nur kein solch hönisches Gesicht, kein Greinen und kein Grunzen, meine Söhn' und Töchter! wenn schon etwa ein kleiner oder grösseres Wetter über euch geht. Es steht euch durchaus nicht zu, die Ueber-eilungen euers Vaters und die Schwachheiten eurer Mutter zu necken oder zu rügen. Und wenn's euch zustühnde, was hölf' es euch! Was hat je, auf Schel-ten, das Widerschelten vor Nutzen gebracht? Wohl erzeugt's tagtäglich so viele tausend elende Lust- oft sogar jämmerliche Trauerspiele auf Erde, daß der Teu-fel und alle seine Gesellen schon darüber mit Hände-klatschen genug zu thun haben.

Und nun wend' ich mich noch an jedes aus euch ins-besonders.

Anna Catharina! Dein frecher, wildaufbrausender Charackter macht mich oft sehr besorgt für dich. Hin-gegen dein theilnehmendes, gefühlvolles Herz freut mich in der Seele, so oft ich eine kleinere oder grössere Probe davon sehe oder erfahre. – Aber, deine Unbieg-samkeit kann dich noch theuer zu stehen kommen. Du wirst das Schicksal deiner Mutter haben, wenn dich das nämliche Loos im Heyrathen trift; trift dich aber ein anderes, ein Mann von einer dir ähnlichen Gemüths-art – O Wehe! da wird's happern. Bewahre übrigens nur deine Unschuld wie deine Gebährerin, so wird die Vor-sehung schon für dich sorgen, und dir verordnen, was du verdienst – oder vielmehr, was dir gut ist.

Johannes, mein älterer Sohn! O daß du den Charack-ter deines seligen Brüderchens ererbt hättest, wie einst Elisa des Elias Mantel. Ich kenne mich nur halb in dir, so wie ich hingegen deine Mutter ganz in meiner obigen Tochter finde. Deine unfeste, wankelmüthige Denkungsart – wenn es je eine Denkungsart heissen kann – würd' mir oft angst und bange machen, wenn ich nicht schon längst gewohnt wäre, alles einer höhern Hand anheimzustellen. Also meine Vaterliebe läßt mich ein Besseres hoffen. Aber du hättest gute Anlage, ein Taugenichts und Wildfang zu werden. Bald auffahrend, bald wieder gut und nachgiebig; aber niemals herzfest. Wenn dir eine Gehülfin bescheert ist, die dich zu leiten weiß, so kann's noch leidentlich gehn; wo nicht, so leite dich Gott! – Eins hab' ich mir gemerkt, und das freut mich. Du machst's wie jener, der immer sagte: Nein, ich thu's nicht! und dann hingieng, und's that. Aber keine Unze Geschmack am Lesen und allem was gründliches Erkennen und Wissen heißt – es müßten denn Mord- und Gespenstergeschichten, oder andre Abentheuer seyn. Uebrigens ein nimmer satter Alltagsplauderer. Ich wünsche, daß ich mich irre – Aber, aber!

Jakob, mein zweyter Sohn! in dem ich mich oft wie in einem Spiegel sehe, wenn schon unsre Erziehung sehr ungleich war. Ich wurde rauh und hart, in einer wüsten Einsamkeit gebildet; du hingegen unter den Menschen, in einer mildern Gegend, und, weil du immer kränkeltest und oft dem Tod nahe warest, weich und zärtlich. Hätt' ich Vermögen, das Nöthige auf dich zu verwenden, glaubt' ich, daß etwas aus dir werden könnte, wenn ich anders auf eine dauerhaftere Gesundheit bey dir zählen dürfte. Dein Bruder würde sich übrigens eher zu roher Arbeit, du dich zu allerley Tändeleyen schik-

ken, wo man mehr den Kopf als die Hände gebrauchen
muß. Aber ich muß eben alle meine Kinder bey meinem
Gewerb anstellen, und kann nicht jedes thun lassen,
was es will. Sonst hoff' ich, du werdest dereinst noch
Geschmack am Denken, Lesen und Schreiben finden,
ungefähr wie dein Vater; obschon du noch zur Zeit
den mir verhaßten Hang nährest, von einem Haus
zum andern zu laufen, um allerhand unnützes Zeug
zu erfragen oder zu erzählen. Aber deines Broderwerbs
halber bin ich sehr verlegen. Doch wenn du deinen
Kopf brauchst, und dem Herrn, der dich schon mehrmals dem Rachen des Todes entriß, weiter deine Wege
befiehlst, wird er's schon machen.

Susanna Barbara, meine zweyte Tochter. Du flüch-
tiges, in allen Lüften schwebendes Ding! Wärst du das
Kind eines Fürsten, und gerieth'st darnach unter
Hände, so könnte ein weibliches Genie aus dir werden.
Dein Falkenaug macht dich verhaßt unter deinen
Geschwistern, wenn du's schon nicht böse meinst.
Dein empfindsames Herz leidet Schaden unter so viel
spitzigen Zungen; und das donnernde Gelärm deines
rohen Hofmeisters macht dich erwilden. Ach! ich
fürchte, allzufrüh erwachende Leidenschaften, und dein
zarter Nervenbau, werden dir noch Schmerzen genug
verursachen!

Anna Maria, meine jüngste Tochter, meine letzte
Kraft, mein Kind – noch das einzige das mich herzt,
und an das ich hinwieder meine letzte Liebe ver-
schwende! Still und verschlagen, das gesetzteste unter
allen bist du – kleine Anfälle von boshaften Neckereyen

und Stettköpfigkeit ausgenommen. Du, mein Täubchen, schwätz'st immer minder als du denkst. Ich
trau dir's zu, eine gute Hausmutter zu werden, wenn
anders die Vorsehung dich dazu bestimmen will.

Nun, meine Kinder! Dieß sind itzt übrigens nur so
kleine hingeworfene Züge von euch. Keines zürne es,
keines werde eifersüchtig auf's andre. Meine Vaterliebe
erstreckt sich gewiß auf euch alle; von allen läßt sie
mich noch immer das Beßte hoffen. Wahr ist's, bey
allen seh' ich Unarten genug, die meine Liebe geneigt
ist, zuzudecken; aber auch an jedem bemerk' ich löb-
liche Eigenschaften, und bemühe mich mehrere auszu-
spähen und anzufachen, wo nur ein gutes Fünkgen verborgen ist.

Beßter, gütigster Vater im Himmel! Vater der Kleinen und der Grossen! Dir, Guter über alle Guten! be-
fehl' ich meine Kinder und Nachkommen in Zeit und
Ewigkeit!

LXXXI.

Glücksumstände und Wohnort.

Nur Weniges bleibt mir noch übrig, und dann wird's
genug seyn. Ein Häuschen und ein Gärtchen ist mein
ganzes Vermögen. Eine Frau und vier Kinder, also
sechs Mäuler und ein Dutzend Hände machen meinen
Haushalt aus. Aber das gesunde Speisen der erstern
(Kleider und anderes miteingezählt) zerrt das Produkt
einer noch so muntern Arbeit der letztern beynahe
völlig auf. Meinen Baumwollengewerb hab' ich schon

beschrieben. Dieser ist wie ein Vogel auf dem Zweig, und wie das Wetter im Aprill. Wer sein ganzes Studium darauf wendet, und zumal die rechte Zeit abzupassen weiß, kann noch sein Glück damit machen. Aber dieß Talent in gehörigem Maasse hatt' ich nie, war immer ein Stümper, und werd' es ewig bleiben. Und doch hab' ich diese Art Handel und Wandel (die von vielen sonst einsichtsvollen Männern, welchen aber nur seine schlimme Seite auffällt, wie's mir scheint, so unschuldig verlästert wird) gleichsam von Jahr zu Jahr lieber gewonnen. Warum? Ich denke natürlich: Weil derselbe das Mittel war, durch welches mich die gütige Vorsehung, ohne mein sonderliches Zuthun, aus meiner drückenden Lage wenigstens in eine sehr leidliche emporhub. Freylich wär' ich, ohne die Rolle eines Handelsmanns zu spielen, vielleicht auch niemals so tief in jene hineingerathen? – Doch, wer weiß? Es wäre wohl gleich viel gewesen, mit welchem Berufe ich mich – läßig, unvorsichtig und ungeschickt beschäftigt hätte. Und heißt's, denk' ich, auch hier: Der Hund, der ihn biß, leckt' ihn wieder, bis er heil war. Genug, itzt liegen mir meine kleinen Geschäfte wirklich am Herzen, ich nehme mich ihrer mit allem mir möglichen Fleiß an, und denke auch meinen Sohn darinn fortfahren zu lassen, wenn er anders Lust dazu hat, und meinen Unterricht, so weit dieser reichet, annehmen will – der alles leitende Himmel ordne denn etwas anders und besseres für ihn, oder dieser Gewerb komme ganz in Verfall. Derselbe hat mich fünfzigjährigen Mann, itzt dreyssig Jahre beschäftigt. In der ersten göldenen Zeit

hätt' er mir die besten Dienste gethan, wenn ich ihn
verstanden, oder vielmehr ihn zu verstehen nur den
rechten Willen gehabt. Auch Dato würd' ich ihn an
keine andre Profession vertauschen, obwohl manche
ihren Mann, wo nicht reicher doch sicherer nährt.
Meine Ausgaben bemüh' ich mich einzuschränken.
Meine Kinder haben's so, daß sie's besser und schlimmer auch annehmen könnten. In den Kleidern muß
ich's freylich andern gleich halten; doch laß' ich sie
keinen übermäßigen Aufwand machen. Sonst aber ge-
statt' ich ihnen, vielleicht nur gar zu gern, alles erlaubte Vergnügen, versage ihnen keine öffentliche Lustbarkeiten, gewöhnliche Trinktage, u. s. f. und habe
wohl gar schon selber mit ihnen kleine, nicht wenig
kostbare Reischen gemacht. Aber dann säh' ich auch
herzlich gern, daß sie wacker die Hände brauchten, und
auch einmal so viel Verstand bekämen, daß sie lernten,
meinen und ihren Nutzen zu födern. Sonst ist, wie gesagt, ihr Vergnügen auch mein Vergnügen; und nichts
kränkt mich mehr als ihre Unzufriedenheit. Auch ausser meinem Hause, und bey andern Menschen, geht es
mir eben so: Ich kann keine traurige Miene sehn, und
erkaufe die frohen oft aus meinem eigenen Beutel.
Wenn ich schon tausend Vorsätze fasse, eigentlich öko-
nomisch zu handeln, geht's doch immer den alten
Schlendrian – und wird weiter so gehn. Ihr seht also,
meine Lieben! daß Schätze sammeln meiner ganzen
Natur zuwider ist; und glaube auch nicht, daß es euch
viel Nutzen brächte. Aber das ist euch nutz und gut,
wenn ihr schon frühe lernt, euer bescheidenes Brodt in

der Ehre der Unabhängigkeit zu erwerben. Wenn mir Gott Leben und Gesundheit fristet, werd' ich dann schon trachten, jedes so zu versorgen, wie es nach meinen Umständen möglich ist. Einem von euch wird mein artiges Häuschen zu Theil werden, dessen Lage mir itzt noch zu beschreiben übrig bleibt.

Mein Vaterland ist zwar kein Schlauraffenland, kein glückliches Arabien, und kein reitzendes Pays de Vaud. Es ist das Tockenburg, dessen Einwohner von jeher als unruhige und ungeschliffene Leuthe verschrieen waren. Wer ihnen hierinn Unrecht thut, mag's verantworten; Ich müßte bey der Behauptung des Gegentheils immer partheyisch scheinen. So viel aber darf ich doch sagen: Aller Orten, so weit ich gekommen bin, hab' ich eben so grobe, wo nicht viel gröbere – eben so dumme, wo nicht viel dümmere Leuth' angetroffen. Doch wie gesagt, es gehört nicht in meinen Plan, und schickt sich nicht für mich, meine Landleuthe zu schildern. Genug, sie sind mir lieb, und mein Vaterland nicht minder – so gut als irgend einem in der Welt das seinige, und wenn er in einem Paradiese lebte. – Unser Tockenburg ist ein anmuthiges, 12. Stunden langes Thal, mit vielen Nebenthälchen und fruchtbaren Bergen umschlossen. Das Hauptthal zieht sich in einer Krümmung von Südost nach Nordost hinab. Gerade in der Mitte desselben, auf einer Anhöhe, steht – mein Edelsitz, am Fuß eines Berges, von dessen Spitze man eine trefliche Aussicht beynahe über das ganze Land genießt, die mir schon so manchmal das entzückendste Vergnügen gewährte: Bald in das mit

Dörfern reich besetzte Thal hinab; bald auf die mit
den fettesten Waiden und Gehölze bekleideten, und
abermals mit zahllosen Häusern übersäete Anhöhen zu
beyden Seiten, über welche sich noch die Gipfel der
Alpen hoch in die Wolken erheben; dann wieder hinunter auf die durch viele Krümmungen sich mitten
durch unser Hauptthal schlängelnde Thur, deren Däm-
me und mit Erlen und Weiden bepflanzten Ufer die angenehmsten Spatziergänge bilden. Mein hölzernes
Häuschen liegt gerade da, wo das Gelände am aller-
lieblichsten ist; und besteht aus 1. Stube, 3. Kammern,
Küche und Keller – Potz Tausend die Nebenstube
hätt' ich bald vergessen! – einem Geißställchen, Holz-
schopf, und dann rings um's Häuschen ein Gärtchen,
mit etlichen kleinen Bäumen besetzt, und mit einem
Dornhag dapfer umzäunt. Aus meinem Fenster hör'
ich von drey bis vier Orten her läuten und schlagen.
Kaum etliche Schritte vor meiner Thüre liegt ein meinem Nachbar zudienender artiger beschatteter Rasenplatz. Von da seh' ich senkrecht in die Thur hinab –
auf die Bleicken hinüber – auf das schöne Dorf Wattweil – auf das Städtgen Lichtensteig – und hinwieder
durch's Thal hinauf. Hinter meinem Haus rinnt ein
Bach herab, der Thur zu, der aus einem romantischen
Tobel kömmt, wo er über Steinschrofen daherrauscht.
Sein jenseitiges Ufer ist ein sonnenreiches Wäldchen,
mit einer hohen Felswand begränzt. In dieser nisten
alle Jahr' etliche Sperber und Habichte in einer un-
zugänglichen Höhle. Diese, und dann noch ein gewisser Berg, der mir um die Tag und Nacht Gleiche

die liebe Sonne des Morgens eine Stunde zu lang aufhält, sind mir unter allem, was zu dieser meiner Lage
gehört, allein widerlich. Beyde würd' ich gern verkaufen, oder gar verschenken. Die vertrackten Sperber
zumal plagen nicht nur von Mitte Aprill bis späth
in den Herbst mit ihrem Zettergeschrey meine Ohren,
sondern – was noch weit ärger ist – verjagen mir die
lieben Singvögelchen, daß bald kein einziges mehr in
der Gegend sich einzunisten wagt. Meine Nachbarn
sind recht gute ehrliche Leuthe, die ich aufrichtig schätze und liebe. Freylich läuft bisweilen auch ein andrer
mitunter, wie überall. Innige Freunde, mit denen man
Gedanken wechseln und Herzen tauschen kann, hab'
ich in der Nähe keine. Dieß ersetzen mir meine pla-
tonischen Geliebten in meinem Stübchen. Im Früh-
linge liegt mir der Schnee auch ein Bißchen zu lang in
meinem Gärtchen. Aber ich fange einen Krieg mit ihm
an, zerfetze ihn zu kleinen Stücken, und werfe ihm
Asche und Koth auf die Nase; dann verkriecht er sich
in die Erde, so daß ich noch mit den Frühesten gärtnen
kann. Und überhaupt macht mir dieß kleine Grundstück viel Vergnügen. Zwar ist die Erde ziemlich grob
und ungeschlacht, obgleich ich sie schon an die fünf
und zwanzig Jahre bearbeitet habe: Dem ungeachtet
giebt das Ding Kraut, Kohl, Erbsen, und was ich immer auf meinen Tisch brauche, zur Genüge; mitunter
auch Bluhmwerk, und Rosen die Fülle. Kurz, es freut
mich so wohl als manchen Fürsten alle seine Babylo-
nische Gärten. – Sag' also, Bube! ist unser Wohnort
nicht so angenehm, als je einer in der Welt? Einsam,

und doch so nahe bey den Leuthen; mitten im Thal,
und doch ein wenig erhöht. Oder geh' mir einmal im
Maymond auf jenen Rasenhügel vor unserer Hütte.
Schau durch's buntgeschmückte Thal hinauf; sieh', wie
die Thur sich mitten durch die schönsten Auen schlän-
gelt; wie sie ihre noch trüben Schneewasser gerade unter deinen Füssen fortwälzt. Sieh', wie an ihren beyden Ufern unzählige Kühe mit geschwollnen Eutern
im Gras waden. Höre das Jubelgetön von den grossen
und kleinen Buschsängern. Ein Weg geht zwar an unsern Fenstern vorbey; aber der ist noch nichts. Sieh'
erst jenseits der Thur jene Landstrasse mitten durch's
Thal, die nie lär ist. Sieh' jene Reihe Häuser, welche
Lichtensteig ind Wattweil wie zusammenketten. Da
hast du einigermaassen, was man in Städten und auf
dem Lande nur haben kann. Ha! (sagst du vielleicht)
Aber diese Matten und Kühe sind nicht unser! – Närrchen! freylich sind sie – und die ganze Welt ist unser.
Oder wer wehrt dir, sie anzusehn, und Lust und Freud'
an ihnen zu haben? Butter und Milch bekomm' ich ja
von dem Vieh, das darauf weidet, so viel mir gelüstet;
also haben ihre Eigenthümer nur die Mühe zum Vor-
theil. Was braucht' es, jene Alpen mein zu heissen? Oder
jene zierlich prangenden Obstbäume? Bringt man uns
ja ihre schönsten Früchte in's Haus! Oder jenen grossen Garten? Riechen wir ja seine Blumen von weitem! Und selbst unser eigener kleiner; wächst nicht
alles darinn, was wir hinein setzen, pflegen und warten? – Also, lieber Junge! wünsch' ich dir, daß du bey
all' diesen Gegenständen nur das empfinden möchtest,

was ich dabey schon empfunden habe, und noch täglich empfinde; daß du mit eben dieser Wonne und Wollust den Höchstgütigen in allem findest und fühlest,
wie ich ihn fand und fühlte – so nahe bey mir – rings
um mich her, und – in mir; wie er dieß mein Herz auf-
schloß, das er so weich und so fühlend schuf. Lieber,
lieber Knabe! Beschreiben kann ich's nicht. Aber mir
war schon oft, ich sey verzückt, wenn ich all' diese
Herrlichkeit überschaute, und so, in Gedanken ver-
tieft, den Vollmond über mir, dieser Wiese entlang hin
und hergieng; oder an einem schönen Sommerabend
dort jenen Hügel bestieg – die Sonne sinken – die
Schatten steigen sah – mein Häusgen schon in blauer
Dämmerung stand, die schwirrenden Weste mich um-
säuselten – die Vögel ihr sanftes Abendlied anhuben.
Wenn ich dann vollends bedachte: «Und dieß alles vor
dich, armer, schuldiger Mann»? – Und eine göttliche
Stimme mir zu antworten schien: «Sohn! dir sind deine
Sünden vergeben». O! wie da mein Herz in süsser
Wehmuth zerschmolz – wie ich dem Strohm meiner
Freudenthränen freyen Lauf ließ, und alles rings um
mich her – Himmel und Erde hätte umarmen mögen –
und noch selige Träume der folgenden Nacht mein ge-
striges Glück wiederholten.

Seht, meine Lieben! Das ist meine Geschichte bis
auf den heutigen Tag. Könftig, so der Herr will und ich
lebe, ein Mehrers. Es ist ein Wirrwarr – aber eben
meine Geschichte.

Gott verzieh' mir's, wo ich, selbst ohne mein Wissen,
irgend ein unwahres Wort schrieb! –

Jesu Blut tilge meine Schulden, die ich verhehlte, und die ich gestuhnd!

Beßter Vater im Himmel! Dir, und dir allein, sey der Rest meiner Tage geweiht!

Wort- und Sacherklärungen zur Lebensgeschichte

Seite 43. Über die Vorfahren Bräkers stellte A. Bodmer in Wattwil in einer sorgfältigen Studie («St. Galler Tagblatt», 24. Dez. 1935) fest: Die Vorfahren Ulrich Bräkers lassen sich nur fünf Generationen weit verfolgen, weil dann die Quellen, die evangelischen Kirchenbücher, versiegen.

Vorfahren väterlicherseits:

Uli Bräker, der frühest nachweisbare Stammvater, war Müller im Steinenbach bei Kappel. Er zählt zu den opferfreudigen Mitstiftern der evangelischen Stipendienstiftung vom Jahre 1621. Dessen Sohn Jakob (1607–1691) bekleidete auch das «Ämtli» eines Kirchmeiers. Von zwanzig Kindern aus zwei Ehen lebten mindestens zehn über das Kindesalter hinaus.

Ein Sohn Jakob (1642–1685) war im Kabisboden ansässig (Kappel), der Urgroßvater. Sein Sohn, der von Bräker genannte M.B., Michel Bräker (1669–1730), hatte sich bald nach dem Tode der ersten Frau mit Sara Wetzel, der Witwe des Othmar Stähelin, und später nochmals mit Verena Scherrer verheiratet. Seine erste Frau, Anna Klauser (1674–1711), war gebürtig aus der Scheftenau, einem Weiler nahe bei Kappel, aber zu Wattwil gehörend. Diese Großmutter väterlicherseits kannte Ulrich Bräker nicht mehr dem Namen nach. Er irrt sich: sie starb nicht an seines Vaters Hans («Näbishans») (1708–1762), sondern an dessen Bruder Josephs Geburt im Jahre 1711. Da war sein Vater dreijährig. Dessen nahm sich der kinderlose J.W. im Näppis an (so ist die Schreibweise nach den Hausrödeln der Gemeinde Wattwil, entstanden aus «in Äppis», nach H. Edelmann, «Die Hofjünger in der Geschichte der Landschaft», 1940). Siehe derselbe in «Togg. Heimatblätter», Nr. 4, 1939, S. 30, vielleicht auf lat. appendix zurückzuführen = «Abhang».

Vorfahren mütterlicherseits:

Die Buchstaben U.Z. und E.W. von Bräkers Mutter: Ulrich Zuber (1677–1746) ab der Laad bei Wattwil und dessen Gattin Elsbeth Wäspi (1685–1755). Ulrich Zuber (1626–1708), der Vater des vorgenannten Ulrich, sowie auch dessen Vater Felix Zuber, waren auf dem ererbten Bauerngut in der Laad ansässig. Gerade auf der gegenüberliegenden Berglehne des Thurtales wohnten Vater und Großvater der Elsbeth Wäspi, alles Bauern, Georg Wäspi, der das Amt eines Pflegers innehatte, und sein Vater Hans im Rääacker, Ulrich Grob, der Schwiegervater Georg Wäspis im Eschenberg.

Seite 43 ff. Über die altehrwürdigen Einrichtungen des «Stipendigutes» und des «Hofjüngergeldes» geben einläßlich Auskunft die Forschungen von Prof. Paul Boesch (Zürich). Wesentliches enthält sein Artikel in der «NZZ.», 17. Sept. 1928: «Stipendigut»: Gegen Ende des 16. Jahrhunderts wurden die Evangelischen im Toggenburg vom Fürstabt von St. Gallen, ihrem Landesherrn, immer stärker bedrängt. Bei ihren Bemühungen, sich für den evangelischen Glauben einzusetzen, empfanden es viele als einen großen Nachteil, daß weitaus die meisten Geistlichen der evangelischen toggenburgischen Gemeinden in diesem ersten Jahrhundert der Reformation nicht Toggenburger waren, sondern Landesfremde: Zürcher, Basler, Bündner und andere. Daher tat sich im Jahr 1601 eine Anzahl angesehener Männer des obern Toggenburg, darunter auch ein Uli Bräker im Steinenbach, zusammen und stiftete einen Fond mit der Zweckbestimmung, daß aus den Zinsen des Stiftungskapitals jährlich zwei männliche Nachkommen der Stifter Theologie studieren könnten. Aber, wie Ulrich Bräker schreibt, aus dem Bräkergeschlecht ist nie ein Theologe hervorgegangen.

Das «Hofjüngergeld» ist ebenfalls Zins eines Stiftungskapitals: Die Hofjünger von Wattwil und Umgebung waren ursprünglich den Grafen von Toggenburg, d.h. deren Vogt auf

Schloß Yberg, abgabenpflichtige Leute, im Gegensatz zu den Gotteshausleuten, welche dem Abt von St. Gallen untertan waren. Der Unterschied in der Benennung blieb bestehen, als auch die Besitzungen der Grafen von Toggenburg durch Kauf an das Stift von St. Gallen übergegangen waren (1468).

In den Freiheitsbriefen, welche den Hofjüngern und Gotteshausleuten zu mehreren Malen ausgestellt wurden, ist auch der Tagwen oder Frondienst erwähnt, den sie dem Gotteshaus leisten mußten. Schon im Jahre 1527 machten die Hofjünger Anstrengungen, von diesem Tagwen mit Hilfe der Schirmorte Schwyz und Glarus loszukommen. Es gelang erst 1663, indem damals die Hofjüngergeschlechter sich durch eine Auslösungssumme von 1000 Gulden loskauften. Bei der Geldsammlung dafür ergab sich ein Überschuß von 247 Gulden 36 Kreuzern. Dieses Kapital wurde zugunsten der nachkommenden Geschlechter zinstragend angelegt und wuchs natürlich mit den Jahren an. Von Zeit zu Zeit, später regelmäßig alle vier Jahre, wurde den Anteilhabern ein kleiner Beitrag ausbezahlt, eben das «Hofjüngergeld», wie es Ulrich Bräker nennt. 1726 stellte der damalige Hofjüngerpfleger wieder einmal die bezugsberechtigten Geschlechter fest. Bei dieser Revision ist offenbar ein Zweig des Bräkergeschlechts, dem der Vater des Ulrich Bräker angehörte, ausgeschieden und gestrichen worden.

Seite 46. In einer kurzen Lebensbeschreibung vom Jahre 1768 gibt er an: «Meine Taufzeugen waren Hans Jörg Hartmann von Kappel auf der Au und Jngfr. Annamari Mülleri von Wattwil, auf der Schomatten.»

Seite 48. 1712, der Toggenburger- oder Zwölferkrieg war ausgelöst worden durch die Weigerung der Wattwiler, das ihnen vom Fürstabt von St. Gallen zugemutete Stück der Straße durch den Hummelwald über den Ricken zu bauen.

«Löthligarn»: Aus einem Pfund Baumwolle zu 40 Loth

wurde ein Faden von 833 000 Fuß, also von einer Länge von fast 60 Stunden gezogen (40 Loth = 577,6 g).

Seite 51. zermürset = zermalmt.

Kuder = Werg, das beim Hecheln zurückbleibende Fasergewirre von Hanf oder Flachs.

Seite 52. Seevi, Sefius = Wacholder.

Seite 53. Abherrschung = Abtragung.

Seite 54. Jungen Fasel nachziehen = Jungvieh aufziehen.

Mutte oder Mütte = eigentlich ein Maß ($1/4$ Malter), hier Gefäß.

Seite 57. Metzgete = Selbstgeschlachtetes.

Seite 58. die Losung = den Erlös.

kämbeln = kämmen.

lumpen und lempen = zerlumpt und verlottert sein.

Seite 61. musterte = trieb.

Johann Conrad Faesi: «genaue und vollständige Staats- und Erdbeschreibung der ganzen helvetischen Eydgenossenschaft», Zürich, 1765–1768, 4 Bde. Im Katalog der Moralischen Gesellschaft aufgeführt.

Walke = Walkmühle, zum Reinigen baumwollener Zeuge.

Stampfe, z. B. Pulverstampfe.

Seite 63. paschgen = meistern.

Seite 66. Gertel = Abschlager, großes Schlagmesser.

Ilme = Ulme.

kafeln = abrupfen.

Seite 71. «Dürrwäldlerland» = Gegend zwischen dem Toggenburg und Uznach.

Seite 74. laichen = wahrscheinlich hier: Umgang haben, sich vergnügen.

Seite 76. «ein Büchlein»: vielleicht eine Schrift des radikalen Pietisten Johann Tennhardt. Vgl. Tgb. 1787, 5. April: «Ein gewisses Büchlein (Tennhardt) hat mir auch das Tabakrauchen zur Sünde gemacht.»

Seite 81. Schlempen = Fetzen.

Seite 86. Catecist = Katechismus.

Seite 87. die weder gestoben noch geflogen waren = die erlogen waren.

Seite 89. Schiff und Geschirr = Haupt- und Nebengeräte eines Bauerngewerbes.

Seite 90. Gildenvogt: Vertreter der Interessen der Gläubiger.

Gülte = eine zu leistende Zahlung, Schuld, Zins.

Seite 92. Ziparte = Mirabelle, wachsgelbe Pflaume.

Einsiegel = Siegel: Zugabe beim Fleischkauf, hier in übertragenem Sinne eine unangenehme Zugabe.

Seite 96. tagmen = im Taglohn arbeiten.

Seite 97. Hausehre = Hausfrau.

Seite 98. Ännchen = Anna Lüthold von Horgen (1732 bis 1794). Bei ihrem Tode schreibt Bräker ins Tagebuch ein Erinnerungsblatt. Er gedenkt darin nicht nur dieser schönen Zeit seiner ersten großen Liebe, sondern er äußert sich bitter über den wahren Charakter der in seiner Nachbarschaft verheiratet Lebenden. Sie habe seine Frau Salome mit Sticheleien verfolgt.

Seite 100. eine Halbe = eine halbe Maß.

Mi See = bei meiner Seele!

Seite 103. verheit = zerrissen.

Seite 104. Brenz = Branntwein.

Seite 108. zu Stubeten kommen = jemanden besuchen.

Seite 109. Ürte = Zeche.

Zum Schick kommen = eine vorteilhafte Gelegenheit finden.

Gallitag: 16. Oktober.

David Hollatz, Böhm usw.: pietistische Erbauungsschriften.

Seite 111. Huheijatag = Tag der Belustigungen.

Seite 112. Hudlerin = liederliche Weibsperson.

Trallwatsch = einfältiges Ding.

Seite 113. Schmätzchen = Küßchen.

Seite 116. Geld haben wie Hünd = der anderen Redensart
«wie Heu» = sehr reich sein.

Seite 117. Hackbrett = ein Musikinstrument.

Fiecke = Geldbeutel.

Seite 123. ein Tuch schweien = mit dem Tuch winken.

Seite 125. fortmustern = forttreiben.

flismen = raunen, flüstern.

Seite 132. mit dem Schelmen davon gehen = entlaufen.

Seite 144. per avanzo = zum vornherein = vorbeugend(?).

Seite 150. pestieren: sie sagten wohl «hol dich die Pest!»
= verwünschen.

haselieren = scherzen, lärmen, zechen. Das Wort heißt wohl
ursprünglich «harselieren», aus franz. harceler = necken.

Seite 157. Kovent = aus Klöstern stammendes Dünnbier.

Seite 163. Enackssöhne, siehe 4. Mos., 13.28. 33. = Enakim,
ein Riesenvolk.

Seite 168. Genever = Wacholderbranntwein.

Seite 170. erfretten = etwas durchzusetzen suchen, eigentlich sich abarbeiten, abmühen mit etwas.

Seite 171. klecken = ausreichen.

Seite 178. verfaßt = bereit.

Seite 180. schnifelte = schnitzelte.

Seite 184. gleichsnen = heucheln.

Seite 188. ripostieren = antworten.

Seite 189. Deserteur: Ulrich Bräker hat sich später einmal
sehr gewehrt, durch den Vorwurf «Deserteur» verunehrt zu
werden.

Man denke daran, daß der junge Toggenburger überlistet
wurde und in der Fremde einen privaten Dienst bei einem
Herrn anzutreten glaubte, bis er sich unversehens in Berlin
in eine Uniform stecken lassen mußte!

sich impatronieren (einer Sache) = sich bemächtigen.

Seite 190. Bachmann: 28 Jahre später stößt man in Bräkers Tagebuch 1784 wieder auf diesen unangenehmen Gesellen.

19. Februar: «Am Montag erhielt ich ein ganzes Paket kauderwälsche Briefe – von Heinrich Bachmann von Walde, welcher 1756 mein Kamerad in preussischen Diensten und mein Reisegefährte von Prag nach Hause war. Sit 25 Jahren hab ich ihn nie mehr gesehen – bis diesen Herbst – wo er mich ausgefragt und besucht. Zwar in ziemlich miserablen Umständen – doch war er mir kein unangenehmer Gast. Er schwätzte mir viel von seinen widrigen Geschicken und der Jagd bis zum Eckel vor. Er schrieb mir zu, ich möchte auf Zürich reisen und seine Schulden bezahlen, hie und da seine versetzten Sachen lösen. Aber ich bedanke mich.»

Seite 209. Sellwein bezeichnet den ersten Trunk beim Legen des Grundbalkens (Selle = Schwelle) über dem Fundament.

Seite 212. Rauch = das eigene Herdfeuer, Haushalt.

stettig = starrköpfig.

Seite 213. Pfarrer Seelmatter war seit 1756 in Wattwil. 1785 finden wir ihn in Thalheim (Aargau), wo ihn Bräker in den neunziger Jahren auf seinen Wanderungen dann und wann besuchte.

Seite 214. Bruder Jakob = Er war 1771 in sardinische Dienste getreten. Einen rührend fürsorglichen Brief an ihn in Abschrift enthält das Tagebuch 1783, 27. April.

Seite 215. gstabet = steif.

Seite 227. Rotmehl = Mehl mit viel Kleie vermengt.

Rauchbrot = Schwarzbrot.

Seite 228. Auffallsakt = Bankrotterklärung.

Seite 236. Stümpler = Pfuscher, die unter dem Preise verkaufen.

Seite 237. Brand und Struensee: Bräker las das Buch «Bekehrungsgeschichte zweier dänischer Grafen, 1772». Beide wurden wegen politischer Vergehen hingerichtet.

Seite 239. Vorsteher Andreas Giezendanner von Lichtensteig, einer der Gründer der Gesellschaft, 1767.

Seite 242. geflöchnet = weggeschafft.

Seite 244. Werthers Mordgewehr. Eine andere Stelle be-
zeugt die Lektüre von Goethes Dichtung: 1784 schreibt Bräker in sein Tagebuch: «Dachte an Werthers Worte: Mache
den Engel glücklich, Albert! Welch ein weiblicher Engel,
welch eine gute, lächelnde Seele! Und doch ist Albert so fin-
ster. Was wäre ich an seiner Stellen? Villicht auch so, villicht
besser. Doch wer wird so begehrlich sein, immer das Beste,
Schönste zu wollen! Doch wer könnte sich überheben, eine so
sanfte, schöne Seele in einer so reizenden Hülle zu bewundern,
seine Augen zu weiden? Wer ist nicht schwach? Wer kann
seinen Gedanken wehren?»

Seite 255. Es handelt sich um den Textilfabrikanten Johannes Zwicky-Stäger, geb. den 25. Januar 1732 in Mollis.

Seite 259. Frankreich stoppte unter dem Minister Vergennes
1785 durch ein Edikt die Einfuhr der Baumwollwaren.

Seite 262. Heinrich Jung-Stilling (1740–1817), berühmter
Augenarzt. Goethe veranlaßte 1777 den Druck des ersten Tei-
les von «Heinrich Stillings Jugend». Jung hatte den Beinamen
«Stilling» angenommen, weil er sich zu den «Stillen im Lande»
(Pietisten) hielt. Seine Biographie erweiterte er ein Jahr später
um «Stillings Jünglings- und Wanderschaft».

Seite 294. Jakob starb am 8. Januar 1787, 18jährig.

Seite 297 Anna Catharina, geb. 1765.

Johannes, geb. 1767, Susanna Barbara, geb. 1772, Anna Ma-
ria, geb. 1776, wurden als Gruppe im Jahre 1793 im Hause
Bräkers auf der Hochsteig von Porträtmaler Jos. Reinhard von
Luzern gemalt in der schmucken Toggenburger Tracht.

Seite 304. Bleiken: Wiesen zum Bleichen der Tücher, im
Bundt gelegen.

Inhaltsverzeichnis

Inhaltsverzeichnis

Inhaltsverzeichnis

Werk- und Studienausgaben in Diogenes Taschenbüchern

● **Charles Dickens**
Werkausgabe
In der Übersetzung von Gustav Meyrink, in
bisher 3 Bänden:

David Copperfield
Roman. Mit einem Nachwort von W. Somerset Maugham. detebe 21034

Oliver Twist
Roman. detebe 21035

Nikolas Nickleby
Roman. detebe 20998

● **Das Diogenes Lesebuch**
   amerikanischer Erzähler
Geschichten von Poe bis Brodkey
detebe 20271

● **Das Diogenes Lesebuch**
   englischer Erzähler
Geschichten von Stevenson bis Sillitoe
detebe 20272

● **Das Diogenes Lesebuch**
   irischer Erzähler
Geschichten von Wilde bis O'Brien
detebe 20273
Alle herausgegeben von Gerd Haffmans

● **Das Diogenes Lesebuch**
   klassischer deutscher
   Erzähler
in 3 Bänden
Band I: von Wieland bis Kleist
Band II: von Grimm bis Hauff
Band III: von Mörike bis Busch
detebe 20727, 20728, 20669

● **Das Diogenes Lesebuch**
   moderner deutscher Erzähler
in 2 Bänden
Band I: von Schnitzler bis Kästner
Band II: von Andersch bis Widmer
detebe 20782 und 20776
Alle herausgegeben von Christian Strich und
Gerd Haffmans

● **Das Diogenes Lesebuch**
   französischer Erzähler
Geschichten von Stendhal bis Simenon. Herausgegeben von Anne Schmucke und Gerda
Lheureux. detebe 20304

● **Fjodor Dostojewskij**
Meistererzählungen
Herausgegeben und übersetzt von Johannes
von Guenther. detebe 20951

● **Friedrich Dürrenmatt**
Das dramatische Werk in
17 Bänden
detebe 20831–20847

Das erzählende Werk in
12 Bänden
detebe 20848–20860

Herausgegeben in Zusammenarbeit mit dem
Autor. Alle Bände wurden revidiert und mit
neuen Texten ergänzt

Über Friedrich Dürrenmatt
Herausgegeben von Daniel Keel
detebe 20861

● **Meister Eckehart**
Deutsche Predigten und Traktate
detebe 20642

● **Joseph von Eichendorff**
Aus dem Leben eines Taugenichts
Novelle. detebe 20516

● **William Faulkner**
Werkausgabe in 27 Einzelbänden
detebe

Briefe
Herausgegeben und übersetzt von Elisabeth
Schnack und Fritz Senn. detebe 20958

Über William Faulkner
Herausgegeben von Gerd Haffmans
detebe 20098

● **Federico Fellini**
Werkausgabe der Drehbücher
und Schriften
Herausgegeben von Christian Strich
detebe

● **F. Scott Fitzgerald**
Studienausgabe in bisher
9 Einzelbänden
detebe

● **Gustave Flaubert**
Werkausgabe in 7 Bänden
detebe 20721–20725 und 20386

● **D. H. Lawrence**
Sämtliche Erzählungen und
Kurzromane in 8 Einzelbänden
detebe 20184–20191

Liebe, Sex und Emanzipation
Essays. detebe 20955

John Thomas & Lady Jane
Roman. detebe 20299

Briefe
Auswahl von Richard Aldington. Vorwort
von Aldous Huxley. Übersetzung und Nachwort von Elisabeth Schnack. detebe 20954

● **Doris Lessing**
Hunger
Erzählungen. detebe 20255

Der Zauber ist nicht verkäuflich
Afrikanische Geschichten. detebe 20886

● **Carson McCullers**
Werkausgabe in 7 Einzelbänden
detebe 20140–20146

Über Carson McCullers
Herausgegeben von Gerd Haffmans
detebe 20147

● **Heinrich Mann**
Meistererzählungen
Herausgegeben von Christian Strich. Mit
einem Vorwort von Hugo Loetscher und
Zeichnungen von George Grosz
detebe 20981

● **Thomas Mann**
Meistererzählungen
Herausgegeben und mit einem Nachwort
von Gerd Haffmans. detebe 20983

● **Ludwig Marcuse**
Werkausgabe in bisher 12
Einzelbänden
detebe

● **W. Somerset Maugham**
Werkausgabe in 21
Einzelbänden
detebe

● **Guy de Maupassant**
Erzählungen in 5 Einzelbänden
detebe

● **Herman Melville**
Moby-Dick
Roman. detebe 20385

Billy Budd
Erzählung. detebe 20787

● **Conrad Ferdinand Meyer**
Jürg Jenatsch / Der Heilige
Roman/Novelle. detebe 20965

● **Molière**
Komödien in 7 Einzelbänden
In der Neuübersetzung von Hans Weigel
detebe 20199–20205

Über Molière
Herausgegeben von Christian Strich, Rémy
Charbon und Gerd Haffmans
detebe 20067

● **Thomas Morus**
Utopia
detebe 20420

● **Sean O'Casey**
Purpurstaub
Komödie. detebe 20002

Dubliner Trilogie: Der Schatten
eines Rebellen / Juno und der
Pfau / Der Pflug und die Sterne
Komödien. detebe 20034

Autobiographie in 6 Einzelbänden
detebe 20394 und 20761–20765

Das Sean O'Casey Lesebuch
Herausgegeben von Urs Widmer. Mit einem
Vorwort von Heinrich Böll und einem Nach-
wort von Klaus Völker. detebe 21126

● **Frank O'Connor**
Gesammelte Erzählungen in 6
Einzelbänden
detebe

Autobiographie in bisher 2
Einzelbänden
detebe

Klassiker
im Diogenes Verlag

Deutsche Literatur

● **Angelus Silesius**
Der cherubinische Wandersmann
Auswahl und Einleitung von Erich Brock.
detebe 20644

● **Ulrich Bräker**
Leben und Schriften
in 2 Bänden. Herausgegeben von Samuel
Voellmy und Heinz Weder.
detebe 20581–20582

● **Wilhelm Busch**
Studienausgabe
in 7 Bänden. Herausgegeben von Friedrich
Bohne. detebe 20107–20113

● **Das Diogenes Lesebuch klas-
sischer deutscher Erzähler**
Band I:
Geschichten von Wieland bis Kleist

Band II:
Geschichten von Eichendorff bis zu den
Brüdern Grimm

Band III:
Geschichten von Mörike bis Busch

Alle drei Bände herausgegeben von Christian
Strich und Gerd Haffmans
detebe 20727, 20728, 20669

● **Meister Eckehart**
Deutsche Predigten und Traktate
Herausgegeben von Josef Quint
detebe 20642

● **Theodor Fontane**
*Gedichte · Erinnerungen ·
Aufsätze*
Nachwort von Kurt Tucholsky
detebe 21074

*Schach von Wuthenow ·
L'Adultera · Stine*
Drei Romane. Nachwort von Werner Weber
detebe 21075

*Irrungen Wirrungen ·
Frau Jenny Treibel*
Zwei Romane. Nachwort von Otto Brahm
detebe 21076

Effi Briest
Roman. Nachwort von Max Rychner
detebe 21077

Der Stechlin
Roman. Nachwort von Thomas Mann
detebe 21073

● **Goethe**
Gedichte I
detebe 20437

Gedichte II
Gedankenlyrik / Westöstlicher Diwan
detebe 20438

Faust
Der Tragödie erster und zweiter Teil
detebe 20439

● **Jeremias Gotthelf**
Ausgewählte Werke
in 12 Bänden. Herausgegeben von Walter
Muschg. detebe 20561–20572

● **Heinrich Heine**
Gedichte
Ausgewählt, eingeleitet und kommentiert
von Ludwig Marcuse. detebe 20383

● **Gottfried Keller**
Zürcher Ausgabe
in 8 Bänden. Edition von Gustav Steiner
detebe 20521–20528

● **Conrad Ferdinand Meyer**
Jürg Jenatsch / Der Heilige
Roman / Novelle. Mit einem Essay von Hans
Mayer. detebe 20965

● **Arthur Schopenhauer**
Zürcher Ausgabe
in 10 Bänden nach der historisch-kritischen
Ausgabe von Arthur Hübscher. Editorische
Materialien von Angelika Hübscher
detebe 20421–20430

Englische, irische und amerikanische Literatur

● **James Boswell**
Dr. Samuel Johnson
Leben und Meinungen. Deutsch von Fritz Güttinger. detebe 20786

● **Charles Dickens**
David Copperfield
Roman. Deutsch von Gustav Meyrink. Mit einem Nachwort von W. Somerset Maugham. detebe 21034

Oliver Twist
Roman. Deutsch von Gustav Meyrink
detebe 21035

Nicholas Nickleby
Roman. Deutsch von Gustav Meyrink
detebe 20998

Weitere Werke in Vorbereitung

● **Ralph Waldo Emerson**
Natur
Essay. Neu übersetzt von Harald Kiczka
Diogenes Evergreens

Essays
Herausgegeben und übersetzt von Harald Kiczka. Mit zahlreichen Anmerkungen und einem ausführlichen Index. detebe 21071

● **Herman Melville**
Moby-Dick
Roman. Deutsch von Thesi Mutzenbecher und Ernst Schnabel. detebe 20385

Billy Budd
Erzählung. Deutsch von Richard Moering
detebe 20787

● **Edgar Allan Poe**
Der Untergang des Hauses Usher
Ausgewählte Erzählungen und sämtliche Detektivgeschichten. Deutsch von Gisela Etzel. detebe 20233

● **William Shakespeare**
Dramatische Werke
in 10 Bänden. Übersetzung von Schlegel / Tieck. Edition von Hans Matter. Illustrationen von Heinrich Füßli
detebe 20631–20640

Sonette
Englisch und deutsch. Übertragen von Karl Kraus. detebe 20381

● **Laurence Sterne**
Tristram Shandy
Roman. Deutsch von Rudolf Kassner. Nachwort und Anmerkungen von Walther Martin
detebe 20950

● **R. L. Stevenson**
Werke
in 12 Bänden. Edition und Übersetzung von Curt und Marguerite Thesing
detebe 20701–20712

● **Henri David Thoreau**
Walden
oder Leben in den Wäldern
Deutsch von Emma Emmerich und Tatjana Fischer. detebe 20019

Über die Pflicht zum Ungehorsam gegen den Staat
Ausgewählte Essays. Deutsch von Walter E. Richartz. detebe 20063

● **Mark Twain**
Die Million-Pfund-Note
Skizzen und Erzählungen. Deutsch von N. O. Scarpi u.a. detebe 20918

Menschenfresserei in der Eisenbahn
Skizzen und Erzählungen. Deutsch von Marie-Louise Bischof und Ruth Binde
detebe 20919

● **Oscar Wilde**
Der Sozialismus und die Seele des Menschen
Ein Essay. Deutsch von Gustav Landauer und Hedwig Lachmann. detebe 20003

Sämtliche Erzählungen
Mit Zeichnungen von Aubrey Beardsley. Herausgegeben und mit einem Nachwort von Gerd Haffmans. detebe 20985

Französische, italienische und
spanische Literatur

● **Honoré de Balzac**
Die großen Romane
in 10 Bänden. Deutsch von Emil A. Rhein-
hardt, Otto Flake, Franz Hessel, Paul Zech
u.a. detebe 20901–20910

Erzählungen
in 3 Bänden: Pariser Geschichten – Liebesge-
schichten – Mystische Geschichten. Deutsch
von Otto Flake u. a. detebe 20896, 20897,
20899

Das ungekannte Meisterwerk
Erzählungen. Deutsch von Heinrich E. Jacob
und Hete Maass. detebe 20477

● **Charles Baudelaire**
Die Tänzerin Fanfarlo und
Der Spleen von Paris
Sämtliche Prosadichtungen. Deutsch von
Walther Küchler. detebe 20387

Die Blumen des Bösen
Gedichte. Deutsch von Terese Robinson
detebe 20999

● **Calderón**
Das große Welttheater
Neu übersetzt von Hans Gerd Kübel und
Wolfgang Franke. detebe 20888

● **Gustave Flaubert**
Werke – Briefe – Materialien
in 8 Bänden. Jeder Band mit einem Anhang
zeitgenössischer Rezensionen. detebe

Jugendwerke
Erste Erzählungen. Herausgegeben und
übersetzt von Traugott König. Leinen

November
Jugendwerke II. Herausgegeben und übersetzt von Traugott König. Leinen

● **Franz von Assisi**
Die Werke
Edition und Übersetzung von Wolfram von
den Steinen. detebe 20641

● **Joris-Karl Huysmans**
Gegen den Strich
Roman. Deutsch von Hans Jacob. Einfüh-
rung von Robert Baldick. Essay von Paul
Valéry. detebe 20921

● **Guy de Maupassant**
Erzählungen
in 5 Bänden: Das Haus Tellier – Hoch zu Roß
– Mamsell Fifi – Die kleine Roque – Mein
Freund Patience. Deutsch von Georg von der
Vring und Walter Widmer. Jeder Band mit
zeitgenössischen Illustrationen. detebe

● **Prosper Mérimée**
Carmen
Novelle. Deutsch von Arthur Schurig
Kleine Diogenes Evergreens

● **Molière**
Komödien
in 7 Bänden. Neuübersetzung von Hans
Weigel. detebe

● **Luigi Pirandello**
Novellen für ein Jahr
in 2 Bänden. Deutsch von Percy Eckstein,
Hans Hinterhäuser und Lisa Rüdiger. Aus-
wahl von Lisa Rüdiger. Mit Zeichnungen von
Godi Hofmann. detebe 21032 + 21033

● **Ernest Renan**
Das Leben Jesu
Vom Verfasser autorisierte Übertragung aus
dem Französischen. detebe 20419

● **Stendhal**
Werke
in 10 Bänden. Deutsch von Franz Hessel,
Franz Blei, Arthur Schurig u. a.
detebe 20966–20975

● **Teresa von Avila**
Die innere Burg
Edition und Übersetzung von Fritz Vogel-
gsang. detebe 20643

● **Jules Verne**
Die Hauptwerke
ungekürzt, originalgetreu, mit allen Stichen
der französischen Erstausgabe. Bisher liegen
20 Bände vor. detebe

Russische Literatur

● **Anton Čechov**
Das erzählende Werk
In der Neuedition von Peter Urban
detebe 20261–20270

Das dramatische Werk
In der Neuedition und -übersetzung von
Peter Urban. detebe

Briefe – Chronik – Tagebücher.
Notizbücher
Übersetzt und herausgegeben von Peter
Urban

● **Fjodor Dostojewskij**
Meistererzählungen
Herausgegeben und übersetzt von Johannes
von Guenther. detebe 20951

● **Nikolai Gogol**
Die Nase
Ausgewählte Erzählungen. Vorwort und
Übersetzung von Sigismund von Radecki
detebe 20624

Die toten Seelen
Roman. Deutsch von Philipp Löbenstein
detebe 20384

● **Iwan Gontscharow**
Ein Monat Mai in Petersburg
Ausgewählte Erzählungen. Deutsch von
Johannes von Guenther und Erich Müller-
Kamp. detebe 20625

Briefe von einer Weltreise
Deutsch von Erich Müller-Kamp
detebe 21008

● **Michail Lermontow**
Ein Held unserer Zeit
Roman. Deutsch von Arthur Luther
detebe 21006

● **Iwan Turgenjew**
Meistererzählungen
Herausgegeben und Deutsch von Johannes
von Guenther. detebe 21051

Griechische und
lateinische Literatur

● **Aristophanes**
Lysistrate
Mit Illustrationen von Aubrey Beardsley
detebe 20957

● **Homer**
Ilias und Odyssee
Übersetzung von Heinrich Voss
Edition von Peter Von der Mühll
detebe 20778–20779

● **Thomas Morus**
Utopia
Deutsch von Alfred Hartmann
detebe 20420

● **Das Neue Testament**
in 4 Sprachen: Lateinisch, Griechisch
Deutsch und Englisch. detebe 20925

Schweizer Autoren
im Diogenes Verlag

● **Rainer Brambach**
Auch im April
Gedichte. Leinen

Kneipenlieder
Mit Frank Geerk und Tomi Ungerer. Erheblich erweiterte Neuausgabe. detebe 20615

Wirf eine Münze auf
Gedichte. Mit einem Nachwort von Hans Bender. detebe 20616

Für sechs Tassen Kaffee
Erzählungen. detebe 20530

Außerdem ist Rainer Brambach Herausgeber der Anthologie
Moderne deutsche Liebesgedichte
detebe 20777

● **Ulrich Bräker**
Leben und Schriften in 2 Bänden
Herausgegeben von Samuel Voellmy und Heinz Weder. detebe 20581–20582

● **Benita Cantieni**
Willt du, daß ich dich liebe
Kleine Melodramen. Leinen

● **Friedrich Dürrenmatt**
Stoffe I – III:
Der Winterkrieg in Tibet. Mondfinsternis. Der Rebell. Leinen

Achterloo
Komödie. Leinen

Werkausgabe in 29 Bänden
Herausgegeben in Zusammenarbeit mit dem Autor. Alle Bände wurden revidiert und mit neuen Texten ergänzt

Das dramatische Werk in
17 Bänden
detebe 20831–20847

Das Prosawerk in 12 Bänden
detebe 20848–20860

Als Ergänzungsband liegt vor:
Über Friedrich Dürrenmatt
Essays, Zeugnisse und Rezensionen. Interviews, Chronik und Bibliographie. Herausgegeben von Daniel Keel. detebe 20861

● **Jeremias Gotthelf**
Ausgewählte Werke in 12 Bänden
Herausgegeben von Walter Muschg
detebe 20561–20572

Als Ergänzungsband liegt vor:
Gottfried Keller
über Jeremias Gotthelf
Mit einem Nachwort von Heinz Weder. Chronik und Bibliographie. detebe 20573

● **Gottfried Keller**
Zürcher Ausgabe
Gesammelte Werke in 8 Bänden
Herausgegeben von Gustav Steiner
detebe 20521–20528

Als Ergänzungsband liegt vor:
Über Gottfried Keller
Sein Leben in Selbstzeugnissen und Zeugnissen von C. F. Meyer bis Theodor Storm. Chronik und Bibliographie. Herausgegeben von Paul Rilla. detebe 20535

● **Hugo Loetscher**
Herbst in der Großen Orange
Leinen

Der Waschküchenschlüssel
Broschur

Wunderwelt
Eine brasilianische Begegnung. detebe 21040

● **Mani Matter**
Sudelhefte
Aufzeichnungen 1958–1971
detebe 20618

Rumpelbuch
Geschichten, Gedichte, dramatische Versuche. detebe 20961

Deutsche Klassiker
im Diogenes Verlag

● **Angelus Silesius**
Der cherubinische Wandersmann
Auswahl und Einleitung von Erich Brock
detebe 20644

● **Ulrich Bräker**
Gesammelte Werke in 2 Bänden
Herausgegeben von Samuel Voellmy und
Heinz Weder. Vorwort von Hans Mayer.
detebe 20581–20582

● **Wilhelm Busch**
*Schöne Studienausgabe in
7 Bänden*
Herausgegeben von Friedrich Bohne
detebe 20107–20113

*Das Wilhelm Busch Bilder- und
Lesebuch*
Ein Querschnitt durch das Werk. Herausge-
geben von Gerd Haffmans. detebe 20391

● **Meister Eckehart**
Deutsche Predigten und Traktate
Herausgegeben von Josef Quint
detebe 20642

● **Theodor Fontane**
*Gedichte · Erinnerungen ·
Aufsätze*
Nachwort von Kurt Tucholsky
detebe 21074

*Schach von Wuthenow ·
L'Adultera · Stine*
Drei Romane. Nachwort von Werner Weber
detebe 21075

*Irrungen Wirrungen ·
Frau Jenny Treibel*
Zwei Romane. Nachwort von Otto Brahm
detebe 21076

Effi Briest
Roman. Nachwort von Max Rychner
detebe 21077

Der Stechlin
Roman. Nachwort von Thomas Mann
detebe 21073

● **Geh aus, mein Herz, und
suche Freud**
Die Jahreszeiten, gepriesen von Matthias
Claudius bis Gottfried Keller, gezeichnet von
Ludwig Richter. Herausgegeben von Anton
Friedrich. Kleine Diogenes Evergreens

● **Goethe**
Gedichte I
detebe 20437

Gedichte II
Gedankenlyrik / Westöstlicher Diwan
detebe 20438

Faust
Der Tragödie erster und zweiter Teil
detebe 20439

Außerdem liegen vor:

Faust
Eine Tragödie. In einer krassen Bearbeitung
von Eberhard Thomas Müller. Mit vielen
Zeichnungen von Wilhelm Busch. Kleine
Diogenes Evergreens

Unser Goethe
Ein Lesebuch. Herausgegeben von Eckhard
Henscheid und F.W. Bernstein. Leinen

● **Jeremias Gotthelf**
Ausgewählte Werke in 12 Bänden
Herausgegeben von Walter Muschg
detebe 20561–20572

Als Ergänzungsband liegt vor:

Keller über Gotthelf
detebe 20573

● **Brüder Grimm**
Märchen
Ausgewählt und illustriert von Maurice
Sendak. kunst-detebe 26009

● **Heinrich Heine**
Gedichte
Ausgewählt, eingeleitet und kommentiert
von Ludwig Marcuse. detebe 20383

● **Gottfried Keller**
Zürcher Ausgabe
Gesammelte Werke in 8 Bänden. Herausgegeben von Gustav Steiner
detebe 20521–20528

Als Ergänzungsband liegt vor:
Über Gottfried Keller
Herausgegeben von Paul Rilla
detebe 20535

● **Deutsche Liebesgedichte**
von Walther von der Vogelweide bis Gottfried Keller. Auswahl von Christian Strich.
Mit Zeichnungen von Ludwig Richter
Kleine Diogenes Evergreens

● **Conrad Ferdinand Meyer**
Jürg Jenatsch / Der Heilige
Herausgegeben von Gustav Steiner
Mit einem Essay von Hans Mayer
detebe 20965

● **Christian Morgenstern**
Alle Galgenlieder
Fotomechanischer Nachdruck der Erstaus-
gabe 1932. detebe 20400

● **Arthur Schopenhauer**
Zürcher Ausgabe
Volks- und Studienausgabe in 10 Bänden.
Nach der historisch-kritischen Edition von
Arthur Hübscher. Editorische Materialien
von Angelika Hübscher.
detebe 20421–20430

Als Ergänzungsband liegt vor:
Über Arthur Schopenhauer
Herausgegeben von Gerd Haffmans
detebe 20431

● **Das Diogenes Lesebuch klassischer deutscher Erzähler**
Band I
Geschichten von Wieland bis Kleist. Mit
einem Nachwort von Arthur Schopenhauer
detebe 20727

Band II
Geschichten von Eichendorff bis zu den
Brüdern Grimm. Mit einem Nachwort von
Franz Grillparzer. detebe 20728

Band III
Geschichten von Mörike bis Busch. Mit
einem Nachwort von Fritz Mauthner
detebe 20669

● **Das Diogenes Lesebuch
deutscher Balladen**
von August Bürger bis Bertolt Brecht
Herausgegeben von Christian Strich
detebe 20923

● **Das Neue Testament**
in 4 Sprachen: Lateinisch, Griechisch,
Deutsch (Luther) und Englisch (King James
Bible). detebe 20925